【東大塾】
社会人のための
現代ロシア講義

塩川伸明・池田嘉郎✥編

東京大学出版会

Public Lectures on Present-Day Russia
Nobuaki SHIOKAWA, Yoshiro IKEDA. Editors
University of Tokyo Press, 2016
ISBN 978-4-13-033073-2

まえがき

「ソヴェトは，私たちがかく在るだろうと期待したもの，かく在るだろうと約束してくれたものでなくなった．現在なお，こうだと見せかけようとしているものでもない．私たちがつないだソヴェトへの希望は，すべて裏切られた感がある．これらの希望を失いたくないなら，それをどこかよそにもってゆかねばならない．

しかし，私たちの瞳は，おお光栄ある，しかも痛ましいロシアよ，いつでもお前から離れることはないだろう．先ずお前は私たちに範を示してくれたが，いまや悲しいかな，ロシアよ，革命というものが，どのようにして砂中に埋もれるものかをお前は見せてくれる」．

これは，フランスの有名な文学者アンドレ・ジッドが1937年に刊行した『ソヴェト旅行記修正』の一節です．30年代といえば，ヨーロッパ各地でファシズムの脅威が広がる中で，「反ファシズムの砦」としてのソ連への期待が高まった時期ですが，同時にスターリン独裁が絶頂に達し，多くの人々に困惑をもたらしていました．ジッドは36年にソ連を訪問したときの観察から，「ソヴェトへの希望は，すべて裏切られた感がある」という結論を引き出し，『ソヴェト旅行記』および『ソヴェト旅行記修正』を相次いで刊行しました．この旅行記は直ちに各国語に翻訳され，世界的なベストセラーとなりました．日本でも37年のうちに最初の訳が出て，戦前期に相当広く読まれたようですが，この本がソ連批判であるだけでなく秘かな超国家主義批判，ファシズム批判としても受け取られうることから，戦時下に当局の圧迫をうけて絶版に追い込まれたとのことです（戦後初期に再刊）．

今日では，ソ連がその掲げた目標の達成から程遠かったということは，わざわざ確認するまでもない常識となっています．そのことは最近になってはじめて明らかになったのではなく，ジッドの本が30年代にベストセラーとなったことに示されるように，はるか昔から多くの人々に意識されていました．こ

ここでむしろ注目したいのは，上の引用の2番目の段落です．ジッドはソ連が幻滅の対象となったからといって，その国への関心自体を投げ捨ててしまおうというのではなく，「光栄ある，しかも痛ましい」国に，まさにその痛ましさ・・・・・・への深い共感と関心を寄せようとしたのです．

　このようなジッドの姿勢は，もはや存在しなくなったソ連についてだけでなく，現代ロシアについて考える上でも示唆的だと思います．ジッドが上の文章を書いてから半世紀以上の後に，今度は逆方向の「革命」——社会主義体制を打倒し，民主化を推進すると称する——が起きました．この「逆向きの革命」もまた，多くの人々の希望を短期間かきたてた後，「革命というものが，どのようにして砂中に埋もれるものか」を見せつける結果となりました．

　ソ連・東欧の社会主義圏解体直後の一時期，「世界的な民主化の波」とか「東欧における市民社会の復活」といった言葉が盛んに使われ，多くの人々の胸に希望を吹き込みましたが，やがて希望は幻滅にとって代わられ，それに伴って，それらの国々への関心も大きく落ち込んでいます．しょせんロシアというのはどうしようもない駄目な国で，リベラル・デモクラシーとか市場経済といったものが根づくはずもないのだといった感覚も広がっています．

　現代ロシアが数多くの難問や矛盾にまとわりつかれ，バラ色の状態と程遠いのは確かです．しかし，だからといって，この巨大な隣国のことについて，単純に馬鹿にしたり，「怖い国だ」の一言で片づけてよいのでしょうか．考えてみれば，1989年末に，ゴルバチョフ・ソ連大統領とブッシュ米大統領（父）が共同で冷戦終焉を宣言したときに多くの人々にいだかれた平和で民主的な新しい国際秩序という夢は，二十数年の経験——ロシア革命からジッドの文章の間の期間もおよそそのくらいの長さでした——を経て，世界の至る所で崩れ去っています．その具体的な現われ方はそれぞれの国ごとに異なるとしても，予期できなかった新しい難問にぶつかって悩んでいるという点では，ロシアもわれわれも決定的に違うわけではありません．「光栄」に満ちているかどうかということよりも，むしろ「痛ましさ」の感覚の共有こそが，他国への関心の出発点となるのではないでしょうか．その国がわれわれの隣国であり，しかもその動向が世界中に与える影響は，よかれ悪しかれ今なお大きなものがある以上，なおさらです．

　日本では伝統的に，ロシアという国の評判がよくありません．そこにはいくつもの不幸な事情が重なっており，悪感情が強いのも無理からぬところがあり

ます．領土問題やシベリア抑留問題はいうまでもありません．戦後の一時期，日本の知識人の間でマルクス主義への共感が広まったことも，「欺された」という感覚を後遺症として残しました．1980 年代末の「ペレストロイカ（建て直し＝改革）」はある程度の期待感と共感を生みましたが，これもまた短期間に幻滅にとって代わられました．それでも，日本のロシア研究は厚い蓄積をもっており，多くの専門家がそれぞれに重要な成果を上げてきました．それは，あの国が「光栄」に満ちていると考えるからではなく，むしろその「痛ましさ」への関心に突き動かされた研究の産物といえます．

　本書の出発点となったのは，「グレーター東大塾」による社会人教育の一環として 2014 年秋に行われた一連の現代ロシア論講義です．この「塾」では，さまざまな分野にわたる専門家 10 人によるリレー講義が行われ，一線の社会人たる受講生たちと熱心な討論をかわしました．そのときの講義に基づいてできあがった本書が，これまでロシアという国にあまり関心を持たなかった幅広い人たちのロシアへの関心を刺激する一助となることを願ってやみません．

2015 年 12 月

塩川伸明

東大塾
社会人のための現代ロシア講義
目次

第1講　歴史　現代史のパースペクティヴにおけるソ連とロシア
塩川伸明

はじめに ……………………………………………………………………… 4
1　現代史における社会主義の位置 …………………………………………… 4
2　「現存した社会主義」の特徴 ……………………………………………… 7
3　ペレストロイカ——社会主義改革から体制転換へ …………………… 14
4　現代のロシア連邦 ………………………………………………………… 24

第2講　ナショナリズム　多民族国家ロシアにおけるナショナリズム
池田嘉郎

1　ロシアと何か ……………………………………………………………… 36
2　民族関係 …………………………………………………………………… 42
3　ロシア人のナショナリズム ……………………………………………… 45
4　現代のロシアの民族とナショナリズム ………………………………… 50

第3講　クリミア問題　社会革命としての東部ウクライナ動乱，およびロシアの関与について
松里公孝

はじめに ……………………………………………………………………… 58
1　ドニエツク州における地域党の覇権 …………………………………… 58
2　社会革命としてのドニエツクでの政変 ………………………………… 63
3　社会革命としてのクリミアでの政変 …………………………………… 66
4　ロシアの関与と紛争統制機構 …………………………………………… 68

第4講　法律　ロシアは「法治国家」か？
小森田秋夫

はじめに ……………………………………………………………………… 78
1　経済訴訟 …………………………………………………………………… 78
2　仲裁裁判所 ………………………………………………………………… 79
3　刑事司法 …………………………………………………………………… 82
4　陪審制 ……………………………………………………………………… 85
5　裁判官の独立 ……………………………………………………………… 89

6　憲法訴訟……………………………………………………………93

第5講　経済　ロシア経済の現況と展望　　　　　　　　栖原　学
　　　1　ロシア経済の現況………………………………………………104
　　　2　天然資源依存経済………………………………………………117
　　　3　長期展望…………………………………………………………129

第6講　シベリア　シベリア開発とその課題　　　　　　渡邊日日
　　　はじめに ………………………………………………………………140
　　　1　シベリアのロシアへの編入……………………………………140
　　　2　シベリア開発の背景……………………………………………143
　　　3　ロシアに根強い挟撃の恐怖……………………………………145
　　　4　シベリアの人口変動……………………………………………146
　　　5　日本にとってのシベリア………………………………………147
　　　6　ソヴィエト時代のシベリア……………………………………149
　　　7　ソヴィエト連邦解体後…………………………………………151
　　　8　人口減少の問題…………………………………………………156
　　　9　シベリア分割？…………………………………………………159
　　　10　これからのシベリア……………………………………………162

第7講　都市　ロシアの都市インフラ・ビジネスの可能性　鳩山紀一郎
　　　はじめに ………………………………………………………………170
　　　1　なぜロシアで都市インフラ・ビジネスか？…………………170
　　　2　ロシアの都市交通問題の観点から……………………………172
　　　3　都市インフラ・ビジネスの可能性……………………………185

第8講　エネルギー　ロシアの資源・エネルギー戦略　　本村眞澄
　　　1　ロシアの石油――開発の歴史…………………………………200
　　　2　サハリンの石油・ガス開発……………………………………206
　　　3　北極海の資源開発………………………………………………208
　　　4　ロシアのパイプライン地政学…………………………………210

5　ウクライナとのガス紛争……………………………………214
　　　6　対ロシアの経済制裁…………………………………………219
　　　7　ロシアからの原油輸入………………………………………220
　　　8　ロシア東シベリアの天然ガス開発…………………………222
　　　9　ロシアからのガス輸入………………………………………224
　　　10　おわりに……………………………………………………225

第9講　交通路としての北極海　北極海航路の可能性　　北川弘光

　　　はじめに……………………………………………………………232
　　　1　北極海とは……………………………………………………232
　　　2　北極海と環境…………………………………………………239
　　　3　北極海航路とは………………………………………………241
　　　4　北極海における船舶の航行…………………………………244
　　　5　北極海の環境汚染と環境保護………………………………253
　　　6　おわりに　北極海航路と日露関係について………………254

第10講　ロシアの今後　ロシアのゆくえ，そして日露関係を考える　　和田春樹

　　　はじめに……………………………………………………………264
　　　1　キエフ＝モスクワ・ロシアからロシア帝国へ……………264
　　　2　ロシア帝国のアジア観………………………………………270
　　　3　ロシア革命とソヴィエト国家，コミンテルン……………272
　　　4　ペレストロイカ，ソ連崩壊，ロシア連邦成立，プーチンの登場…273
　　　5　「ユーラシアの新しい家」へ………………………………274
　　　6　ヨーロッパとアジア…………………………………………277
　　　7　ロシアと中国…………………………………………………278
　　　8　ロシアと朝鮮半島……………………………………………279
　　　9　ロシアと日本…………………………………………………281
　　　10　新しい日露関係へむけて――北方領土をどうするのか…284

あとがき　297

社会人のための
現代ロシア講義

第1講

歴史

現代史のパースペクティヴにおけるソ連とロシア

塩川伸明

東京大学名誉教授

塩川伸明（しおかわ のぶあき）
東京大学名誉教授
1948年生まれ．74年東京大学教養学部教養学科卒業．
79年東京大学大学院社会学研究科国際関係論専門課程
博士課程単位取得退学．79年東京大学社会科学研究所
助手．82年から東京大学法学部助教授・大学院法学政
治学研究科教授を経て，2013年定年退職．
著書に『冷戦終焉20年——何が，どのようにして終わ
ったのか』（勁草書房，2010年）．『民族浄化・人道的介
入・新しい冷戦——冷戦後の国際政治』（有志舎，2011
年）．『国際化と法』（共編，東京大学出版会，2007年）．
『ユーラシア世界 全5巻』（共編，東京大学出版会，
2012年）など．

はじめに

　第1講では、「現代」という時代の中におけるソ連とロシアの位置について考えてみたいと思います。主なテーマは、「現存した社会主義」とはどういう社会だったのか、その体制からの離脱＝体制転換とは何を意味したのか、その後の現代ロシアはいったん民主化してから後退したのか、それともそもそも「民主化」という捉え方に問題があったのか、等々となります。これらの問題を考えることを通して現代ロシアを歴史的展望の中におきたいというのが、今日のお話の狙いです。

1　現代史における社会主義の位置

　2014年は第1次世界大戦開始から100年目に当たったため、あちこちでその記念行事が行われたり、関係する書物が刊行されたりしました。第1次大戦が現代史の出発点だということは、昔から常識的に言われてきたところです。もっとも、最近では、時間の流れ方がどんどん速くなっているため、100年というのはあまりにも長い期間だと感じられるようになってきました。ほんの1年前のことでもすぐ忘れられてしまうのに、100年などという昔のことはとても現代とは思えない、という感覚の方が現在では素直な感覚でしょう。

　しかし、そうはいっても、何百年や何千年という長い時間に比べれば、100年というのはまだしも短いわけで、かろうじて自分自身の親や先生、先輩たちといった、比較的身近な人々の人生に引きつけて考えることができる時間ではあるはずです。つまり、今日のわれわれと直接つながるという意味での、文字どおりの現代とは言えないにしても、広い意味で、間接的にもせよ今日とつながる長期的な幅として100年という時間を考えることは無意味ではないはずです。もっとも、時間の流れが速くなったことを念頭におくなら、100年間の全体をひとまとまりの時期と見るのではなく、もう少し短い20数年ごとの期間に分けてみた方がよいでしょう。そこで、この100年を20数年ごとの期間に分けて考えるなら、次のようになります。

第 1 期（1914–39 年）：第 1 次大戦，戦後復興から「相対的安定」へ（1920 年代），経済危機とファシズムの時代（30 年代）．
第 2 期（1930 年代末から 50 年代へ）：第 2 次大戦，戦後体制の形成（日本でいえば占領からサンフランシスコ講和を経て「55 年体制」へ）．
第 3 期（1950 年代から 80 年代へ）：相対的安定と経済的繁栄，2 つの体制の競合的共存，冷戦という「長い平和」．
第 4 期（1990 年代以降）：「冷戦以後」・「社会主義以後」という時代，ネオリベラリズムの一時的制覇と新たな動揺．

4 つの時期に分けましたけれども，実は第 1 期と第 2 期は，ごく大ざっぱにいうなら，「自由主義と資本主義の危機の時代」とまとめることができるのではないかと思います．有名なイギリスの歴史家エリック・ホブズボームの著作『20 世紀の歴史——極端な時代 上・下』（三省堂，1996 年）でも，上の第 1 期と第 2 期を合わせたぐらいの時間を「破局の時代」と呼んでいます．これは彼だけの発想ではありません．もう一人の有名な歴史家 E・H・カーを取り上げてみましょう．彼はホブズボームより少し上の世代で，19 世紀末に生まれて，世紀転換期のイギリスをかすかに覚えているのですが，それは自由主義と資本主義が揺るぎない安定を保っていると思われた時代でした．それが大きく崩れたのが第 1 次大戦だったのです．自分が生まれ育った環境の中でごく当然のものと思われていたものがこのときに崩れ落ちたということを，カーは後に回想しています．全く毛色の違う人の名前を挙げますが，ドラッカーという有名な経営学者も，30 年代には『経済人の終焉』という本を書いています．市場経済はこのままではもたないのではないか，人間をまるごとホモエコノミクスと見るのは妥当ではないのではないかという疑問が，そこでは提示されています．ケインズ，ハイエク，ポラニー等々，それぞれに異なった立場に立つ経済学者たちも，両大戦間期を大きな転換点と見て，市場経済とは何かという問題について考えた——その結論はそれぞれに異なりましたが——のは周知のところです．

「自由主義と資本主義の危機の時代」ということは，裏返して言うと，社会主義が重要な位置を占めた時代ということでもあります．市場に対す

る信頼が世界的に揺らぎ，何らかの意味での計画が重要視されました．これは何も，狭い意味での社会主義者やマルクス主義者だけのことではなく，たとえばアメリカのニューディールや日本の戦時統制経済などにも，それに類似した発想がありました．また，戦後，イギリスをはじめとして世界中に広まった福祉国家も社会主義への対応という意味を持っていたということは，よく指摘されるところです．

　こうして，第1期と第2期には社会主義がかなり大きな位置を占めていたわけですけれども，第3期になると，様相が大きく変わってきます．社会主義が長期後退局面に入る一方，資本主義が復活し，日本などの諸国が高度経済成長を遂げました．もっとも，まだしばらくの間，社会主義は一定の地歩を保持していました．ソ連はアメリカと並んで「二つの超大国」の一つとさえ言われていたわけです．実際には，アメリカとソ連が対等で競っていたというよりは，ソ連の方が弱かったというのが実情でしたが，いわば虚勢を張るようにして対等性を自己主張し，外からもそう見えるところがありました．地政的には，いくつかの地域で社会主義圏が拡大しましたし，イデオロギー面では，正統派マルクス主義の権威が低下した反面，種々の「ネオ・マルクス主義」のような考え方が流行ったりしました．

　ところが，第4期の90年代以降，言い換えればソ連解体以降，社会主義は有意味なアクターとしての地位から一挙に滑り落ちました．そのことの裏返しとして，「資本主義の勝利」とか「歴史の終焉」という考え方が，一時的に世界を席巻しました．「ユーフォリア（多幸症）」という言葉があります．根拠がないのにむやみやたらと幸せで仕方ないという精神病理学的な状況を指す言葉です．ソ連解体直後には，資本主義とリベラル・デモクラシーに関するユーフォリアが世界を席巻しました．しかし，それはそれほど長続きせず，今では新しい危機や長期不況が問題になっているのは周知のところです．

　「資本主義の危機」ということは，外観的にいえば1930年代に戻ったようなところがないではありません．しかし，30年代には社会主義が有力な対抗馬と思われていたのに対し，今日では，かつての社会主義に関する悪しき記憶がまだ鮮明に残っているため，いくら資本主義が危機だと言

われても，社会主義がオルタナティヴだと考える人は少ないという点には大きな違いがあります．一時勝ち誇った資本主義も揺らいできたけれども，社会主義もオルタナティヴではないとなると，一体どうしたらいいのかという，一種の閉塞状態が世界中に広まっているのが現状ではないでしょうか．

　以上，駆け足で100年間を振り返ってきました．大風呂敷で，あまり厳密でない話でしたが，とにかくこの100年間の世界史の流れの中で社会主義というものの位置は，中心的とは言えないにしても，かなり重要な一要素だったということは確認できるでしょう．社会主義の上昇局面だった第1期，第2期と，下降局面の第3期，それから一挙に退場した第4期というように，現在に近い時期になるほど比重が下がってきたということは否定すべくもない事実ですが，かつて高かったものが一挙に下がったということは，それ自体，注目に値する歴史的事実だろうと思います．これが全体に関する問題提起といいますか，導入のお話です．

2 「現存した社会主義」の特徴

　世界史全般に関する大風呂敷はこのくらいにして，次に，もう少し私の専門に近づけて，「現存した社会主義」とはどのような社会だったのかということについてお話ししたいと思います．「現存した社会主義」とは耳慣れない言葉かもしれませんが，かつて一部の人たちが盛んに使っていた「現存する社会主義」という言葉を過去形にしたものです．この表現の意味は，社会主義を頭の中の理念として語るのではなく，特定の地域に具体的な現実として存在していた社会主義について考えてみたいということです．

(1) 巨視的な流れ

　第2次大戦まで，ソ連は非常に孤立した状況にありました．そのような孤立を重要な背景として，いわゆるスターリン体制が成立したわけです．当時のソ連は，「大国」どころか，「包囲されている」という意識を常にいだいていました．そのことが「過剰防衛的」ともいうべき対外政策，また国内では軍事工業・重工業優先の経済政策をしゃにむに推し進めることの

背景となったわけです．

　第2次大戦後になりますと，戦勝国として地政的影響力は一挙に増大しました．ソ連自体の領土も拡張しましたし，東欧諸国も勢力圏になりました．中国は微妙で，中国革命はソ連の力でなし遂げられたわけではなく，後に中ソ対立なども起きますが，少なくとも当初においては，大きな社会主義国がもう一つ生まれたことはソ連の孤立状況を打破するように見えたわけです．こうして，ソ連は「アメリカと並ぶ超大国」という位置を占めるようになりました．

　ただ，それでも相対的に劣勢であったことには変わりはなく，やはり「包囲されている」という意識は残ります．それに伴って，「準戦時体制」としての指令型システムという性格も続きます．指令型システムの非効率性ということはよく指摘されるところですが，そういう体制が長期間維持された背景に，ソ連は一貫して戦時もしくは準戦時体制にあったということを押さえておく必要があるでしょう．

　それはともかく，戦勝および国際的地位の向上は，国内面ではスターリン体制の継続を正当化する要因になりました．ナチス・ドイツという非常に強大な敵との戦争を勝ち抜いたという事実は，ソ連社会主義の威信を高めたわけです．もっとも，戦勝はソ連だけの力ではなく，英米などと「大連合」を組んで援助を受けていたおかげでもありましたし，また勝利の陰には約2,700万人といわれる死者を含む膨大な犠牲を払ったという面もありました．しかし，いくら犠牲が大きかったにせよ，とにかく最終的に勝利という結果に終わったという事実は，やはり非常に強い印象を人々に与えました．第1次大戦のときもロシアはドイツと戦いましたが，この第1回目の総力戦においてロシア帝国は総力戦の重みに耐えかねて，崩壊したわけです．ですから，ドイツとしては，今度もまたソ連は内部崩壊するだろうと期待していました．しかし，その期待を裏切って，ソ連はものすごい犠牲を払いながらも，最後まで頑張り抜きました．つまり，社会主義というものは，いろいろと問題はあるけれども，とにかく戦争遂行能力があるということだけは明白なものとして示したということです．

　次の大きな区切りは，1956年のスターリン批判です．第20回ソ連共産党大会で，当時のフルシチョフ第1書記がいわゆる秘密報告を行って，

スターリンの犯罪を暴きました．「秘密報告」ではありましたけれども，その情報は早い時期から知れ渡りました．ソ連国内についていうと，秘密とはいっても誰にも知らせないということではなく，実は共産党員および青年共産同盟員たちには全員通知していました．そのような人たちの規模は1,000万オーダーにのぼりますから，その周りの人に広がっていくことまで含めると，数千万規模の人に伝わったわけです．他方，国外でも，アメリカ国務省が6月に英訳版を公表したので，世界中に強烈な衝撃を与えました．

このスターリン批判は，社会主義あるいは共産主義を否定する趣旨のものではなく，むしろ「本来あるべき社会主義」に復帰する，あるいは「スターリン的歪曲」を否定して「本来のレーニン主義」に戻るというのが当事者の考えでした．この点は，1980年代末以降，社会主義そのものの否定，全面的な資本主義化路線が有力になっていくのとは性格を異にします．それにしても，とにかくスターリン批判が行われた結果，60年代のソ連・東欧諸国ではさまざまな改革論が提起されることになります．

ソ連は言論統制が厳しい国だということはよく知られているとおりです．けれども，60年代には，相対的に統制がやや緩み，出版物などでかなり活発な議論が行われました．この時代の空気を吸って育った若者たちは「60年代人」と呼ばれるようになります．当時若者だった彼らは，20年後には中年ないし壮年になって，ペレストロイカを担う中心的な世代になりました．

その後，70年代から80年代にかけては，「停滞の時代」と呼ばれます．もっとも，ただ「停滞」とだけ言うのはやや一面的です．成熟と停滞はコインの両面なわけです．重要なことは，70年代から80年代にかけてのソ連は，いろいろな問題を抱えていましたけれども，戦争や内乱のような激しい変動は経験しなかったということです．これは当たり前だという気がするかもしれませんが，実は，人類の長い歴史の中で，戦争も内乱もない時代が何十年間も続くということは大変なことなのです．ソ連の場合，20世紀前半にはひっきりなしに戦争や内乱，その他の大規模な激変が続いてきました．ところが，60年代以降，国外ではいくつかの軍事紛争に関与しましたけれども，国内では戦争も内乱もありませんでした．そのよ

うな状況が数十年続いたことの意味は無視できないものがあると思います．

日本の例で考えてみると，明治維新以来，19世紀後半から20世紀前半には，戦争をはじめとする大激変が何度もありましたが，戦後とりわけ50年代半ばに高度経済成長が始まって以降は，平和と安定が数十年続くなかで，社会がじわじわと成熟しました．この間に革命とかそういう目立つ激変があったわけではありませんが，とにかく，戦争も内乱もなしに長い間成熟を続けたことが，累積効果として巨大な変化をもたらしたわけです．ブレジネフ期のソ連にも，そのようなところがあったといえるのではないかと思います．

成熟と停滞は裏表だと言いましたが，こういう状態というのは，思い切った変化が必要だという危機感に突き動かされることがなく，社会全体が保守的になりがちです．しかも，前任者のフルシチョフがスターリン批判という大胆なことをして，失敗したということを教訓化したブレジネフは，あまり大胆なイニシアチヴをとらず，そのことによって安定を確保するという戦略を取りました．特に人事の安定にそれは顕著です．スターリンは幹部の命を大量に奪いましたし，フルシチョフは命までは奪わないけれども，盛んに幹部を更迭しました．ブレジネフはそのようなことをせず，幹部人事を安定させたわけです．そのことは，社会全体の安定につながった反面，腐敗や汚職をはびこらせることにもなりました．それに，幹部がいつまでも首を切られないので，どんどん年をとっていき，ついには生理的な限界にぶつかることになりました．こうして，ブレジネフ末期のソ連は，いろいろな意味で行き詰まりの兆候を見せるようになりました．

しかし，ここでもう一つ強調しておかなくてはいけないことは，そのような行き詰まりはじわじわと進むもので，一挙に「崩壊前夜」という危機状況に至ったわけではないということです．特に，ソ連は産油国ですから，オイルショックの時期における国際石油価格上昇は，ソ連にとって得になることでした．当時のソ連経済は，長期的にはだんだん行き詰まるかもしれないけれども，当座はオイルマネーが入ってくるから，それなりに順調だという外観があったのです．従って，少数の学者とか，彼らをアドバイザーとして抱える政治家は，長期的行き詰まりの予感をいだきつつあるけれども，一般国民はそのようなことはあまり意識せず，当座は平穏無事に

暮らせているからそれでいいではないかという雰囲気でした。「崩壊前夜」的な危機状況ではなかったというのは，そういう意味です。

ただ，やはり正統性はかなりの程度掘り崩されています。つまり，積極的にこの体制を擁護するという姿勢は薄れ，とりあえずのんびり暮らせるならそれでいいではないかという消極的な支持が体制を支えていたわけです。これは正統性が脆くなっていたということを意味し，本格的動揺が始まったときに体制擁護勢力からの抵抗が意外なほど弱かったことの原因をなします。ソ連国家の正統性について，ロシア革命以来70年間一貫して弱かったという見方をする人もいますが，そうではなく，末期の20数年の時期に脆くなったと見るのが妥当だと思います。

(2) 経済体制の骨格

社会主義経済について多くの人が指摘するのは，複雑な現代経済を中央集権的な指令だけで動かすことはできないという命題です。これは誰もが口にすることで，私もそのとおりだと思います。けれども，私が強調したいことは，実はそのようなことは当事者も経験的に察知しなかったわけではなく，あの国の体制が純粋な指令経済だけからなっていたわけではないということです。もしそうだったなら，ほんの数年しかもたなかったことでしょう。しかし，社会主義時代の大半を通じて，貨幣というものは存続しました。元来の社会主義理念には，貨幣はなくなっていくべきものだという考え方があって，ロシア革命の直後にはそれを大真面目に実行しようという動きもあったのですけれども，これは極めて短期間しか実験されませんでした。貨幣が存続したということは，商品に価格がつけられ，貨幣と商品とが交換されるということであり，銀行とか利子とか税金等々の市場的なカテゴリーが存続したということです。ただ，そこにおける貨幣，価格，銀行，利子等々は，十全な意味での市場経済におけるカテゴリーとは異なり，自律的な調整機能を持つわけではありません。市場経済を基準として考えるならば，「不完全な市場的カテゴリー」ということになりますけれども，とにかくそういうものを補足的な要素として組み込んでいたということです。もし，社会主義経済が純然たる指令システムであったならば，ごく短期間しか存在し得なかったでしょうが，いま述べたような補

足的な要素を組み込んだ指令経済は，数十年にわたってそれなりに実効的であったし，そればかりか，ある条件下では一定の有利性を発揮する面さえもありました．

　いま「ある条件下では」と言いました．それは，特定の優先目標へ向けて資源を集中的に動員することが至上命令である状況ということです．市場は経済活動を直接指令するわけではなく，「見えざる手」による誘導に期待するのに対して，指令というのは直接的な命令でヒトやモノを動かすわけですから，特定の優先目標に集中動員することにはわりと向いているところがあります．戦時経済が最も代表的です．資本主義国でも，戦争のときには大なり小なり指令経済に近い要素を取り込むわけですね．先ほども言いましたように，ソ連では，戦時そのものだけでなく，それに近い準戦時状況というものが一貫して存続していたわけですが，これも指令経済に適合的な面がありました．

　このような趨勢は戦後復興期にも続きました．戦争による破壊が大きかった直後の局面では，限られた優先分野に資源を動員するというやり方は，それなりの優位性を発揮し得たのです．また，国威発揚という観点からこのメリットが最大限に発揮されたのが，宇宙開発の進展です．人類最初の人工衛星スプートニクが1957年に打ち上げられたのはその一つのあらわれです．アメリカ史の研究者は，ソ連が先に人工衛星を打ち上げたことはアメリカにとって日本の真珠湾攻撃以上の衝撃だったと言っていますけれども，そのようなこともあったわけです．

　しかし，これは先ほど述べたような条件のなかで優位性を発揮したということですから，逆に言えば，そういう条件がいつまでも続くという保証はなく，むしろどこかで限界に達していくことになります．特に，社会経済構造が複雑化し，より高度な調整機能が必要とされる時期になると，だんだん限界性があらわになってきます．別の言い方をするなら，いわゆる重厚長大産業を中心に，量的指標に力点を置いた経済成長が追求された局面はまだよかったけれども，産業構造も社会構造も複雑化して，質的指標が重視される局面になると，限界性をあらわにすることになります．

　1970年代の石油危機のとき，産油国のソ連は日本のような石油輸入国とは全然状況が違ったという点は先ほどもちょっと触れましたが，重要な

のは次の点です．この時期に，石油輸入国は資源節約的なテクノロジーを開発しなければ生き抜いていけないということで，死に物狂いで技術革新を行ったのに対し，ソ連ではその必要性があまり感じられず，その結果，新しい科学技術進歩に関して決定的な立ち遅れを経験しました．この立ち遅れは後々まで大きく響くことになります．

こういうわけで，旧来の指令システムがじわじわと地盤沈下しつつあるということは，ソ連でも一部の学者や政治家の間で意識されるようになりました．そういう状況の中で，旧来の指令システムへの批判，そしてそれに伴う改革論が活発に提起されるようになりました．

(3) 経済改革論の矛盾

ここでもう一つ考えなければいけないことは，改革論は1960年代以降，何十年かにおよぶ歴史を持っているのであって，80年代にいきなり始まったわけではないということです．そこで，長きにわたる改革論の提起が現にあったのに，なぜそれが実を結ばなかったのかということが問題になります．しばしば「官僚の抵抗」が大きな要因として挙げられ，だからこれを打破しなければいけないということが言われます．これはまんざら当たっていないわけではないのですけれども，それだけでは不十分だと私は考えております．これはあまり指摘されることがないので，やや丁寧に考える必要があります．3つの側面に分けて考えたいと思います．

第1は，これまでのシステムの非合理性の端的なあらわれとして，需要と供給の関係に見合わない，非常に低い価格が人為的に維持されていたということです．これが非合理的なことだということは，経済学的に考えれば誰もが分かることですけれども，人為的に低く固定されてきた価格を改定するということは，大幅な価格引き上げを意味するわけで，これは国民からの非常に強い反発を招きます．実はソ連でも東欧でも，何度か価格改定の試みがあったのですけれども，ほんの少し試みただけでも，すぐに暴動が起きたりして，撤回を余儀なくされました．

第2は，企業経営の合理化です．これは，それまでの経済システムが効率性を重視していなかったことと裏表の関係にあります．よく漫画的に言われることは，朝から労働者がウォッカを飲んで，酔っ払って工場にあ

らわれても解雇されないというような例が挙げられます．工場長からすれば，人手不足なものですから，どんな怠け者の労働者でも，いないよりはいた方がいいということになるわけです．効率性が重んじられない環境のもとでは，そのような者も抱え込んでおくわけですが，これは言い換えれば，非常に規律が緩い，効率性が悪いということです．これを合理化するということは，突き詰めれば，労働者を解雇して，失業を出すということになります．しかし，一般大衆の側からすれば，「怠けていても解雇されないのは悪くない社会だ」という受けとめ方があったからこそ，消極的にもせよ体制を受容してきたので，「怠けていると解雇するぞ」というのは，社会の安定性を大きく損なうことになります．

　3番目ですが，経済改革には所得格差拡大が伴います．これはその後，現実に起きたことですので，説明はあまり必要ないかと思います．どの旧社会主義国も，経済改革とともに経済格差がどんどん拡大しています．それはある意味では当然とも言えます．今まで悪平等だったのだから，ある程度まで格差が広がって当然だという考え方があります．けれども，それが「適切な格差」なのかどうかというのは，難しい問題です．一方で，ものすごい成り金があらわれ，他方で，ものすごい貧困もあらわれてきましたから，そういう現象への抵抗は非常に大きなものがあります．

　こういうわけで，以前からも経済改革の試みはある程度まであったのですが，その着手には大衆的反撥が予想されるため，なかなか実行できないという状況が長く続いていました．この問題はその後も，ずっとつきまとうことになります．

3　ペレストロイカ——社会主義改革から体制転換へ

(1)「ペレストロイカ」とは何か

　「ペレストロイカ」という言葉自体は，「建て直し」といった程度の意味の，ありふれた普通名詞です．この時期に突然生まれた新語ではありませんし，「この言葉をこのように定義する」と誰かが言ったわけでもありませんから，人により，時により，異なった意味を込めて使われました．ですから，「ペレストロイカとは何か」という問いに対して，一つだけの回答を与えることはできないということを，先ず確認しておきたいと思いま

す．特に重要なことは，時期による変化の大きさです．わずか数年間でしたけれども，あれよあれよという間にどんどんエスカレートしていきましたから，早い時期に想定されていたペレストロイカと，遅い時期になって現実化したペレストロイカとは，非常に違ったものになりました．ですから，単一のペレストロイカがあったというよりは，時期によって異なる複数のペレストロイカがあったと言った方が正しいと思います．

　ペレストロイカがエスカレートしていくうちに，特に大きな問題になったのは，「社会主義の枠内での改革か，それとも脱社会主義か」という選択です．初めのうちは前者であることが当然の前提とみなされていたわけですけれども，だんだん後者の選択肢が浮かび上がり，ついには後者の方が現実化したというのが大きな流れであるということはご承知のとおりです．その上で，微妙なのは，この選択は一見したところクリアな二者択一に見えますけれども，実はそうとは限らないということです．「社会主義の枠内での改革」という言葉は，枠が固定的なものか否かによって意味が違ってきます．枠というのは比喩的な表現ですから，どこに枠があるかは，実は必ずしもはっきりしているわけではありません．枠を固定的なものとして考えるならば，改革の限界ははっきりしていますが，枠が伸縮自在であるならば，その枠がだんだん広がって，表向きは「社会主義の枠内」と言いながら，実際にはなし崩し的に「脱社会主義」になるということが起こります．ペレストロイカの後半局面で起きたのは，そのようなことではなかったかということです．

　比喩的に言いますと，最初のうちは「社会主義の再生」が目標だったわけですが，ある時期以降，事実上，もはや「再生」ではなく「安楽死」に移行したのではないかということです．これまで社会主義と理解されてきたものは基本的に捨てる，しかし，そのことを明言しない，なし崩し的にそうしてしまう，ということです．ゴルバチョフ自身がどのように考えていたかは，にわかに判断しがたいところがありますが，外から見ていて，ある時期以降のペレストロイカは，実質上，社会主義の安楽死路線になっていたのではないかというのが，私の解釈です．

　そのような安楽死路線に対して，一方では，あくまでも「再生」を目指すべきだという人たちもいますし，他方では，「安楽死などは生ぬるい，

ずばっと殺してしまった方がいい」という人たちもいます．こうして，両側から批判の声が高まり，政治的分極化が進行していく中で，中道路線をとろうとするゴルバチョフは次第に支持基盤を失っていくというのが，大きな流れです．

(2) ペレストロイカのエスカレート：中期以降のペレストロイカ
①政治制度改革

　ペレストロイカのエスカレートの過程を跡づけるなら，大まかに初期・中期・後期といった区分ができるかと思います．1986-87年あたりを「初期のペレストロイカ」とすると，「中期」とは大体1988-89年ぐらいを指し，「後期」は1990-91年あたりを指します．そこで先ず，中期にどういうエスカレートが進行したかを考えてみます．

　この時期の一つの特徴が，力点が経済面から政治面に移ったということです．もっとも，経済も依然として重要ではあるのですけれども，ここではごく簡略に述べるにとどめます．ペレストロイカ初期には，「市場」という言葉が使われることはあまりなく，恐る恐る「商品＝貨幣関係」といった婉曲語法をとるというところから始まったのですが，だんだん大胆になってきて，はっきりと「市場」と言う人が増えてきました．中期ともなると，「市場経済」という言葉はもうプラスの意味を持って使われるようになります．もっとも，「資本主義」という言葉にはまだ嫌悪感が強かったので，市場経済はよいけれども資本主義は困るという受けとめ方もかなりあり，北欧型の福祉国家とか，混合経済などという提唱もありました．この話は突っ込むと複雑な話になるのですが，これ以上は立ち入りません．

　さて，政治改革が1988-89年頃から進みました．そこにはいろいろな要素がありますが，選挙制度および代議制度の改革が最も重要です．それまでのソ連では，一応，選挙というものがあることはあったのですが，自由選挙ではない，選択の余地のない選挙でした．完全小選挙区制で，1人しか候補が立たないという形です．候補が1人でも無投票当選ではなくて，信任投票をするけれども，ほぼ全員が圧倒的に信任されるというのがソ連式の選挙でした．それが，このときの改革で，複数候補による競争選挙をむしろ原則とするようになりました．

そうなると，代議員というものの意味も変わってきます．これまでの代議員は，競争のない選挙ですから，有権者の支持をどのように集めるかなどということは考える必要がなく，従って，議会に出て何か議論するということも考えない人たちです．それが打って変わって，有権者の支持を集めて当選し，支持基盤の声を議会で表出するという議員たちが生まれてきたわけです．それに伴って，議会らしい討論というものも可能になってくるという，非常に大きな変化が起きたわけです．

　制度改革および政治過程の詳細は略しますけれども，この政治改革には一定の理論的背景がありました．その点について次にお話ししたいと思います．

②理論的背景
　政治改革の理論的背景にはいくつかの要素があります．その一つは「ソヴィエトの議会化」です．もともと「ソヴィエト」という言葉は単に「会議」という意味で，どのような会議でもソヴィエトと呼ぶことができるわけですが，歴史の中で特定の機関を指すようになっていました．その「特定の機関」というのは，議会とは違うものだ，「ブルジョア的な議会」とソヴィエト制度とは全く違うのだと，従来説明されてきました．わざわざ「違う」と説明するのは，外形的には似たところがあるからです．つまり，一応は国民から選挙されてきた人たちの合議機関ですから，全然似ていないわけではない，けれども本質的に違っていて，「ブルジョア議会」よりも「本物の民主主義」を体現するのだと，従来説明されてきたわけです．ところが，どうもそれに無理があるということを多くの人たちが感じ取るようになりました．そこで，ソヴィエトを議会にしてしまうというのが改革の要点をなします．複数候補による自由選挙導入も，その一つのあらわれです．それから，従来は実質的な議論をほとんどすることがないので，会期が非常に短かったのですが，改革後は，長期間ひらかれる常設議会となり，法律案を実質にわたって審議して，可決したり否決したりするという存在になっていきます．

　「ソヴィエトの議会化」と密接に関係するのが，権力分立原則の受容です．従来は，権力分立という考え方は，「ブルジョア民主主義の欺瞞」と

して否定されてきたのですが，やはり権力分立があった方がいいのではないかという考え方が出てきました．これは，実は，ペレストロイカ期にいきなり出てきたわけでなく，ブレジネフ期の後半に，「体制内改革派」とも呼ぶべき人たちから提起されていました．「体制内改革派」という言葉はあまり広く知られていないかもしれません．ソルジェニーツィンやサハロフなどのように，正面から体制を批判する異論派の方が，ソ連の外では有名でした．これに対して，ソヴィエト体制の中で生きていて，検閲を通りそうなものを書く体制内的存在だけれども，それまでのオーソドクシーとは微妙に違うことを提唱する，という人たちが出てきて，彼らの間から権力分立論の採用という考え方が説かれるようになったのです．ブレジネフ期には，そういう議論は，ごく少数の人が恐る恐る，あまり当局を刺激しないような形で説くということだったのですが，ペレストロイカ期になると，そうした発言が急激に拡大しました．

こういう風にいうと，非常に大きな原則的転換という感じになりますが，それを最初から表に出したのでは抵抗も大きいことから，当時の改革派知識人たちは，やや曖昧で，両様にとれる表現をとりました．端的な例は，「全権力をソヴィエトへ」というスローガンが盛んに叫ばれたことです．このスローガンは，1917年のロシア革命のときの最も主要なスローガンです．それと同じスローガンが1988-89年に盛んに用いられたのですが，実は，これは2通りの意味に解釈できるのです．第1の解釈は，1917年と同じスローガンですから，「革命の本来の理念に戻る」ということです．もう一つの解釈は，「ソヴィエト」という単語の意味は「会議」ということですから，それを権力分立のもとでの立法機関と解釈してしまう，そして，それが「全権力をもつ」ということは，行政機関は立法機関の採択した法律の枠内で行動しなければいけないという意味になり，これは議会主義・法治主義の原則だ，という解釈もありました．こういう異なる解釈が可能であるような，曖昧な言葉遣いをすることで，「革命の理念」に忠実な人たちをあまり刺激しないでおこうとしたのです．

今の話は「法治国家論」にもつながっていきます．それまでのソ連では，市民に法律を守らせるということが重視されてきたのに対して，むしろ国家機関こそが法律に拘束されて，その法律の枠内で動かなくてはいけない

という考え方です．その法律は一体誰が作ったかというと，競争的選挙で選ばれた議員たちから成る議会が採択するわけですから，ソヴィエトの議会化論，権力分立論，法治国家論は，みなつながっているわけです．

もう一つ，プルラリズムという考えも出てきました．社会の中に利害や意見の違いがあるのは当然だ，そうした違いが表現の自由を与えられて，ぶつかり合う中で意思決定がなされていくのだ，という考え方です．これも従来の社会主義にはなじまない考え方でした．ブレジネフ末期の体制内改革派の間では，プルラリズム的な考え方を説く人が少しずつあらわれていたのですが，ペレストロイカ期に一挙に拡大したわけです．といっても，一遍にすっきりとプルラリズム論という言葉が使われたわけではなくて，1987年頃には，「社会主義的な意見のプルラリズム」という，持って回った言い方がされていました．しかし，やがて，「社会主義的な」や「意見の」という限定が外れて，単なるプルラリズムが流行語になりました．そこに別の形容詞をつけるとすると「政治的プルラリズム」という話になり，これをもう一歩進めると複数政党制論ということになります．これは1988-89年の段階ではまだ考えられないことでしたけれども，1990年初頭には現実化することになります．

このように見ていきますと，この時期に台頭した一連の議論は，それまでの伝統的なマルクス主義的国家観や権力観を原則的に修正するものであったと評価することができます．言い換えれば，ソヴィエト政治体制の基礎を事実上，廃棄しようとする意味を持っていたということです．「事実上」という言い方をするのは，一遍にそこまで明言するのは抵抗が大きいので，「社会主義的な」という枕詞をつけたり，それ以外にもいろいろな留保をつけたりして，わざとぼかした形をとったけれども，事実上はレーニン主義を骨抜きにする動きが進んでいたわけです．

その当時，レーニンは依然として国父であり，ゴルバチョフもレーニンの言葉を盛んに使いましたが，その際に最も頻繁に引用されたのが，晩年のレーニンが言った，「われわれは社会主義に関する見方全体を転換しなければならない」という言葉です．これは何を意味するかといえば，晩年のレーニンが「見方全体の転換」と言ったのだから，それ以前のレーニン主義は全て投げ捨てても構わない，それこそがレーニンの遺志に沿うのだ，

ということになるわけです．これはレーニンを褒めたたえながら，実質的にはレーニン主義を否定する意味を持ちます．ゴルバチョフはよく，「レーニンの偉さは，過去の自分を乗り越える能力を持っていた点にある」と言っています．こういう意味でのレーニンへの尊敬は，普通レーニン主義と言われているものとはまるで違うわけです．

　理論的な話にかなり時間をさきましたが，これが現実にどれだけ反映したかというと，なかなか微妙で，知識人たちの高尚な議論と現実政治の動きの間には，ずれがあります．いくら知識人たちの間で法治国家論が叫ばれても，実際にその精神が根付くのはずっと難しいわけです．そういう点はきちんと留保しておく必要があるでしょう．しかし，それにしても，このような議論が出てきたということ自体が，あの国の歴史の中では画期的なことだったので，やや長々と触れました．

---

(3) 後期のペレストロイカ　1990–91 年
① 政治改革のディレンマ

　後期のペレストロイカ（1990–91年）に移ります．ペレストロイカが拡大しつつあった時期には，多くの観察者がそれを好意的に評価していましたが，しばらく経つと，「あれは最初からだめだったので，失敗すべくして失敗したんだ」という，冷ややかな見方がふえました．後期のペレストロイカが多くの矛盾に取りつかれて，困難な状態にぶつかったのは確かです．ただ，それは結果論であって，どのようにしてそういう結果に行き着いたのかというプロセスを詳しく追う必要があると思います．結果だけを表面的に見ると，「ペレストロイカというのは言葉だけで，現実に大した変化はなかった」という見方になりやすいのですが，現実には，かなりの程度の変化が実際に起きたのです．しかし，そのこと自体が新しい問題を引き起こして，困難にぶつかっていったという経緯があったのです．

　例を挙げるなら，1990 年には複数政党制承認を皮切りに，出版法，結社法，宗教団体法，所有法，企業法等々，原則的に新しい意味をもつ法律が次々と採択されました．これは大きな変化です．しかし，法律類の採択が進むということと，それが円滑に定着するということとの間には，大きなギャップがあります．新しい法律が採択されればされるほど，それをど

のように運用するかをめぐって，ますます政治的分極化が激しくなりました．ここに，政治改革の矛盾があったわけです．

そうした矛盾を象徴的に示したのが，「権威主義不可避論」の登場です．ミグラニャンという政治学者が代表的な論者ですが，彼は，民主化を急いではいけない，それは市場経済化にとって不利である，権威主義という段階が過渡的に必要なのだと説いて，物議を醸しました．当時の雰囲気としては，たいていの知識人は権威主義が嫌いで，民主化万歳という方が普通なので，その常識に反することをあえて言って，論争をかきたてたわけです．こういう考え方は，知識人の間では当然不評で，その時点でそれほど目立った影響力があったわけではありません．けれども，少なからぬ政治家が，表向きはともかく，内心ではこれはもっともだと思ったのではないかと推測されます．ソ連解体後のロシアをはじめとする諸国で権威主義化傾向が進んだのは，こうした背景があったのです．

② 連邦再編の試みとその難航

後期のペレストロイカに関して，もう一つ取り上げなければいけない重要テーマは，連邦再編問題です．これは大き過ぎるテーマで，中途半端に触れても不十分になるものですから，今日の私の話ではほとんど取り上げないことにしました．それでも，全然触れないわけにもいかないので，最小限これだけは押さえておきたいという点に限ってお話しします．

ソ連には15の共和国がありました．ペレストロイカ期にあちこちで民族運動が高まり，それにどう対処するかが大問題だったということはよく知られています．しかし，実は一番大変だったのはロシア共和国だったという点は，あまり認識されていないかもしれません．少し乱暴な言い方をしますけれども，周辺の民族共和国でいくら反乱が起きても，ある場合には鎮圧したり，ある場合には譲歩したりして，何とか処理することができないわけではありません．これに対して，ロシア共和国がソ連に反乱を起こしたら，ソ連という国は存在し得ないわけです．この点で，ロシア共和国の政権をエリツィンというゴルバチョフに対立する人が握り，ロシアの主権宣言を発した（1990年6月）ことは，非常にショッキングなことでした．

この後，エリツィン・ロシア政権とゴルバチョフ・ソ連政権は基本的に対抗関係に入ります．もっとも，一貫して対立し続けたかというと，実はそうでもないのです．あまり知られていないことですが，ゴルバチョフとエリツィンは不倶戴天の敵になったかに見えながら，実は，和解したり，けんかしたりということを何度も繰り返しているのです．ゴルバチョフの側からすれば，好き嫌いは別としてエリツィンがロシア政権を握ったという事実は無視できないわけですし，エリツィンという人は，直情径行のように見えて，意外に打算的に行動する人で，時々歩み寄ってみせることもあったのです．

1991年初頭には，エリツィンは相当強い対決姿勢を取って，ゴルバチョフに大統領を辞めろとまで言いました．欧米や日本のジャーナリストの多くは，このことだけを報じて，それを取り消したということを報じていないのですが，実際には取り消しているのです．そして，4月23日に，「9プラス1の合意」というものが発表されました．15共和国のうちの独立派を除く9つの共和国の首脳とゴルバチョフ大統領の合意です．どちらかといえば共和国の方が主導権をとりながら，ゴルバチョフと協調して同盟条約を作っていくという合意です．これはもちろん妥協の産物ですので，玉虫色でして，中身がはっきりしない部分もありますが，そうした面を残しながら，とにかく合意するという形を取ったこと自体に意味があったわけです．

しかし，この合意が守られるという保証は全くありませんでした．ついこの間まで激しく対立していた2大陣営の最高指導者同士が手を組むということですから，それぞれの陣営の中で，これは許されない裏切りだと言う人たちが出てきます．ロシア政権の中でも，それまでエリツィンを支持してきた人たちがエリツィンのゴルバチョフとの妥協を強く非難したりしました．

より重要なことは，ソ連政権というものが一体ではなくなって，ゴルバチョフ大統領とソ連政府・議会が対立関係に陥ったことです．ゴルバチョフ大統領は，自分が生き残るためにはエリツィンと妥協しなければならない，そのためにはソ連の権限を共和国に大幅に譲らなくてはいけないと考えたわけですが，それはソ連政府・議会から言えば，本来ソ連中央に属す

べき権限を，大統領であるゴルバチョフが自分の一存でどんどん共和国に譲ってしまっている，そのようなことは許せない，ということになるわけです．大統領と政府・議会の対立は6月以降，明白なものになり，その頂点として8月にクーデターが起きたわけです．

(4) 最終局面　1991年9-12月

8月のクーデター失敗ですべてが決着したかのようなイメージがあります．しかし，連邦政府の弱体化，共産党の解体ということは明白でも，その先どこへ行くのかということはすぐに結論が出たわけではなく，最後の攻防がありました．

「最後の攻防」ということには2つの意味があります．1つは，それまで通りの形での連邦が存続し得ないということははっきりしたわけですけれども，それを国家連合的な同盟に生まれ変わらせるのか，それとも，ソ連という結合自体を解体するのかという選択です．これは弱体化したソ連中央が自力で選択できることではなくて，むしろロシア共和国政権がどちらを選ぶかが問題でした．ロシアが中軸となって同盟を生まれ変わらせるのか，それとも「ロシア一国資本主義」でいくのかという選択です．後者は，中央アジアなどと同盟を組んでいくのはロシアにとって負担だから，切り捨てた方がよい，という考えです．ロシアの中でこういう路線闘争が始まり，エリツィンは長期休暇を取って，自分がどちらにくみするか公けにしない時期が続きました．

もう一つが経済問題です．市場経済化という趨勢はこの頃にはもう確定的になっていましたが，それをネオリベラル的な，徹底した自由放任でいくのか，それともやはり一定の国家調整が必要だと考えるか，という選択が問題になりました．当時は，世界的にネオリベラリズムが優位に立っていた時期でしたので，欧米から派遣された多くのアドバイザーたちは，これこそが唯一の処方箋だと喧伝しました．こういうわけで，ロシア政権内で二重の路線闘争が展開したのですが，11月頃に，一国資本主義を取るということと，ネオリベラリズム的な経済政策を取るということが，車の両輪のような感じで確定して，そこから12月のソ連解体に至るわけです．

ここまでのことをまとめる形で，簡単に振り返ってみたいと思います．

ソ連的な社会主義の骨格は，1990年頃までに実質上放棄されていました．つまり，実質上の脱社会主義化が進行していたわけですが，それがソ連という国家の枠内で進んだというのが，最終局面前夜の状況でした．他の旧社会主義国の場合をとってみても，ポーランド，ハンガリー，ルーマニアなど，体制が変わっても，国家の枠は変わりませんでした．それと同じように，ソ連も国家の枠を変えないで，国全体として社会主義からの体制転換を進めるというのが一つのシナリオでした．ソ連の正式名称「ソヴィエト社会主義共和国連邦」から「ソヴィエト」と「社会主義」を落として，もはや「ソヴィエト社会主義」ではないけれども，空間としては同じ広がりを持つ新たな同盟国家への転成を試みるというのが，ソ連最末期のゴルバチョフの路線です．

1991年末に起きたことは，こうした試みを断ち切り，国家の解体へと転じる，そのこととネオリベラル的経済政策をセットにするという路線の勝利です．「体制の転換」ということと「国家の解体」ということは，論理的には異なる2種類の事柄なわけですけれども，現実の政治過程ではこの両者が，いま述べたような形できびすを接して進んだということになります．

4　現代のロシア連邦

ペレストロイカはこのくらいにして，現代に入ります．皆さん恐らく，現代のところが一番ご関心がおありでしょうけれども，他の講師の先生方が詳しくお話しになるでしょうから，私は簡略に触れるにとどめます．

まず国家の外枠確定という問題があります．先ほども言いましたように，ポーランドやハンガリーやルーマニアでは，体制転換をしても国家の外枠は変わらなかったわけですが，ソ連の場合はそれが大きく変わって，15の別々の国になりました．そのうちの最大のものであるロシア共和国（このときに「ロシア連邦」と改称）は，ソ連の全体を蔽っていたわけではなく，一部分だったわけですけれども，その中枢部分を継承しました．そこで，ソ連とロシアとはどのような関係にあるのかという問題が起きます．よく「ソ連がロシアになった」と言いますけれども，この言い方は，実は少し不正確です．ロシア共和国はソ連の一部分にすぎなかった以上，ソ連がそ

のままロシア連邦になったわけではありません．厳密にいえば，ソ連の一部分であるロシア共和国がロシア連邦になったのです．今日のロシア連邦の直接的な意味での前身は，ソ連そのものというよりは，その一部であるロシア共和国だったのです．しかし，それがソ連の中で抜きん出て大きな位置を占めていたために，あたかもロシア連邦がソ連そのものの継承者であるかのように見えるわけです．ちょっと分かりにくい関係ですが，これがこの後の前提となります．

次に，国家の外枠が確定したことを前提して，その国家の中で経済と政治がそれぞれどのように変わっていくかという問題があります．その基本は，いうまでもなく，経済面では市場経済化，政治面ではリベラル・デモクラシー化です．先ほどからお話ししてきましたように，ペレストロイカ後期までに，大勢としてこういう方向に向かうという点は，ほぼ決着がついていました．その後もいろんな政治闘争があったとはいえ，少なくともペレストロイカ以前にあったような旧体制に戻るということは考えられなくなっていました．「保守派」と呼ばれるような人たちもいましたが，そのような人たちといえども，市場経済を全面否定するのではなく，市場経済自体はいいけれども，それが行き過ぎた自由放任になってはいけないという言い方をするようになっていました．また，自由選挙，複数政党制，言論の自由などを原則的にだめという人もほとんどいなくなっていました．ただ，国の秩序が乱れているから，秩序回復のために国家権力を強化しなければいけないということを強調する人たちが「保守派」と呼ばれたわけです．

ペレストロイカ末期からソ連解体直後の時期の「保守派」の性格を理解する上で象徴的なのは，チリのピノチェトを成功例として挙げる人たちがあらわれたことです．いうまでもなく，ピノチェトは強烈な反共主義者なわけですが，こういう人をモデルにするというのは，「保守派」といっても，まるで共産主義者ではなくなっているということです．むしろ，「開発独裁」路線に近づいているわけです．

こういうわけで，純然たる「保守」＝社会主義復帰論はほとんど問題でなくなったわけですが，だからといって政治闘争がなくなるわけではありません．市場経済化にしてもリベラル・デモクラシー化にしても，具体的

にどのような形を取るかといえば，いろいろな道があり，その選択をめぐって政治闘争が起きます．この闘争は「理念をめぐる論争」であるよりも，「利権をめぐる闘争」という性格を持つようになりました．そして，政治闘争の激烈さからいえば，「利権をめぐる闘争」の方が強烈な形をとるのです．ペレストロイカの時期には，知識人が口角泡を飛ばして論争していましたが，それはせいぜい大声でドンドンと机をたたきながら議論するという程度のものであって，街頭で殺し合ったりする事態にはなりませんでした．しかし，資本主義化が進み始め，「利権をめぐる闘争」が展開するようになりますと，ライバル企業のボスを殺し屋に暗殺してもらうというような殺伐とした情勢が生じてきたわけです．

　もう一つ重要なことは，市場経済化とリベラル・デモクラシー化という二つの目標は一体のものと意識されがちですが，実際には，「上からの市場経済化」の強行はいろいろな無理を伴うので，リベラル・デモクラシーの形骸化につながりやすかったということです．もっとも，リベラル・デモクラシーは現代世界では一種の「錦の御旗」ですから，その全面否定はありえませんが，実質上の形骸化は起きやすいのです．ということで，市場経済化を「上から」の権威主義的な方法で進める，というのがこの後の大勢になりました．マスコミなどの解説では，ロシアはプーチンになって突然権威主義化しだしたと言われることが多いのですけれども，実際には，権威主義的な傾斜はエリツィン期に始まります．その最も象徴的な例は，1993年秋に反政府派を粉砕するために議会に大砲を打ち込んだ事件です．その他，1994年末以降の第1次チェチェン戦争をはじめ，90年代における権威主義化を物語る例は枚挙にいとまがありません．

　1990年代の政治過程について詳しいことには立ち入りませんが，重要なことは，当時，安定与党がなかなかできなかったということです．それが2001年の「統一ロシア」発足によって，初めて安定与党が発足したわけですが，これは一種の保守合同です．つまり，多数存在していた保守政党が合同することで圧倒的に優位に立つ体制ができたということです．これは，日本で1955年の保守合同によって自民党一党優位体制が成立したのとよく似ています．ただし，日本の55年の場合，保守合同と時を同じくして左派社会党と右派社会党が合同したわけですけれども，ロシアでは

だいいち野党である共産党が分裂したので，強い与党が生まれると同時に野党が弱くなる，「一強多弱」状態になったわけです．

　もう時間がなくなりまして，21世紀のことは大急ぎで話すしかありません．プーチン登場によって大きな変化あるいは「後退」が生じたというようなイメージがわりと広まっていますが，先ほども言ったように，権威主義化傾向はエリツィン時代に始まっています．ですから，1990年代と2000年代を明確に分けてしまうよりも，「権威主義的手法を伴う上からの資本主義化」という基調で一貫していると考えた方が妥当なのではないか，というのが私の考えです．もともとプーチンはエリツィンの指名で後継者になったわけで，そこには明確な連続性があります．

　そのことを押さえた上で，もちろん，変化の要素もあります．最も明白な変化は，石油価格上昇に助けられて，経済が激しい低落から回復へと転じたことです．そのことは，当然ながら政権支持率の急激な上昇を伴いました．また，先ほども言いましたように，「統一ロシア」の発足で圧倒的一党優位体制が成立しました．

　国際関係について一言だけ触れておきます．ソ連解体直後の「全面的入欧路線」が優位だったのはエリツィン政権の最初のごく短い時期だけでて，エリツィン中期以降には既に放棄されています．時々，エリツィンは親欧米だったけれども，プーチンは反欧米だと対比されることがありますが，これは不正確です．エリツィン中期から末期にかけてのロシアと欧米の関係は相当険悪になっていました．むしろプーチンの最初の時期は対米関係改善が目立ったのです．その後，いろんなジグザグを経て，最近は対立状況が強まっていますが，それが一貫して続いていたかのように思い込むイメージは現実に合致していません．ごく最近になって，ウクライナとの関係で大変な状況になっていることは皆さんご存じのとおりですけれども，これは第3講の松里さんのテーマですので，ここでは立ち入りません．ただとにかく，これまで見てきたような経緯を背景にしているということだけは，確認しておきたいと思います．

　最後に，現代ロシアの政治意識について簡単に触れておきます．有名な言い回しとして，「ソ連解体を残念に思わない者には心がない．ソ連を復活させられると考えている者には頭がない」というものがあります．これ

は日本のジャーナリズムでもよく紹介されるのですけれども，時々間違った紹介があって，これをプーチンが言い出したなどと説明する人が少なくありません．しかし，実際には，プーチンより前にたくさんの人が言っているので，決してプーチン特有の発想ではありません．

それはともかく，この言い回しの前半にある「ソ連解体を残念に思わない者には心がない」という部分は，普通の日本人には理解しにくいでしょう．ソ連がなくなったのは当然のことで，それを残念に思うのは一握りの後ろ向きの人だけだろう，というような思い込みがあると思います．しかし，世論調査の結果などから見て，90年代から最近に至るまで，ソ連解体は残念だったという意識は，広い範囲に分かちもたれています．

それでいながら，後半，つまり「ソ連を復活させられると考えている者には頭がない」と続くところが重要です．ソ連がなくなったのは心情としては残念だけれども，だから復活させようということになるかというと，そうではないのです．既成事実は既成事実なので，それを強引にひっくり返すなどということを，まともな政治家が考えるはずもないし，大衆もそのようなことは考えていないということを，この言い回しは物語っています．2014年以降はともかく，これが最近までは最大公約数的な意識だったと思います．

そこから先，特に最近の情勢についてどのように考えるか，厄介な問題が多々ありますけれども，とりあえず今日の話はこれで一応終わりにしたいと思います．

Q&A　　講義後の質疑応答

Q　社会主義経済がいろんな欠陥をもっているにもかかわらず，ソ連では長い期間にわたって，曲がりなりにも存続できた理由は何なのでしょうか．たとえば，ロシア人の国民性に根差すということでしょうか？．

A　一般に国民性論というものは，一見したところ何となく当たっているような気がするけれども，よく考えるとどこまで信用できるか分からない

という，怪しげなところがあります．それに，ソ連は複雑な多民族国家でしたから，ロシア人だけではなくて非常に違った種類の文化的伝統をもつ人々からなっていました．イスラーム系の人たちも大勢いますし，エストニアとラトヴィアはプロテスタント，リトアニアはカトリック，ブリヤートやカルムイクはチベット仏教など，いろいろな系統の伝統が入り混じっているので，国民性がみな同じだなどということはとうてい言えません．

では，どうしてソ連で社会主義が長続きしたのかということですが，一つには，東欧諸国と対比すると分かりやすいと思います．東欧の場合，社会主義というのは外から押しつけられたものだということが明白でしたから，押しつけた張本人が弱くなったら，あっさり「はい，さようなら」となるのは，ある意味自然です．これに対して，ソ連の社会主義は外から押しつけられたわけではなく，国内で成立したものです．よかれあしかれ，この体制は自分たち，あるいは自分の親たちが作ったものだという意識があったでしょう．であれば，それほど簡単に投げ捨てるということにはなかなかなりません．最終的には投げ捨てるにしても，とにかく根づき方が東欧諸国よりもずっと深かったわけです．同様のことは，ユーゴスラヴィアや中国，北朝鮮，ヴェトナム，キューバなどについても言えるでしょう．

もう一つは，先ほど指令経済は完全に機能し得ないと限るわけではなく，一定の段階では相対的に優位性を発揮したこともあるという話をしましたが，その「相対的優位性」は経済的・社会的近代化の遅れた国ほど大きいわけです．ですから，東ドイツ，ポーランド，ハンガリー，チェコスロヴァキアなどでは不適合性が早くから明らかになったのに対し，ソ連はそれよりは遅かったし，アジアの社会主義諸国ではもっと遅い時期まで続いているというような差があるのではないかと思います．

Q ペレストロイカ後期のソ連はほとんど社会主義から離れていたというお話でしたが，今ひとつ理解しきれないところがあります．ゴルバチョフは最後まで社会主義を守ろうとしていたのではないでしょうか．

A これは「社会主義」という言葉をどう解釈するかによります．第1次大戦以降，国際的な社会主義運動は共産主義という潮流と社会民主主義という潮流に分かれて，対立を続けてきました．共産主義の立場からすると，

社会民主主義は裏切り者であり,「エセ社会主義」だとされてきました.ところが,ペレストロイカ後期のソ連で導入されつつあったのは,「社会主義」とはいうものの,ほとんど社会民主主義,つまり,それまでの共産党の立場からすれば「あれは社会主義ではない」とされていたものになっていたということです.経済面では市場経済と私的経済活動の自由,政治面ではリベラル・デモクラシーを原則的に認め,ただあまり野放図な資本主義にならないようにある程度の規制を試みるというのが社会民主主義ですが,これは従来のソ連的発想でいえば資本主義そのものであり,社会主義離れを意味するわけです.ただ,ついこの間まで「裏切り者」「敵」と言っていた相手に完全に降参するということには抵抗が大きいので,オブラートに包むようにして徐々に接近するという路線をとり,そのため多少曖昧なところを残していましたが,基本的な流れとしては,そういうことだと思います.

「社会民主主義」ということをおおっぴらにいうのは,特に政治家の間では抵抗の大きいことでした.他方,ブレジネフ末期以来,「体制内改革派」とも言うべき知識人があらわれてきていたということは前にお話ししましたが,そういう人たちは社会民主主義的な発想を1970年代末ぐらいにはいだき始めていたと考えられます.その典型が,ゴルバチョフの補佐官になったシャフナザーロフとチェルニャーエフという2人の人物です.ゴルバチョフは彼らと完全に一体だったわけではありませんが,じわじわと彼らに影響されていったように見えます.

1991年7月,ゴルバチョフは共産党中央委員会総会に新しい党綱領の草案を出しましたが,この草案には「共産主義」という言葉がほとんど出てきません.これは共産党を社会民主主義政党に転化する狙いがあったと考えられます.年末に臨時党大会を開いて,その場でこの綱領を正式に採択するという方針が提示されたのですが,これは共産党を社会民主党に変身させ,それに不満な部分とは分裂するというシナリオを含意していました.しかし,その1カ月後にはクーデターが起きて,すべての思惑が吹き飛んでしまったわけです.ついでにいうと,ゴルバチョフは1990年代になると,大っぴらに「自分は社会民主主義者である」と言うようになって,ロシア社会民主党という政党を率いましたが,その党は泡沫政党以上

のものにはなることができませんでした．体制移行途上のロシアでは，社会民主政党が現実政治に役割を果たすことはできなかったわけです．世界的に見ても，社会民主主義が有意味な役割を果たしているのは西ヨーロッパに限られ，それ以外の諸国では日本を含め弱体であることを思うと，社会民主主義というものを根付かせるのはなかなか難しいことなのかもしれません．

Q　中国も同じ時期に経済改革を始めたはずですけれども，あちらの方は先に経済を活発化させて，わりと成功しているように見えます．なぜ，ソ連は政治改革ばかりで経済改革が進まなかったのでしょうか．

A　ソ連も最初のうちは経済改革主導でしたが，1988-89 年あたりから，政治改革主導に力点が移ったのです．そのことは今日，結果的に見ると失敗だったと評価されることが多いのですけれども，89 年当時，世界中の世論は圧倒的に，政治的民主化を進めているゴルバチョフはすばらしい，それにひきかえ鄧小平は天安門事件で野蛮なことをやって，けしからんという雰囲気だったと思います．

　当時はそういうわけで中国の方が世界中から批判されていたわけですが，その数年後にソ連が解体に至ると，中国はやはり自分たちの道が正しかったのだという自信を持ったのではないでしょうか．先ほど紹介したミグラニャンという人の「権威主義不可避論」という考えは，大っぴらに言うことがはばかられるような性格のものですが，現に民主化を急ぎすぎたソ連が国家解体に行き着き，それを抑制した中国の方が経済的に成功しているのを見ると，これがリアルだったのではないかという考えがその後に高まったように思われます．

　今日，多くの旧ソ連諸国が，政治的には権威主義的な手法を取りながら，資本主義経済化を進めています．これはある意味では中国の道の遅ればせの模倣であるように見えるところがあります．これがいいか悪いかというのは微妙なところで，個人的にあまり賛成したい話ではないのですけれども，ある種のリアリティーがあるということは見ないわけにいかないでしょう．

Q ロシア人と話をすると,「ソ連時代はよい時代だった」と,ノスタルジーを感じる人が結構いるようです.なぜ,そういうノスタルジーがあるのでしょうか.それはソ連復活とか,領土拡大と結びつくのでしょうか.

A 日本でも,旧満洲で過ごした人たちがノスタルジーを抱くというような問題はあります.あるいは,ドイツ人がカリーニングラード,昔はケーニヒスベルクという名称でしたが,そこにノスタルジーを感じるという話もよく聞きます.しかし,そのことと,日本が満洲をまた領土にしたい,ドイツがカリーニングラードを領土にしたいということは別問題で,そこには大きな飛躍があります.ヒトやモノの自由な往来を盛んにして,国境の敷居を低くするというような話も,ヨーロッパなどでは特に盛んですけれども,そのことと,一つの国家として,領土として抱え込むということとは別な話です.2014年のクリミヤ問題を契機に,にわかにそうした問題がクローズアップされるようになりましたが,少なくとも3,4年前まではそのような議論はほとんどなかったはずです.

　一口にノスタルジーといっても,いろいろな要素があります.過去に起きたことの中には,悲しいこともあれば,うれしいこともあり,誇るべきものもあれば,恥ずべきものもあります.それらを丁寧に数え上げるということをしないで,漠然と,何となく懐かしいというのがノスタルジーですけれども,だからといって全て肯定しているかというと,そうではないと思います.現代の日本人が,江戸時代には今の日本が失った美しい風俗習慣があったといってノスタルジーを感じるとしても,まさか士農工商という身分制を復活させようとか,お侍さんだけが刀を持っている世の中にしたいとは考えないでしょう.ロシアの人たちも同様で,過去の中のある側面に特に誇りを感じるわけですが,ありとあらゆることについて懐かしんでいるわけではありません.彼らが一番誇るべきと感じているのは,何といっても,第2次世界大戦でナチス・ドイツに勝ったということです.それから,あの広大な空間を丸ごと領土としていたことへの郷愁もあります.もっとも,あの広大な空間が形成されたのはソ連時代よりも古く,ロシア帝国期のことですから,これはソ連への郷愁というよりもむしろロシア帝国への郷愁ともいうべき性格があります.これ以外にもいろんな要素がありますけれども,とにかくソ連時代丸ごとの全面肯定とは違います.

農民が大量に餓死したとか,無実の人たちが大量に処刑されたといった事実はみな知っていますし,共産党時代の政治・経済体制をそのまま復活させるべきだと考えている人はごく少数でしょう.

一つ象徴的な例を挙げます.ロシアの国歌としてソ連時代のものを復活させたということが日本でも報道されて,ノスタルジーの典型例として解説されましたが,あれはメロディーだけを復活させたわけです.最初は歌詞なしで,しばらくしてから新しい歌詞を付けることにしました.これは,実は戦後の西ドイツの場合とよく似ているのです.ドイツには昔からの国歌がありましたが,歌詞の1番に「世界に冠たるドイツ」という文句があるところは,ナチス時代に乱用されたということもあり,大問題でした.新しい国歌を定めるか伝統的な国歌を生かすかで論争があった後に,メロディーは伝統的なものを使うけれども,「世界に冠たるドイツ」というくだりを含む部分は除いて3番のみを歌うという形で決着しました.これはロシアの場合とよく似ています.考えてみると,日本の場合はメロディーも歌詞も変えなかったわけですね.

ともかく,ノスタルジーがあるということ自体は,ある程度まで人間の心情として自然なところがありますが,そのことと,過去を全て肯定するということとは別のことだと思います.もちろん,ときとして,国民のノスタルジー感情が反動的政治家によって利用されるという危険性もありますが,そういった危険性は日本を含め,世界のどの国についてもいえることでしょう.

塩川先生のおすすめの本

塩川伸明『冷戦終焉20年——何が,どのようにして終わったのか』(勁草書房,2010年)

塩川伸明・小松久男・沼野充義編『ユーラシア世界(全5巻)』(東京大学出版会,2012年)

横手慎二『ロシアの政治と外交』(放送大学教育振興会,2015年)

第2講
ナショナリズム
多民族国家ロシアにおけるナショナリズム

池田嘉郎
東京大学大学院人文社会系研究科准教授

池田嘉郎（いけだ よしろう）
東京大学大学院人文社会系研究科准教授
1994年東京大学文学部西洋史学科卒業．98年文部省アジア諸国等派遣留学生（ロシア連邦，モスクワ，ロシア科学アカデミー・ロシア史研究所研究員，2000年9月まで）．2003年3月東京大学大学院人文社会系研究科単位取得退学（2005年10月博士号（文学）取得）．
06年9月新潟国際情報大学情報文化学部情報文化学科講師．10年4月東京理科大学理学部第一部教養学科准教授．13年4月より現職．
著書に『革命ロシアの共和国とネイション』（山川出版社，2007年），『第一次世界大戦と帝国の遺産』（編著，山川出版社，2014年），『国制史は躍動する──ヨーロッパとロシアの対話』（編著，刀水書房，2015年）．

1 ロシアとは何か

　はじめに，ロシアという世界をどう理解するかについて，巨視的な話をします．これは，民族関係をどう理解するかという問題とも関わってきます．ロシアを理解する一つの鍵は，それがヨーロッパの周縁だということです．たしかに主要な宗教はキリスト教であり，ロマノフ朝はヨーロッパ諸王家と血縁関係にもあったし，その他色々な面でロシアはヨーロッパの文化的・政治的空間の重要な一角をなしていました．しかし同時にまた，領土の多くの部分が地続きでユーラシアに広がっており，また20世紀初頭にいたるまで実に古い統治制度を維持していたこともあり，「おまえはヨーロッパなのかどうか」ということが常に問われる，自分でも問うし，周りからも問われる，そういうヨーロッパの周縁でありました．私はこれが，ロシアを理解する上での大きな鍵だと思っています．

　ヨーロッパに近い，あるいはその一部なのだけれども，しかし同時に違う．これがヨーロッパに対するコンプレックスとなります．憧れと反発，両方あります．一方では，「自分たちはヨーロッパとは少し違う．ユーラシアである．だから，ヨーロッパなんかよりずっとすごいんだ」というような自負心があります．ですが，他方では，そうはいってもヨーロッパにはかなわないという意識も非常に強くあります．19世紀から20世紀初頭について見ても，帝国の最先端のエリート層は，チャイコフスキーのような大作曲家もいれば，「パヴロフの犬」のパヴロフのような科学者もいましたから，全ヨーロッパ中でも突出していましたけれども，しかし，国全体で見れば，ロシア帝国は住民の8割ぐらいがお百姓さんで，しかも文字も読めないような人が多いという世界ですから，そのようなことからすれば，やはりヨーロッパに対する憧れと反発，これがロシアを特徴づけていたと思います．

　さて，ヨーロッパに近い，あるいはヨーロッパの一部ですから，ロシアにはヨーロッパ産のさまざまな思想や運動が入ってきます．あれは最先端のヨーロッパのものだからいいものだろう，最先端のものだということです．ここで問題は，単に，ヨーロッパで出てきた思想や運動がロシアに入ってきて，ロシアでも広まっていくというだけではなかったということで

す．一番の逆説は，ヨーロッパではしょせん理想にすぎないことが，ロシアではなぜか現実のものになってしまうのです．これが，ロシア史だけではなくて，近現代史，20世紀世界史を考える上での大きなパラドックスで，ロシアでは他のところでは起こらないことが起こります．それらは大抵，元来はロシア人が考えたことではなく，ヨーロッパ人が考えていたことです．たとえば社会主義がそうです．「皆が平等に物を分配する．労働者が中心の社会をつくる」ということは，ヨーロッパでは，理想としてはありうるわけです．しかし，理想としてはありえても，それを本気でやれるかというと，一握りの人間は本気でやりたいと思っているけれども，大半の人間は，あれは理想だ，あれに少しは近づいた方がいいというぐらいが関の山です．ところがロシアでは，あれが1917年に革命という形で実現してしまいます．これは一体なぜなのかを考えなければいけません．

社会主義とは何なのか．社会主義の規定は人によってさまざまですけれども，二ついえるのではないかと私は思います．

一つは，市場経済の否定，市場原理の否定です．要するに，資本主義社会の基本的なルール，市場原理，これの否定です．社会主義の下では計画経済になり，国の中央で計画をたて，誰がどこで働くか，あるいは給料がいくら，何をつくるか，もちろん色々な調整はするにしても，基本はどこか中央で決めるということになります．実際にはそれだけでは成り立たないから，闇経済があるわけですが，理念はそうです．

ですが，市場経済の否定ということは，これはいってみれば「何々ではない」という規定ですから，ネガティブな規定ですね．ソ連社会主義は市場経済ではなかった，資本主義ではなかった．こうした「何々ではない」という規定はもちろん正しいのですけれども，市場経済ではないというだけで，ソ連や社会主義が20世紀にあれほど理想郷のように見えた理由はよく分からないでしょう．20世紀の半ばぐらいまで，「ソ連万歳」「社会主義万歳」などといって死んでいった人が確かにいました．たとえば，スペイン内戦などに出かけていって，「社会主義万歳」といって死んでいく人がいたわけで，それは単に，市場経済ではないという，それだけのために人は死ねるかというと，やはり死ねないと思います．では何があったのかというと，市場経済の否定ということのさらに奥底にあった，二つ目の

ものとして，社会正義ということが大事なのだろうと思います．社会主義ソ連とは，要するに社会正義を実現しようとした国家なのです．少なくとも，ソ連の共産党，レーニンやトロツキーやスターリン，あるいはそれを支持した人たち，あるいは他の国で，日本の若者も含めて，ソ連に惹かれた人たちは，究極的には社会正義の実現，そこに惹かれたのだろうと私は思っています．

そして，この社会正義の実現というものが，先ほどの，ヨーロッパでは理想にすぎないことがロシアでは実現してしまうというメカニズムのまさに典型です．「市場経済を否定する．富者と貧者がいなくなる．皆で平等に分配する」．たしかに美しい理想ですけれども，それができるかできないかといえば，恐らく難しいのです．実際にそれをやってしまうと，ソ連のように，自由がなくなってくるわけです．にもかかわらず，ソ連でやってしまったのはなぜかというと，恐らく，近代ヨーロッパでは，そもそもやる必要もなかったし，あるいは，やろうと思っても，その可能性もなかったのです．ソ連，ロシアだけが可能性があったということだと思います．

要するに，レーニンやスターリンやトロツキー，共産党が革命をやって社会主義をつくりましたが，これは先ほどのヨーロッパ・コンプレックスの延長上にあるわけです．「ヨーロッパで社会主義の考えが出てきているけれども，ヨーロッパ人にあれはまだできていない．ロシアの方が，先によりよいものをつくりたい」と．これは，ヨーロッパ・コンプレックスですから，ヨーロッパと全く違うものを出してきているわけではなくて，ヨーロッパを基準にして考えています．実際，レーニンの頃はまだ自分たちの社会主義は仮のもので，ヨーロッパで革命が起これはもっと立派なものが向こうでつくられるだろうと思っていました．しかし，1930 年代のスターリンの頃になると，「ヨーロッパ人は社会主義といっている．われわれはあれを実現できるはずだ．しかも，もっとすごいものができるはずだ」と考えて，自信に満ちて新しいシステムを完成させました．

なぜこうしたことができたのかというと，レーニンたちが素晴らしい革命家だったから，あるいは，ロシア人だけが社会主義的なものに向いている国民性をもっていたからというような話ではありません．そうではなく，ヨーロッパでは理想にしかとどまりえない，そしてそれで十分なものが，

なぜか，ロシアでだけは現実化してしまう背景があります．私は次のように考えます．19世紀ヨーロッパ，とくにフランスやイギリスや，ドイツも含む西欧では，社会を支える重要な原理として私的所有権の概念があります．「自分の財産は確実に保護される．そのかわり，他人の財産も保護しなければいけない．これは，相手が国家だろうが何だろうが関係ない．同じである」と．大体フランス革命の頃にこれがはっきりと打ち出されて，19世紀初めのナポレオンの頃から，ヨーロッパは基本的にこのルールでやっていこうということになっていきます．

　あるいは，議会制度も大事です．議会制度と私的所有権は，関係がないようで実は関係しておりまして，要するに，ある社会，イギリスならイギリス，フランスならフランスで，それぞれの社会層，資本家や労働者など，そのような人々のそれぞれの私的所有権，さらにはそこから導き出される諸々の権利，これをお互いに守りながら調整していく，その仕組みが議会制度です．とても大ざっぱにいえば，議会制度とは，私的所有権を守りながら，しかし，お互いの利害が対立する，労働者の利害と資本家の利害は対立するので，お互いに政党をつくりましょうと．保守党をつくりました，自由党をつくりました，労働党をつくりました．それでお互いに調整していきましょうと．あるいは，地主と企業家も利害が違うから，調整していきましょうと．これが議会制度です．

　近代ヨーロッパは私的所有権がしっかりと根づき，それに基づく議会制度も根づきましたので，そこから市民層が発達していきます．これは，鶏が先か，卵が先かと同じで，市民層がある程度いればこそ，そのような議会制度が強くなったともいえます．市民層，これもかなり大ざっぱにいえば，企業家や，さらには医者や弁護士や大学教授など，いろいろな自由業の人びとが発達してくるわけです．

　そうすると，近代ヨーロッパは私的所有権をしっかり守っている社会ですので，金持ちの財産が守られますから，当然，貧富の差が出てきます．それをいくら貧しい人々が「あれを奪って，皆で分けよう」といっても，そのような無茶は許されません．「不平等かもしれないけれども，そのかわり，あなたがもし財産をもったならば，それはやっぱり守ってやるんだ」というような仕組みになっています．それが近代ヨーロッパです．で

すから，誰か理想主義者，たとえばマルクスのような人が，やはりこれはおかしいから労働者にもっと分配しなければだめだという議論を出しても，それが実現される環境がおよそありません．私的所有権がしっかり根づいているし，議会制度がしっかりしているから，そのようなところでは，私的所有権をなしにして貧しい人々に分けようという発想は理想にしかとどまらないわけです．理想としては美しいから，少しはそこに向けて頑張るけれども，基本はそれは無理ですよというようにやってきたわけです．これが近代ヨーロッパです．

ところが，20世紀初頭のロシアには，近代ヨーロッパ的な前提がないのです．何がないかというより，何があるかというと，皇帝権力がとても強かったのです．もちろん，色々な制約はあったのですけれども，しかし，19世紀また20世紀初頭のヨーロッパ諸国に比べて，皇帝権力が強いのです．さらにいえば，身分制もしっかりと維持されていました．同じ頃のヨーロッパ，さらに日本ですら，身分制は仮に残っていても，その意義はだいぶ稀釈されています．それに対してロシアでは，ロシアに住んでいる人は皆同じ平等な市民だという発想はないのです．あっても弱いのです．基本は身分制です．つまり，農民身分に属していれば，たくさんの義務が出てきます．貴族身分に属していれば，義務は少なく，そのかわり特権が多いのです．他に，町人や商人など色々な身分があるのですが，これらに分かれているのが20世紀初頭のロシアの社会です．身分制に分かれている，いくつかのブロックに分かれている，そのような人々を皇帝権力が束ねています．議会も1906年に一応できるのですが，これは非常に不完全です．皆が一人一票持っているというような議会ではないのです．そのようなところでは，先ほどいいました市民層が，ヨーロッパほどには強くなれないのです．

そうすると，市民層が弱いから，私的所有権もますます根づきません．「自分のものは守る．そのかわり，あなたのものも守る」という発想が，ないわけではないけれども，社会のルールとして定着しません．また，私的所有権と密接に関連する，市民の諸々の権利についても同様です．そのかわり，皇帝権力や政府による恣意が作用する余地がより残ります．日常的に土地を取られたり逮捕されたりするような無法地帯だったわけではな

いですが，最後の最後は，ルールとして，私的所有権や，その他諸々の権利をお互いに守りましょうという発想はヨーロッパほどには根づいていないわけです．

　そのような世界に，ヨーロッパ・コンプレックスがあるものですから，社会主義は素晴らしい，貧しい人々の世の中をつくるのだというような非常に美しい理想が入ってきて，一部の学生や知識人はそれにとらわれます．そして，ロシアはヨーロッパの周縁だから，ヨーロッパから低く見られているけれども，ヨーロッパよりもすごいことができるはずなのだ，社会主義を実現しようとなってくるのです．ヨーロッパ，イギリスやフランスやドイツなどでは，そのような集団，社会主義者はいるけれども少数派です．「私的所有権が大事ですよ」となるわけですから，皆，そのような話を聞かないわけです．ところが，ロシアでは「いや，私は絶対，私的所有権を守るんだ．議会制度を守るんだ」というような市民層が弱いものですから，レーニンのような人たちが理想社会をつくるのだといったときに，「そんなばかなことはやめろ」と止める集団の力が弱いのです．

　戦争などが起こらなければ，そうはいってもロシア帝国も，とにもかくにも議会はつくりましたし，徐々にヨーロッパのようになっていったでしょう．恐らく，たとえば明治時代の日本，憲法もつくった，議会もつくった，あのようなものに近づいていったのではないでしょうか．20世紀初頭の段階では，ロシア帝国よりも日本の方が先に憲法も議会もつくっていますから，日本の方がヨーロッパ基準でいって先進的でした．それでも，ロシアも徐々に，日本や，あるいはドイツ帝国のように，色々自由は少ない，不自由だけれども，よりヨーロッパ化していくのではないかという兆しはあったのです．ですが，非常事態が起こります．第一次世界大戦です．第一次世界大戦のような非常事態で国のシステムががたがたしてくると，そのようなときにレーニンなどのような理想家集団が一気に権力を取ろうと思うと，取れる可能性が大きくなってしまうわけです．これが，議会制度などがしっかりしていて，私的所有権がきちんと根づいていれば，第一次世界大戦ももう少しましに乗り切れたかもしれません．とにかく，皆でお互いに調整しながらこの困難を乗り切ろうとなるわけですけれども，ロシア帝国は，1914年に第一次世界大戦が始まると，最初は少し団結の動

きもありましたけれども，結局，皇帝権力と，これを機会に活躍の場を広げようと思っている脆弱な市民層の代表者たちの対立が激しくなって，国の中がばらばらになっていきました．

そして，国の中がばらばらになって，1917年3月に皇帝権力は倒れるわけですが，皇帝権力が倒れても，市民層が弱いですから，市民層がしっかりと権力を取れないわけです．結局，市民層もおたおたしているのです．その間に誰が出てくるかというと，民衆です．いわゆる市民層とはもっと違う，識字率もそれほど高くない，まして私的所有権などという概念が弱い，「自分たちは土地がないから，地主から取ってしまえ」，あるいは「自分たちの工場は企業家が牛耳っているから，企業家を追い出して自分たちが工場を管理したい」と思っているような人たちが1917年に政治の表舞台に出てきます．そこでレーニンたち，共産党を名乗る人々（1918年からこの名前を使っています．それまではボリシェヴィキといいます）は，「今だ．理想社会をつくろう」ということで，この民衆の波に乗ってしまうわけです．共産党は1917年の非常事態においてチャンスをうまく生かすことができました．ヨーロッパならばそのようなことは阻止されたでしょう．市民層が止める，議会制度が止める，私的所有権が止める，皆で止めるから，そもそも共産党にはチャンスがないわけですが，ロシアにはその手のものが全て弱体だったものですから，共産党は社会主義を掲げて十月革命を実現することができたのです．

2 民族関係

ロシアにおける民族関係の基本は，この100年ぐらいでつくられています．つまり，社会主義ソ連の時代に基本がつくられたということです．なので，ロシアの今日の民族問題を知るためには，社会主義ソ連で何があったのかを知ることが大事です．

20世紀初頭のロシア帝国は，今日のロシアに相当する部分にくわえて，ウクライナやベラルーシ，コーカサス，中央アジア，さらにはフィンランドやポーランドも含む，巨大な帝国でした．今日のロシアも100以上の民族を擁しておりますが，ロシア帝国ももちろん多民族国家でした．ですが，ロシア帝国ではとくに民族別の地域割り，たとえば「ウクライナ自治

州」のようなものはありませんでした．そもそも「民族」という意識自体が，住民の間ではそれほど強くなかったのです．19世紀半ばの西欧や中欧では，ある程度都市が発達して，知識人や企業家などが出てくることによって，自分は何民族だと自覚する人々も増えてくるのですが，ロシア帝国の，まして非ロシア系が多く暮らす周縁部の場合，住民の大半は農民であったり遊牧民であったりする地域が多かったので，まだまだ民族意識の発達は弱かったのです．

民族関係について見ても，ロシア人が非ロシア系民族を抑圧するという単純な構図があったわけではありません．帝政政府が，非ロシア系民族にロシア語の使用を半ば強制するというようなことはありましたし，そうした政策に対して各地で不満が高まっていたのは事実です．ですが，ロシア帝国においては総じて民族以上に身分が社会的地位を決める上で大きな役割を果していました．ロシア人というもの自体，一体的な仲間意識があったわけではなく，20世紀初頭になっても，貴族や農民などの身分の方が，より強く人々の自意識を規定していたといえます．

そのロシア帝国は，先ほど話した通り，第一次世界大戦中の1917年3月に崩壊し，さらに11月にはレーニンたちの共産党が政権をとります．レーニンやトロツキーやスターリンといった人々は，格差のない平等な国をつくろうという理想を掲げて社会主義づくりに取り掛かりますが，その一環として民族関係についても，ロシア帝国時代とは異なる制度づくりを始めました．

それはどのようなことかというと，民族ごとに地域をきちんと割って，とにもかくにも国の形をつくってやろうということです．一番大きい単位が共和国で，ウクライナ共和国やベラルーシ共和国などをつくってやるわけです．民族集団がそれほど大きくない，あるいはそれほど発展していないとみなされた場合でも，やはり国はつくってやって，それが自治共和国です．タタールやバシキールなど，自治共和国は色々ありました．その下が自治州です．「自治共和国程度でもないけれども，やっぱり君たちも違う言葉をしゃべっているわけだから，とりあえず何か地域をちゃんと設けてあげましょう．自治州である」というわけです．1920年代にソ連はこのシステムを精力的に導入していくわけですが，その頃には国内や植民地

の，支配民族でない民族に自治共和国をつくってやるなどという例は他にはほとんどありません．たとえば，イギリス帝国がインド人にインド自治共和国をつくってやる，あるいはフランス人がアフリカの黒人たちにマダガスカル自治州をつくってやるなどというようなことはないわけです．

　このような共和国や自治共和国をつくってやったのは共産党です．レーニンやトロツキー，とりわけ，グルジアから出てきたスターリンです．彼がこのようなものをつくるわけですが，もちろん，非ロシア系民族にただ単にサービスしているわけではないので，制約があります．一番大きな制約は，離脱は許さないということです．皆ソヴィエト連邦という連邦国家の一部としてウクライナ共和国やタタールスタン自治共和国などとやっているわけで，ソ連邦から出ていくなどといい出したら，これは大変なことになります．首謀者は捕まって処刑されてしまうわけです．それは許しません．あるいは，体制批判も不可能です．つまり，共産党が統治している体制はよくないなどといったら，やはり捕まって，場合によっては処刑されてしまうわけです．ですから，言論の自由は著しく制限されています．著しく制限されているけれども，そのかわり，そのようなことさえ守れば，それぞれの国，ウクライナ共和国やタタール自治共和国をつくって維持しても構わない，しかも，ある程度まではそこで自分たちの民族語や民族教育などをやることも構わない．このようなことを共産党はしたわけです．

　共産党はなぜそこまで非ロシア系民族に優しくしてやったのかというと，理由の一つは民族意識に関わります．帝政期には民族意識は弱かったといいましたが，いずれそれは強くなっていくだろう，ウクライナ人はウクライナ民族，ベラルーシ人はベラルーシ民族という自意識が強くなっていって，そのうちに独立したいなどといい出すだろうという危惧が，共産党の側にはありました．だとしたら，これを上から完全に潰すことは無理だから，上からコントロールしてやろう，とりあえず形を与えてやろうということです．とりあえず「共和国」や「自治共和国」の形を与えてやるから，これで我慢しなさい，あるいは満足しなさいということです．それだけなら何となく，しょせんはソ連全体の帝国的なまとまりを維持するために仕方なくやっているようですけれども，究極的には諸民族の平等ということを本気でやりたいのだと，あのスターリンですらも考えていただろうと思

います.

　では，なぜソ連だけがそのような理想主義的な施策を実行に移すことになったのか．ここで，先に述べた帝政時代における市民層の弱さの問題が，また関わってきます．ロシア中央部と同様，あるいはそれ以上に，非ロシア系民族の暮らす周縁部では，市民層の形成が同時代のヨーロッパよりも遅れていたといえます．そのため，それぞれの地域でナショナリズムを支える層も弱かったのです．ウクライナ民族として独立しよう，あるいはグルジア民族として独立しようなどという層，これは大体，市民層と重なります．企業家や学者，インテリなど，都市に住んでいる人たちです．新聞などを読んで，色々なことを，世界のことを考える層です．そのような社会層がたくさんいれば，おのずから，たとえばウクライナでも，ウクライナだけで独立しようということをもっと強くいっていたと思います．グルジアでもそうです．そのような人たちはいたのですけれども，弱いのです．

　仮にロシア帝国で市民層が近代ヨーロッパと同じぐらいに成長していたら，諸地域がロシア革命の時点で独立していた可能性はもっと高くなったといえるでしょう．既に1917年にロシア帝国が倒れた段階でウクライナ共和国やグルジア共和国になって，その主人公には各地域の市民層がなっているというようなシナリオです．実際，革命後の混乱期に，ほんの数年間だけはそのようなことをやっていました．やっていたけれども，すぐにモスクワの共産党と赤軍に打倒されてしまいます．その大きな理由は，市民層が弱かったからです．市民層が弱かったから，結局，各民族地域は独立を維持できず，共産党が「かわりに私たちが上から国をつくってやろう」というような状況になったわけです．もっとも，脆弱とはいっても，短期的に独立国家の核となるほどには企業家や知識人といった市民層がいたこともたしかであり，彼らをモスクワの共産党が，独立ウクライナや独立グルジアを打倒する過程で，あるいはその後の時期に，かなり暴力的に排除していったことはあわせて強調しておかねばなりません．

3　ロシア人のナショナリズム

　ロシアの民族関係を考えるときに一番肝心なのはロシア人です．パーセンテージからいうと，大体ロシア革命の頃に5割ぐらいでした．ですか

ら，ロシア帝国の最大の民族集団はロシア人なのですが，実は，私たちはロシア人だ，だから団結しなければいけない，ロシア万歳，このようなロシア・ナショナリズムの発展は意外と遅いのです．あたかも，ロシア帝国は昔から非常にナショナリスティックで，ロマノフ朝が侵略主義的で，拡張主義的でというような印象が少しあるのですけれども，ロシア・ナショナリズムというものは意外と古くはないのです．というのは，要するにロシア帝国の頃にはロシア人というまとまったアイデンティティがあまり発展していないのです．

　その大きな理由としては，さきほど述べたように，身分制によって同じロシア人同士でも分かれていたということが挙げられます．さらに，そもそもロシア人という枠自体が非常にアバウトでした．帝政時代にはウクライナ人やベラルーシ人も，公式の統計では「ロシア人」として数えられました．当人たちも，言葉は少し違うけれども，自分たちはウクライナ人だという意識もあまり強くない．お百姓さんは自分の村や自分の地域のことをベースに考えて生きていますから，自分が何人だという意識があまりありません．このようにウクライナ人やベラルーシ人も込みで，統計でもロシア人として扱っているぐらいですから，ロシア人とは何かということが非常に曖昧でした．

　また，混血も重要な要素です．ロシア帝国には色々な人が入りまじって住んでいますから，必ず混血があるわけで，純粋なロシア人という規定がそもそも難しいと思います．必ずどこかでタタール人と混血したりしているわけで，それを彼ら自身があまり気にしていません．よくいわれる話ですけれども，レーニンは自分のことをロシア人といっていますが，恐らく，純粋な，民族的なロシア人の血は流れていません．お父さんはアジア系の民族ですし，お母さんはドイツ系で，ユダヤ人の血も入っているといいます．でも，自分はロシア人だといって，誰も別に「それは違うよ」とはいわない世界です．

　ですから，そもそもロシア人という自意識は，20世紀の初めの段階では，形が非常にもやもやとしていたのです．先ほどいったことの繰り返しになりますが，もし20世紀初めに「私たちはロシア人だから，団結しよう」というようなぶ厚い市民層が存在して，彼らがナショナリズムでがっ

ちりと固まっていれば，日露戦争も第一次世界大戦ももっとうまくやったでしょうし，仮に革命があっても，共産党が政権を取るようなチャンスはなかったでしょう．

　実際には共産党の世の中になるわけですが，共産党も色々な民族が入っています．やはり共産党というものは，現状を根底からひっくり返そうとする組織ですから，いまある社会では差別を受けている少数民族出身者が数多く入ってきます．スターリンはグルジア人ですし，トロツキーはユダヤ人です．そうした共産党は当初，ソ連の最初の10年間ぐらいは，ウクライナ人やグルジア人に対しては国もつくってやりましたし，「ウクライナ語で小説を書いてもいいんだよ」ともやるわけですが，こと全体の5割ぐらいを占めているロシア人に対しては非常に冷たかったのです．ロシア・ナショナリズムはとくに厳しく否定されます．そのかわりに，労働者の天下，あるいは農民と労働者の天下だといういい方をするわけですから，結果的には，ロシア人の労働者や，ロシア人の農民は共産党によってきちんと色々な意味で優遇されるのですけれども，それはあくまで労働者として，農民としてであって，ロシア人としてどうだということは，共産党はあまりいいません．ロシア帝国時代に，ともかくもロシア人が一番数が多かったし，帝国全体の言葉もロシア語だったのだから，一番有利であった，支配民族であった，ソ連では支配者も被支配者もないのだから，これからは我慢しなければだめだ，というのが共産党の姿勢でした．

　ところが，1930年代に入って，スターリンが政権をがっちり固めた頃から，方針が変わってきます．これからは，ロシア人としての誇りなど，「ロシア人としての何とか」というようないい方が許容されるようになってきますし，むしろ「そうしたものを，これまでは我慢していたけれども，これからはいってもいいですよ」ということに徐々に変わっていきます．いきなりは変わりませんが，昔と比べて，そのような話がだんだん増えていきます．一番の理由は戦争の脅威だろうと思います．スターリンにしてみると，戦争の脅威がだんだん高まってくるのです．まずは，ナチス政権が1933年にドイツに出てきます．日本も1932年には満洲国をつくって，極東でソ連と敵対していました．ナチスと日本，この二つが出てきて，遅かれ早かれ戦争になるのではないかということが，1930年代の半ばから

かなりリアルな脅威になってきます．ソ連の指導者は，革命が1917年ですから，革命から10数年でやっとある程度まで国を立ち直らせたわけですけれども，また戦争ではないかという，これが非常に怖いわけです．

なので，何とかして政権の支持基盤を固めなければいけません．そのようなときに，それまでもロシア人の労働者に対しては，「労働者の世の中だ」といって，あるいは，お百姓さんに対しても「これからは労働者と農民の時代」といってはいたのです．ソ連の大半，5割，6割はロシア人ですから，もし，「これからは労働者の国なんだ」という宣伝がうまく浸透していれば，あえてロシア人がどうということをいわなくても，スターリンは心配しなくてもよかったわけです．ところが，どうも社会主義の宣伝というのが，ソ連の世論にあまり浸透していませんでした．一般の労働者が，戦争が起こったときに命をかけてソ連社会主義を守るかというと，どうもそこまではいっていないという状況でした．もとよりソ連ができてから育った世代には，自分たちが国の主人公だという意識はあるのですが，「もし戦争が始まったらば，どうせこの国は負けちゃうだろうな」と考えている人は結構多かったのです．

ですから，スターリンとしては，社会主義の宣伝も強めるけれども，それだけでは不十分である．それとは別に，もう少し国民が一丸となれるような，何かシンボルや宣伝のテーマが必要だと考えるようになります．そこで，スターリンはロシア・ナショナリズムというものに目をつけます．そもそもロシア帝国の皇帝，たとえば，18世紀初頭のピョートル大帝は，ロシアを近代化した偉大な皇帝であった，スターリンはそれを引き継いでいるのだというような，ロシア帝国の過去を賛美したり，あるいは，そのようなロシア帝国の中心になってきたのはやはりロシア人だ，民族は皆兄弟だけれども，その中で一番の長男はロシア人だというような宣伝が，1930年代にだんだん出てきます．

そのような過程で，帝政期にはもやもやしていた，「そもそもロシア人とは何だ」という話がようやくだんだん明確になってきます．歴史的にはピョートル大帝がいたり，イワン雷帝がいたり，あるいは偉大な作家，トルストイがいたり，プーシキンがいたり，ツルゲーネフがいたりなど，ロシアにもきちんと色々な伝統があって，文化があって，それを今日引き継

いでいるのはソ連なのだという話になってきます．これは一見ねじれているように見えます．というのは，社会主義のソ連はナショナリズムや民族というものとは一見関係がない，むしろ民族よりも階級，国境を越えて労働者は団結しなければいけないというのが本来の建前でした．19世紀半ばのマルクスの頃は「万国の労働者は団結せよ．労働者には祖国なんかない」といっていたわけです．しかし，実際に労働者の国ができてしまったときには，ともかくも，それが祖国になってくるわけです．なのでスターリンは「これからは，社会主義のソ連を守ることと，ロシア人がロシアを守ることはイコールなのだ」というような，無理があるようでもあるが，実際にはそれなりに自然でもあるようなことを強く打ち出しました．なので，ロシア・ナショナリズムというものは1930年代以降にスターリンが育ててやったという側面があります．

　決定的な転機となったのは第二次世界大戦です．ここで，ロシア人として頑張ろう，ロシア人の祖国を守ろうというような宣伝がかなりなされます．もちろんロシアを守るということとソ連全体を守るということは並行していわれますし，ある程度まではこの二つの事柄は重なっています．それに，ロシア人だけではなく，ソ連の色々な民族，グルジア人，ウクライナ人，等など，みんなで頑張ろうということはもちろんいわれます．ただ，その中で一番の中心はロシア人なのだということになってくるのです．

　第二次世界大戦そのものは1939年から始まっていますが，最初の2年間はナチスと組んでいますから，ソ連は戦争にはほとんどタッチしていません．1941年にヒトラーがソ連に攻めてきて，これをソ連では大祖国戦争と呼びましたが，このときスターリンはロシア人のナショナリズムに最大限に訴えたのです．それまでは宗教は人々の心を迷わせるだけだから，だめだといって弾圧していたものが，ロシア正教会のトップとも和解するようになります．

　今，ロシアで頻繁に軍事パレードをやりますね．何かといえば軍事パレードをやりますけれども，あれは第二次世界大戦の勝利を祝っているわけですが，要するにロシア人というもののアイデンティティができる本当の基盤は第二次世界大戦です．当時，ロシア帝国時代の軍人を引き合いに出したり，祖国の風景として白樺を映画の中で強調したりして，ロシアの伝

統について熱心に宣伝して，それが今に続いているものですから，今日のロシア・ナショナリズムは，あの第二次世界大戦でわれわれは頑張ったなという，そこに根拠があるわけです．

4　現代のロシアの民族とナショナリズム

　ペレストロイカの頃のことに移ります．1985年に書記長に就任したゴルバチョフは，停滞したソ連社会の活性化を目指し，とくに共産党の官僚を守旧派として攻撃しました．世論による側面支援が必要でしたので，言論統制も徐々に解除していきます．しかし，共産党の官僚機構はともかくもソ連全体を機能させる軸でしたから，その機能が低下すると政治・経済全体の混乱が深まっていきます．言論統制の緩和も，ゴルバチョフは理想の社会主義について皆で議論し追求していこうというような美しい理想をもっていたのですが，何をいっても処罰されないと分かった人々は，徐々に大胆になって，共産党の一党独裁や社会主義や連邦制にも攻撃の矛先を向けるようになります．

　こうしてソ連全体で徐々に秩序が解体していく中で，連邦制も揺らぎ，ソ連は共和国ごとにだんだんとばらけていきます．これは必ずしも，ウクライナ・ナショナリズムが最高にいいと思ってウクライナ人が動いている，あるいは，ロシア・ナショナリズムが最高にいいのだと思ってロシア人が動いているというよりは，すがりつくものはそれしかないといったところがあったといいます．ソ連邦の経済システムが崩壊していく中で，ある程度まともなシステムが残っているとすれば，それは共和国レベルの色々な制度でした．ウクライナ共和国の枠組みやグルジア共和国の枠組みです．あるいはまた，道徳規範が揺らぐ中で，これから人々は何を基準にして生きるか，社会主義やレーニンではない，そうなると結局はナショナリズムだ，これからはロシア人としてロシアの伝統を大事にしよう，ウクライナの伝統を大事にしようということになります．こうして，大洪水の中で何とかすがりつく，ある程度根が生えている木にすがりつくとなると，ナショナリズムと個々の共和国しかなかったというような議論を，アメリカのコトキンがしています．そのようなことで，ソ連はばらけていきます．

　元々のナショナリズムが，スターリンの下でつくられたナショナリズム

なわけです．ソ連政府と共産党によって上からあてがわれてつくられたナショナリズムです．それでやってきたものですから，ある意味，国家と癒着しているわけです．国家が色々なことを与えてくれて，民族劇場をつくりましょう，民族映画をつくりましょうなどと主導してくれて，それでやってきたところがあります．ですから，ウクライナ・ナショナリズム万歳というよりは，とにかくこれでいこうとすがりつく単位として，ウクライナ共和国なりウクライナ・ナショナリズムに人々はすがりついて，ソ連はばらけていきます．ただし，ソ連はばらけてしまいますが，本当によくきれいにばらけたものだと思います．戦争が，少しはありましたけれども，あまりなしに，とりあえずあのときは済みました．

　ソ連解体後のロシアについて簡単に触れます．ソ連は 15 の共和国から成っていたわけで，その中の一番巨大な共和国がロシア共和国，今のロシアです．ソ連と比べて小さくなってしまいましたけれども，いまだに世界最大の国家です．ちなみに，かつての自治共和国，タタール自治共和国など，あの手の自治共和国は，今は名前は共和国に変わりました．このあたりは皆さん，恐らくお仕事で色々行かれた方が多いと思います．私もバシコルトスタン共和国とカレリア共和国，この二つだけは行ったことがありますが，今は共和国です．ロシアという国の中に 21 の共和国があります．さらに，国際承認は全くされていませんが最近クリミアが増えて，ロシア国内の数え方では 22 になりました．

　現在，自治共和国の権限は，ソ連時代にもほとんどなかったのですけれども，今はもっと減っています．プーチンがどんどん減らしているわけですけれども，今後どうなるかは分かりません．ただ，プーチンとしては，彼はロシア人ですし，恐らく骨の髄までロシア・ナショナリスト，「ロシア万歳」という人だと思いますけれども，では，彼がロシア人だけのロシアでいいかと思っているかというと，そのようなことはないわけです．やはりロシアという巨大な多民族国家を預かるリーダーとしては，多民族が一緒に暮らせる仕組みを考えなければいけません．「ロシア人のロシア万歳」といっていれば，国が崩壊しますから，それは，あの国のリーダーとしてはやってはいけないことです．なので，プーチンとしては，スターリンのやっていたことを繰り返しているようなところがあります．一番多い

2007年にできた愛国作家ショーロホフの記念碑,モスクワ（筆者撮影）

のはロシア人ですから，あくまでロシア人のナショナリズムがロシア国家統合の基礎にはなります．しかし，その上で，ロシア人は昔から他の民族と仲よくやってきたというような宣伝をするわけです．ロシアは100以上の民族全部の祖国なのだというようないい方をします．

現在は，ロシア人の割合が80％程度で，タタール人が次に多いのですけれども，タタール人は4％程度ですから，圧倒的にロシア人が多いのです．しかし，そうはいっても，ロシア人だけのロシアということは難しいと思います．プーチンにとってもこのあたりのバランスは，かじ取りが難しいところがあります．たとえば出生率なども，今日のロシア人は都市に住んでいる，ヨーロッパ的な生活スタイルで生きている民族ですので，晩婚ですし，子供も1人や2人というようなスタイルになっています．他方，イスラム系の人たちはまだまだ子供をたくさん産みます．ある種，都市型ではないスタイルでやっているものですから，イスラム系の割合がどれだけ増えていくかが注目されています．そのあたりはプーチンとしては気にはしているところだろうと思います．

最後に，今後の問題ですが，ソ連が崩壊して，多民族国家ロシアとなり，何とかやっていってほしいわけですが，しかし，たとえば現在のウクライナとの紛争を見ても分かるとおり，現在のロシア人のナショナリズムにはやはり少し危ういところがあります．もちろん，どこの国のナショナリズ

ムも無条件に安全だということはなく，とくに21世紀に入ってからは日本も含めて非常にぴりぴりしていますから，ロシアだけが変だというわけではないのですが，しかし，そうはいってもロシアのナショナリズムには見ていて色々危ういところがあります．振り返ってみれば，結局ナショナリズムを支える市民層が自立していないといえるのではないでしょうか．住民は皆，国家にすがって生きているようなところがあります．ソ連時代は国家が企業をつくって管理していました．これに対して現代のロシアでも，中小企業が少なく大企業が多いのですが，大企業とは要するに国営セクターみたいなものです．国家がやっていたり，あるいは独立行政法人のようなものが多かったりで，いわゆる地域社会を草の根で支えていく層というのが少ないのです．もちろん，これはかなり大雑把ないい方でして，本当にそのようなものがあるのか，ドイツやイギリスでそのような草の根市民層などいるのかといわれたら，いないのかもしれないのですけれども，それでもロシアではよりいっそう少ないと思います．

　そうすると，どうしてもナショナリズムについても，国家が枠組みをつくって，テーマを与えたり，宣伝したり，テレビ番組をつくったり，国家主導型，国威発揚型の部分だけが突出しているように見えます．ナショナリズムといってもそれだけではないだろう，もっとお互いに融和するようなナショナリズムがあるだろう，必ずしも国家やプーチンなどは関係なしにロシア人の誇りというものを考えられるだろうといった，もう少し冷めたナショナリズムが出てくる余地は，今のロシア社会ではあまり多くはありません．もちろん，そのような冷めたナショナリズムが出てくる余地が世界のどこにあるのか，日本にだってあるのか，あるいは，どのような形であれナショナリズムというものは褒められたものではないのではないかなど，色々な見方があると思います．また，その逆に，ここに書かれているナショナリズムの何が悪いのだという考え方もあるかもしれません．しかし，とにかく一つのパターンとして，ずっとナショナリズムを支える市民層が弱いものを，ロシア帝国時代もソ連時代も現代のロシアでも，国家が上から枠組みを与えてきて国の形をつくっているのがロシアですから，どうしても国家主導型のナショナリズムが強くなってしまい，今のロシア・ウクライナ紛争でも，プーチンのやり方がやたら過激化するようなこ

とになります．

Q&A　講義後の質疑応答

Q　ロシアとヨーロッパの違いについて，市民層や私的所有権という点から説明されたわけですが，そうした違いの根底にあるものは何なのでしょうか．

A　近代までの土地制度というものが一つ大きいのだろうと思います．歴史的に見て，お百姓さんたちがどのような形で自分たちの土地や，あるいは自分たちの共同体を運営していたのかということです．この制度を比較してみると，ウクライナの真ん中あたりを縦に走っているラインがありまして，そのラインのロシア側とヨーロッパ側とで，土地制度のあり方が違っていたのです．土地制度，また家族のあり方が違っていました．これは経済史の肥前栄一先生が論じられていることです．

　何が違っていたのかというと，ごく大ざっぱにいえば，ウクライナあたりの真ん中を走っている線のヨーロッパ側では，土地はお百姓さんが個人で持っていました．個人あるいはそれぞれの家が持っていて，それは子供が1人で相続します．兄弟皆で分けるのではなく，地域によって違いますが，たとえば長男なら長男，次男なら次男というように，ある家の田畑を1人で相続しました．このように一子相続制になっているので，自分の土地に対する執着，さらには私的所有権の概念も，農村という，社会の土台において根づいていきます．ついでにいえば，相続できなかった兄弟たちは，相続権者，長男なら長男のところで下男になったり，あるいはあぶれて都市に行って都市労働者になったりします．これが都市の発展を支えることにもなります．私的所有権の概念がしっかりしているところでは，社会主義を支持する勢力が優勢になる可能性はそれだけ小さくなります．

　ではウクライナの真ん中よりも東側，つまりロシア農村はどうかというと，これは20世紀初頭にいたるまで，土地はそもそも個人や世帯ではなくて共同体が持っています．共同体全体が土地を管理していて，世帯に割り当てていきます．つまり，この土地は誰々の土地だという発想がそもそ

も弱いのです．なおかつ，ロシアの農村は定期的に割り替えということをやって，「大分，あそこのところも家族が増えたから，皆でもう1回土地の割り当てをやり直そう」というようなことをするものですから，せっかく肥料をまいて育てた土地も，取られてしまうということが起こります．そのようなことが重なるので，自分の土地に対する執着，さらには私的所有権の概念が，人口の大半を占める農村において育つ土壌が脆弱だったのです．

ついでに相続制度について触れると，個々の世帯において割り当てられた土地は，兄弟が3人いれば3人皆で分割します．一子相続制ではありません．ですから，ロシアの農民は出稼ぎはしても，半永久的に都市に去って工場労働者になる割合はヨーロッパに比べて低かったのです．このような状況の下で，19世紀後半から20世紀初頭，医療の改善などによって農村の人口が増えていくと，男子1人あたりが割り当てられる土地は小さくなっていく一方ですから，土地不足，ないし人口過剰が起こります．それでも，小さいけれども土地がもらえるものだから，都市に去るものもあまり増えないまま，不満だけが高まっていくということになります．

こうして，土地制度や家族制度の違いが，私的所有権の概念を支えるものという観点から見た場合，ロシアとヨーロッパを分ける大きな境界線になっていたと考えることができます．

Q　ロシア人以外の民族は，現状をどう思っているのでしょうか．
A　今のロシアから完全に出ていきたい，独立闘争をやるのだといっているのはチェチェン人ぐらいです．これは歴史的に，ロシアという国あるいはロシア人との関係が悪いものですから独立闘争をやっているので，例外です．残りは基本的には，自分たちは小さいですから，独立しようということはまず考えていません．巨大なロシアという国家の中で，ロシア人主導であることはそれはそれでよいとして，自分たちの文化を育てていく権利や自分たちの言葉で教育する権利などは，きちんと守ってほしいと考えているといえます．そのような意味では，多民族国家ロシアは全体としてはある程度はうまくいっているのではないかと思うのです．異なる民族間の結婚も多いです．しかし，逆にロシア人の中で「ロシアというのはロシ

ア人のものだから，他の民族はわれわれにたかっているわけだから，出ていけ」などという考えが高まってきたら，国家の安定は大きく損なわれます．ですから，プーチンは恐らく，そうはならないように民族融和を訴えるでしょうし，ある程度そのようなバランスが取れている限りは，他の民族も，巨大な国であるロシアの中で，皆でやっていきましょうということになるのだろうと思います．

池田先生のおすすめの本

和田春樹『歴史としての社会主義』（岩波新書，1992 年）

肥前栄一『比較史のなかのドイツ農村社会――『ドイツとロシア』再考』（未來社，2008 年）

A・プラトーノフ（原卓也訳）『プラトーノフ作品集』（岩波文庫，1992 年）

第3講

クリミア問題

社会革命としての東部ウクライナ動乱，およびロシアの関与について

松里公孝
東京大学大学院法学政治学研究科教授

松里公孝（まつざと　きみたか）
東京大学大学院法学政治学研究科教授
1985 年東京大学法学部卒業．87 年東京大学大学院法学政治学研究科修士課程修了．1991 年同博士課程中退，1996 年東京大学法学博士号取得．1991 年北海道大学スラブ研究センター助教授．2000 年同教授を経て，14 年より現職．
著書に『シリーズ・ユーラシア地域大国論（2）ユーラシア地域大国の統治モデル』（共編，ミネルヴァ書房，2013 年），『ユーラシア──帝国の大陸．講座スラブ・ユーラシア学，第 3 巻』（編著，講談社，2008 年）

はじめに

　私は，2012年度以降，ウクライナにおける政権与党であった地域党を研究するプロジェクトを推進する中で，ドニエツク州とクリミアに注目しました．なぜなら，ドニエツクは地域党が生まれた州であり，クリミアは，ドニエツクのエリートが地域党組織を使って，いわば植民地化したリージョンだからです．その後，ユーロマイダン革命が起こり，これに反対するクリミアとドニエツク州の住民はウクライナからの離脱を表明し，ドニエツク州は内戦に突入しました．本講義は，ユーロマイダン革命を挟んで，2013年1月，2014年の3月と8月にドニエツクで，2013年8月，2014年の3月と8月にクリミアで行った現地調査に基づいています．

　ウクライナ東部での動乱は，キエフ政権を応援するG7と「ノヴォロシア」（ドニエツク，ルガンスク両人民共和国の連合国家）を応援するロシアの代理戦争であるとみなされたり，ウクライナの東西対立の文脈で語られることが多いようです．私は，このような見方は間違っていると思うので，これを克服するために，本講義では次のことを説明します．①ユーロマイダン革命そのものがそうであったように，クリミアやドンバスにおける政変，およびドンバスが内戦に突入したことには社会革命的な背景があり，ウクライナ東西の文化対立では説明できないこと，②ロシアと，ドニエツクとルガンスクの「人民共和国」の意向は，必ずしも一致していないこと．なお，クリミアの過去6年間の内政については，『現代思想』第42巻第7号（2014）に発表した拙稿「クリミアの内政と政変（2009-14年）」で詳しく述べているので，本講義ではドニエツク州を中心に論じます．

1　ドニエツク州における地域党の覇権

　内戦のあまりの激烈さに，「ウクライナは最初から脆弱国家だった」などと私たちは考えがちです．しかし，いま大切なのは，ユーロマイダン革命の前夜まで，「ウクライナではパトロン・クライアント関係がロシアやベラルーシよりも根深く定着し，その政治文化は妥協的で，政治体制はそれなりに安定している」と多くの専門家が考えていたという事実に立ち返ることです．

ドニエツク州は，パトロン・クライアント関係がとりわけ深く根付いていたからこそ，地域党発祥の地となることができました．ドニエツクは，1869-70年，銑鉄工場地としてイギリス人実業家ジョン・ヒューズによって創基されました．創基者を記念して，この集落は，最初はユーゾフカ（ヒューズ村）と呼ばれました．その後，スタリノ（ヨシフ・スターリンとは関係がなく，「鋼鉄の町」という意味）と名前を変え，こんにちのドニエツク（「ドン川の町」）という名称に至っています．このように新しい集落なので，帝政期は郡庁所在地でさえなく，純粋にソヴェト期の工業化によって100万都市にまで発展したのです．これは，18世紀以来の県庁所在地であるドニエプロペトロフスク市（旧エカテリノスラフ=「エカテリーナ大帝の栄光」），19世紀以来の大学都市であるハリコフ市などとの大きな違いです．やや問題のある決め付けですが，帝政期の歴史を持たないことは，ドニエツク州の文系インテリの弱さに反映しているように思われます．内戦前のドニエツクには優秀な大学がいくつかありましたが，それらは主に工学系，医学系で名を馳せた大学でした．また重厚長大型工業州であるドニエツク州では，小ビジネスやサービス産業が振るいませんでした．文系インテリと小ビジネス階層が弱いということは，ウクライナ民族民主派の支持基盤がないということです．ドニエプロペトロフスク州，ハリコフ州，クリミアにおいては，国政選挙となれば民族民主派はあわせて10パーセント前後得票しましたが，ドニエツク州においては4パーセントくらいしかとれませんでした．

　ドニエツク州は，「石炭→製鉄→機械」という垂直的な産業構造を有しており，エリート間の寡頭制的な競争は起こりにくいようです．約4千人いると言われる企業長（ディレクトル）が結束して企業ぐるみ選挙を展開し，票を動員します．内戦以前のドニエツク指導者の支配的言説は下記のようなものでした．

　　ドニエツク州は，厳しい自然環境の中で遅れて工業化を始めたので，住民は団結して生きるしかない．これは炭鉱夫の民主主義とも呼べるだろうし，企業ぐるみ選挙は当然である．ドニエツク州では，病院長がA党に入党すると，職員も一斉に入党する．学校でも同じである．

ドニエツク州の大衆は指導者を最後まで見捨てない．どんなに問題があろうと，彼らは「我々の」リーダーであると考えるからである（ニコライ・ザゴルイコ・ドニエツク州地方自治体協会執行委員長からの聞き取り，2013年1月5日；ヴィクトル・ニコラエンコ・ドニエツク州行政府・社会との連絡局長からの聞き取り，2013年1月8日，いずれもドニエツク市）．

　州の要職にある人々が，動乱のわずか1年前にこのような脳天気なことを言っていたのですから，「人間は何と先が読めないのか」と評価することも可能だし，「ドニエツク州の一枚岩体制にはそれなりの生命力があり，動乱は偶発的要因の相乗効果であった」とみなすことも可能でしょう．いずれにせよ，以上のような多元主義的な競争が起こりにくい社会構造から，動乱以前のドニエツク人は，生来のコンフォーミスト（一枚岩主義者）であるかのように行動していたのです．これが，ドニエツク州が地域党発祥の地となった第一の理由です．第二の理由は，州における地域主義イデオロギーの強さです．

　レオニード・クチマが，1990年代を通じてウクライナ共産党の支持基盤であった東部諸州を切り崩して1999年大統領選挙に勝つためには，従来の左翼思想に取って代わるイデオロギーが必要でした．ドニエツク州が提供するリージョナリズムがその役割を果たしたのです．ドニエツク人は「二重の剥奪感」に苛まれているため，東部諸州民の中でもとりわけ強硬な地域主義者です．「二重の剥奪感」とは，まず，ウクライナ政治においては西部の発言力が過大評価されているという認識です．ウクライナ東部人は，「ウクライナ西部人は，東部工業州が稼いだ金から補助金をもらって暮らしているくせに，東部人に対して偉そうなことばかり言う」と考えています．ユーロマイダン革命に対抗する形で，ウクライナ東部で2014年春に盛り上がったウクライナ連邦化運動は，「もうこれ以上，西部を養いたくない」という東部人の願望の現れでした．

　これが第一の剥奪感ですが，第二の剥奪感とは，「ドニエツク州は，1990年代においてドニエプロペトロフスク州との地域闘抗争に破れたため，東部諸州の中でもとりわけ発言力が弱い」という不満です．これは，

1994年の州知事選挙の勝利者ウラジーミル・シチェルバニが，ドニエプロペトロフスク州知事から首相に抜擢されたパヴロ・ラザレンコに敗れて1996年に解任されたことをはじめとする一連の地域閥抗争の顛末を指します．後に述べますように，実際には，レオニード・クチマ大統領は，2002年にそれまでのドニエプロペトロフスク州エリート偏重政策を改め，ドニエツク州知事だったヴィクトル・ヤヌコヴィチを首相に抜擢したのですが，これはドニエツク人の二重の剝奪感を治癒しませんでした．私が初めてドニエツク州で調査を行ったのは2013年1月でしたが，ヤヌコヴィチの抜擢後11年経っているのに，またヤヌコヴィチの大統領就任後3年経っているのに，「ドニエツク州はウクライナを養っているのに，それに見合ったものをキエフから受け取っていない」という意見が，民族民主派から共産党までドニエツクの政治エリートに共通する支配言説でした．

　ドニエツク州に生まれた地域党が同州における覇権を確立したのには，偶然的な要因もありました．1999年の大統領選挙で共産党から激しく追い上げられたクチマが勝つためには，いわゆるオリガーク政党＝中道右派政党が，それまでの内部抗争を止め，団結して左派勢力に対抗する必要がありましたが，これが最も早く実現されたのがドニエツク州でした．ドニエツク州には，オリガーク政党として，元州知事のシチェルバニが指導する自由党，パヴロ・ラザレンコ元首相を支持するフロマダ，1997年に結成されたウクライナ地域再生党（後の地域党）がありました．まず，ラザレンコが首相解任後も汚職を追及され国外逃亡したことにより，フロマダの勢力が弱まりました．1999年の大統領選挙前夜には，クチマは，シチェルバニをスムィ州知事に任命しました．スムィ州が，クチマの競争相手の一人であったナタリヤ・ヴィトレンコの進歩社会党の拠点州であったため，クチマはシチェルバニに同州の政治状況を変えることを命じたのです．余談になりますが，スムィ州知事に赴任後のシチェルバニは，州の郡長やマスコミを集めた会議において次のように発言しました．「昔は絞首刑や銃殺や農業集団化を使って，イデオロギーを住民間に広めた．こんにちではそのような手段は使わない．…こんにち我身を危険にさらすのは止めなさい．11月1日（大統領選挙の投票日）に断頭台の上に自分の首を置かなくてもよいように．私たちがあなたたちの首を切り落とすことがないよ

うに．切り落とすのは首だけではない．あなたたちの『男の尊厳』も切り落とします」(Щербань Владимир Петрович in "Political Elites in Ukrainian Regions": http://src-h.slav.hokudai.ac.jp/ukrregions/index.html)．

こうして，党首を他州に送ってしまった自由党も衰退しました．これらの結果，地域再生党は，ドニエツク州の中道右派票を独占的に獲得するようになりました．2000 年前後，同党はいくつかの弱小政党を吸収し，党大会を開いて名称もウクライナ地域党に改めました．

薄氷を踏む思いで 1999 年の大統領選挙に勝ったクチマでしたが，直ちに，2004 年大統領選挙の前哨戦とみなされた 2002 年最高会議（議会）選挙に取り組むことになりました．この選挙に向け，クチマは，自らを支持する選挙ブロックとして「統一ウクライナのために」を結成しました．名称から明らかなように，これは，ロシアの「統一ロシア党」の真似です．改称したばかりの地域党は，独立した政治勢力としてではなく，「統一ウクライナのために」の一翼として 2002 年議会選挙に参加することになりました．選挙の結果，「統一ウクライナのために」は，全国的には「我らがウクライナ」（ヴィクトル・ユシチェンコの党），共産党に次いで第 3 位にとどまりました．しかし，ドニエツク州では好調で，ウクライナ 27 リージョンのうちドニエツク州でのみ第一党となりました．小選挙区 23 中の 22，州議会 180 議席中 172 議席を「統一ウクライナのために」の候補が獲得したのです．ここでクチマ大統領は，「統一ウクライナのために」運動には展望がないことを悟り，それに代わって地域党の全国展開を許しました．クチマは，2004 年大統領選挙に向けてドニエツク・エリートにより大胆に依拠すると決め，ヤヌコヴィチ州知事を首相に抜擢しました．

2004-05 年のオレンジ革命に敗北した後，弾圧を恐れる地域党の幹部は，1 年弱，国外に逃亡しました．これは杞憂ではなく，実際に，エヴゲーニー・クシュナリョフ元ハリコフ知事など地域党の指導者で逮捕収監された者もいました．2006 年の議会選挙に向けて同党は態勢を立て直し，ドニエツク州では有効票の 73.63 パーセントを獲得しました．この結果，ユシチェンコ大統領は，オレンジ革命後に任命した自派の州知事を解任し，その後はドニエツク州政には手を出しませんでした．2010 年にヤヌコヴィチが大統領に就任すると，オレンジ革命で解任された知事アナトーリー・

ブリズニュクを知事に再任命しました．これは，オレンジ革命そのものが正統・合法的なものではなかったので，それ以前の人事にいったん戻さなければならないという示威でした．

動乱前夜のドニエツク州では，地域党の地位は磐石のように見えました．州議員の9割以上は地域党員で，2012年のウクライナ議会選挙においては21小選挙区のすべてにおいて地域党候補が勝ち，州の27市長のうち党員でないのは3人に過ぎませんでした．しかし，企業のコーポレート・ガヴァナンスはなく，レナート・アフメトフのようなオリガークが技術革新や設備更新に投資しなかったため，採炭や鉄鋼などの主要産業の設備老朽化が著しかったのです．

2 社会革命としてのドニエツクでの政変

2011年，ヤヌコヴィチ大統領は，1965年生まれのユーリー・シシャツキーをドニエツク州知事に任命しました．その任務は，2012年の議会選挙を，欧州でのヤヌコヴィチ大統領の評判を落とさないように，「文明的に」組織することでした（前掲ニコラエンコからの聞き取り）．相対的に若く，草刈正雄似の優男であるシシャツキーは，この任に堪えましたが，このような人物は動乱期に入ると全く無能でした．3月2日，シシャツキーは，ドニエツク市議会が民衆集会のウクライナ連邦化要求を支持したのを受けて知事を辞任しました．地域党による州議会支配のおかげで，そのまま州議会議長に横滑りしましたが，4月6日に州議会=州行政府の建物占拠が始まると，4月9日には州議会議長職も辞任しました．オレクサンドル・トゥルチノフ大統領代行は，シシャツキーに代えてセルヒー・タルータをドニエツク州知事に任命しました．タルータは州南部のマリウポリ出身，冶金界の大立者であり，そしてアフメトフの盟友です．5月9日にウクライナ政府軍がマリウポリを占領すると，タルータは州行政府をマリウポリに疎開させました．タルータは，プーチンに仲介してもらうことでドニエツク人民共和国を懐柔しようとする傾向があり，プーチンの誕生日に祝電を打ったことがペトロ・ポロシェンコ大統領の逆鱗に触れ，2014年10月10日に解任されました．その後の知事，オレクサンドル・キフテンコは実務派の軍人です．

別稿でも述べたように，ドニエツク州の情勢が緊迫したのは，2014年2月22日のヤヌコヴィチの逃亡後です．ドニエツクはヤヌコヴィチの出身地であっただけに，彼の逃亡という恥辱は地域党組織に打撃を与え，州議会は開催さえされない状況が続いていました．急進左派民衆は，毎日曜日1万人規模の集会を開いていましたが，既存州指導部の不活発に業を煮やして，4月6日から州議会＝州行政府の建物を占拠し始めました．同時に急進左派は，4月7日に州議会を招集し，ウクライナの連邦化要求を採択するように州議会に最後通牒を送りました．しかし，これは人間的に無理な要求です．州行政府前では1万人の群集が座り込んでいます．州議会の会場では建物占拠した300人以上の活動家が待ち構えています．建物の入り口では武装した多数の民兵が警護しています．アフメトフやヤヌコヴィチの子分である地域党の州議会議員が，このような，自分たちにとっては危険な建物にのこのこ入って行って，キエフ政権と確実に問題を起こす「ウクライナの連邦化」などという決議に賛成できるでしょうか．また，州議会議長がすでに任務放棄していたため，州議会の招集自体伝えられていなかった議員も多かったようです．結局，最後通牒が指定した時間には，たった3名の州議会議員（全員共産党員）しか現れず，州議会は，急進的な民衆の目には完全に正統性を失ったのです（松里公孝「史上最大の非承認国家は生き残るか──『ドネツク人民共和国』」『kotoba』第18号(2015)）．

　こうして，2014年4月7日にはドニエツク人民共和国の成立が宣言されました．その後の住民投票，内戦に至る経過のため，ユーロマイダン革命に非常に批判的だった旧地域党幹部の多くも，「人民共和国のやり方にはとてもついていけない」ということで，マリウポリに疎開して議員活動を続けることになりました．結果的には，内戦という決定的な局面でキエフ政権を支えることになったのです．2014年3月にはまだ開かれていた中道的解決の道，すなわち「ウクライナを連邦化することができるのなら，ウクライナにとどまってもよい」とする見解は，政治勢力の両極化によって吹き飛ばされてしまったのです．

　私は，2014年8月21日に旧州行政府＝現人民共和国政府庁舎の中に入って指導者や活動家と面談しましたが，庁舎内は，まるで大学紛争直後の

大学校舎もこうだったのではと思われるものでした．4月6日に占拠された時点で，すべての部屋のドアはこじ開けられたので，ドアと枠の間に隙間があり痛々しく感じました．それでも幹部が仕事をしている上方の階は役所らしいインテリアを取り戻していましたが，下方の階は活動家が最近まで寝泊りしていたのが一目瞭然でした．タルータ知事は，ウッディ・アレンによく似た漫画になりやすい顔をしているので，下の階はタルータの似顔絵で埋め尽くされていました．「出ていけ」と尻を民衆に蹴飛ばされているような漫画です．下の階の廊下を歩いている活動家も，Tシャツ，半ズボンのような，とても政府庁舎内とは思えない格好をしています．兵隊も同じです．自衛軍であるためソ連軍で鍛えられた年配の人が多く，彼らはまともな軍服を着ていますが，若くて検問に立っている兵隊は，迷彩模様のズボン，派手なTシャツ，頭はモヒカン刈りか辮髪にカウボーイハットといったセンスです．「アメリカ退廃文明のスラブ征服を許すな」などと偉そうなことを言っていますが，実態は，西側のアンダーグラウンドカルチャーに共鳴する若者が人民共和国に惹かれているようです．下の階でお世話になったのはプロパガンダ・分析部というところで，洗っていない茶碗でとても甘いインスタントコーヒーをご馳走になりました．何しろミネラル・ウォーターがなかなか買えない環境なのでおいしくいただきましたが，カップの底が近くなると，正体不明のヌードルのようなものが口に流れ込んできました．あまりに不潔なので，私はこっそり山積みの食器をトイレに持って行って洗いましたが，焼け石に水でした．

　1990年代に旧ソ連で発生した非承認国家（ナゴルノ・カラバフ，アブハジア，南オセチア，沿ドニエストル）の中で，自国名に「人民」などという左翼的な形容詞をつけたところはひとつもありませんでした．階級協調＝城内平和路線をとり，有産階級や企業が税金を払ってくれる雰囲気を作らない限り，非承認国家は生き残れないからです．しかし，ドニエックの場合，私が現地に入った8月までに税負担能力のある中流階層以上は，ほとんど州を出て行ってしまっており，店やカフェやホテルは軒並み閉まっていました．しかも，若手の活動家たちは，そのことに胸を痛めている様子でもありませんでした．8月の調査から半年以上経ちましたが，有産階級が帰還したとも聞かないし，ドニエックの国家財政がどうやって成り立

っているのか不思議なほどです．

　なお，ロシアの報道では，ドニエツクやルガンスクに成立した政権が左派政権であることは徹底的に隠されています．インターネットやテレビでは，人民共和国の「人民」という形容詞がはずされて伝えられることも多いです．

3　社会革命としてのクリミアでの政変

　2002年にクチマが地域党の全国展開を許したため，クリミアでも同党が地域与党となりました．しかし，これは既存のエリートが地域党の傘下にそのまま取り込まれたものだったので，クリミア政治に伝統的な多極共存型デモクラシーが続きました．多極共存型デモクラシーの下では，ロシア人政党やメジリス（クリミア・タタール組織）のような諸政治勢力が，選挙結果にかかわりなく，一定のポストと利権を分配されるのです．このようなデモクラシーは民族融和を実現するには好適ですが，大胆なリーダーシップや社会改造を生み出しません．実際，クリミアの地域党は，観光業を近代化することも，観光業や不動産業を犯罪勢力から解放する事も，環境保全や公共交通のためのインフラを創出することもできなかったのです．住民は地元エリートに憎悪を感じ，地域党は，全国選挙では圧倒的に支持されるのですが，地方選挙では支持されないという状況が生まれていました．そこでヤヌコヴィチは，自分の選挙参謀の中でも最も有能な一人であるヴァシーリー・ジャルティをクリミアの選対責任者として派遣しました．ドニエツク市の隣にあるマケエフカ市の市長上がりのジャルティは，マケエフカにつながりのある幹部を引き連れてクリミアに乗り込んできました．ジャルティは，ヤヌコヴィチの大統領選挙勝利後，クリミア首相として辣腕を振るい続けましたが，2011年に病死しました．同じくマケエフカ人脈に属するアナトーリー・モギリョフがこれを継ぎ，2014年2月の政変まで首相を務めました．

　外来のエリートがクリミア土着エリートの貪欲と怠惰を矯正し，それなりに働かせるシステムは，大衆の支持を得ていたようです．しかし，モギリョフ首相はじめドニエツク州からの外来エリートは，ユーロマイダン革命に宥和的な態度をとったため，クリミア・エリートによって放逐されて

しまいました．その結果，クリミアのロシアへの編入が実現されたのです（前掲拙稿「クリミアの内政と政変」参照）．本来，大衆の不満は地元のエリートに向けられていました．しかし，ユーロマイダン革命という好機を捉えて，地元エリートが外来エリートに罪を着せて追放してしまい，外来エリートが乗り込んでくる前の状況が回復されたかに見えました．しかし，これはクリミアの大衆が許容するところではありませんでした．

　ロシアへの編入直後，2014年4-5月に，地域党のクリミア組織は統一ロシア党の地方組織へと再編されました．しかし，これは決して幹部や党員の横滑りではなく，旧地域党，いくつかのロシア人政党，コサック組織が合同して，統一ロシア党のクリミア組織は誕生したのです．しかも，これら合同にもかかわらず，かつて地域党はクリミアに6万人の党員を有していたのに対し，統一ロシア党のクリミア組織は1万5千人しか党員を擁していません（コンスタンチン・バハレフ・クリミア共和国国家会議（議会）第1副議長からの聞き取り，2014年8月18日，シンフェロポリ市）．相当厳しい粛清（党員としての資質の審査）を行ったことが窺われます．統一ロシア党に移りそびれた地元エリートは，公正ロシア党，ロシア愛国者党，ロシア自由民主党（ジリノフスキー党），ロシア連邦共産党など，その他のロシア諸政党のクリミア組織にもぐり込みました．しかし，2014年9月14日のクリミア国家会議選挙の結果は，これら地元エリートにとって惨憺たるものでした．選挙は50議席比例区，25議席小選挙区の並立制で行われましたが，比例区の5パーセント必要得票を超えられたのは，統一ロシア党と自由民主党だけでした．その結果，比例区75議席中，統一ロシア党が70議席，自由民主党が5議席獲得しました．統一ロシア党の粛清に耐えられなかった地元エリートは，その他のロシア諸政党の地方支部に紛れ込んで議席を維持しようとしましたが，それはうまくいかず議会から放逐されたと考えてよいでしょう．

　私が，クリミア国家会議選挙前夜，2014年8月にクリミアを訪問した際に世論を苛立たせていた伝統的争点は，ビーチ私有化の問題でした．リゾートであるクリミアにとっては，清潔なビーチが住民と観光客に開かれていることが大切です．しかし，クリミアのエリートは，ありとあらゆる方法を用いてビーチを私有化し，公益と観光業に害をなしてきたのです．

ジャルティの辣腕のおかげで，2010年以降はビーチの相当部分が再公有化されました．しかし，改選直前のクリミア議会においては，医療目的ならビーチを私有化することも許される法案が検討されていました．テレビのコメンテーターは，「これでは，ビーチの真ん中にマッサージ台さえ置けば再びビーチを囲い込めるではないか」と論評していました．クリミア住民は，ドニエツクから派遣された指導者の追放を支持しましたが，そこに生まれた空白に地元エリートが戻ってくるくらいなら，ロシアの直轄統治にしてほしいと願っていることが国家会議選挙結果から見て取れるのです．

4 ロシアの関与と紛争統制機構

以下は，ノヴォロシアでの内戦をめぐる，ロシアと現地「人民共和国」間の複雑な関係を見ていきましょう．これは，1990年代のロシアと非承認国家（アブハジア，南オセチア，沿ドニエストル）との関係と似た面がありますから，比較が有効です．次のことは確認できると思います．

ノヴォロシアは，クリミアと比べて，ロシアにとって旨味が少ない地域です．セヴァストポリ海軍基地のような軍事的な価値はノヴォロシアにはありません．クリミアの観光業が相対的に安価に近代化されうるのに対し，ドニエツク州の採炭や冶金産業を近代化するのには膨大な予算がかかるでしょう．また，冶金産業はロシア国内で過剰生産の状態にありますから，ドニエツクを助けて近代化してやる意味はありません．自らが重厚長大型経済からの転換を目指すロシアにとって，もうひとつの重厚長大経済であるドンバスは必要ないのです．長年の無茶な工業化のおかげで，ドンバスでは河川や土壌が汚染されています．またアゾフ海の汚染も深刻な状況です．ドンバスを抱え込むことは，ロシアにとっては，何の意味もない財政負担を抱え込むことになるのです．

「クリミアでうまくいったものだから，欲を出してドンバスにも手を出した」などとロシア外交を解釈する向きもあるようですが，ロシアの国益という観点からは，クリミアとドンバスはトレードオフの関係にあります．クリミアを取ると決めた時点で，プーチンはドンバスをいったん見捨てたと言えるでしょう．「自分たちはクリミア問題だけで手一杯である．可愛

そうだがキエフと自力で交渉してくれ．外交的には応援するから」程度の姿勢だったでしょう．しかし，ロシアがクリミアを併合したことにより，ドンバスの住民は，「自分たちも住民投票を成功させれば，ロシアは，たとえ嫌々ながらでも自分たちを引き受けて，迫り来る内戦の危機から救ってくれるだろう」と幻想を抱いたのです．2014年5月初め，プーチンは，ドンバス住民に住民投票を延期するよう提言したのですが，すでに人民共和国活動家たちはプーチンの言うことも聞きませんでした．

クリミア併合の場合のように，情報，外交，軍などの全国家機関が大統領の指揮下に結集して周辺地域の特殊事態に当たるなどということは，ロシアの政策決定過程においては例外的です．現状で言えば，「ドンバスを応援すべきである」と考える諸グループと，「これ以上の制裁は避けたい．ウクライナをこれ以上追い詰めないほうがいい」と考える諸グループとがあって，プーチンは敢えて統一的な政策を形成しようとはしていないように見えます．これは，非承認国家をめぐる過去25年間のロシア外交の特徴であり，それがウクライナ問題についても継続しているのです．

周辺地域の紛争に関する統一的な方針がなく，各国家機関がばらばらに政策目標を追求するおかげで，結果的には，ロシア政府総体は怜悧に得失計算していることになります．特に，自力で生存できない政体を支援することは，ロシア政府諸機関の一致点にはなりにくいのです．2008年8月の南オセチア戦争にあたって，ダゴムィス条約（1992年，グルジア・南オセチア戦争の停戦条約）の精神によれば，ロシアは直ちに介入して違反者（この場合はグルジア）を懲罰する国際的責任を負っていたにもかかわらず，2日半にわたってグルジア軍の残虐行為を放置しました．この間に南オセチアは実人口（おそらく3万人くらい）の1パーセント以上を失いました．それでもツヒンヴァルが陥落しなかったからロシアは不承不承介入したのであって，ツヒンヴァルが陥落していたら，ロシアは勝者グルジアと妥協していたでしょう．ドニエツク，ルガンスクの人民共和国も，数カ月間にわたって予想外の生命力を誇示したので，ロシア政府は当初の冷淡な政策を改めたのです．

1990年代の周辺非承認国家をめぐる紛争管理の経験から，ロシアは，合同統制委員会という手馴れた方法を持っています．それは，次のような

ものです．①戦線を挟んで一定の幅を持った中立地帯を設定し，そこにおける武装解除，武装勢力の排除，治安維持などを，ロシア，旧宗主国（この場合はウクライナ），非承認国家（この場合はドニエツク・ルガンスク人民共和国）の三者代表から構成される合同統制委員会に任せる．場合によっては欧州安全保障協力機構（OSCE）も構成メンバーとなる．②合同統制委員会を助けるため三者の将兵から構成される合同平和維持軍を形成する．この平和維持軍は，母体である三軍（この場合はウクライナ，ロシア，人民共和国）の指揮系統からは離れ，合同統制委員会の指揮下で働く．

この紛争管理方式は，一定の条件に恵まれないと実現・維持できません．まず紛争当事者が疲弊しているか（1992年の南オセチア，グルジア），これ以上の紛争の拡大を望んでいないか（1992年のモルドヴァ，沿ドニエストル）であって，彼らが「勝者も敗者もない」解決を受け容れる必要があります．紛争当事者が自らの軍事力で相手を屈服させる自信を持っている場合（1992–93年のアブハジア・グルジア戦争），当事者は合同統制委員会方式を受け入れません．また，サアカシヴィリ時代のグルジアのように，旧宗主国が軍事的方法を用いてでも主権を回復しようとした場合，合同統制委員会システムは簡単に崩壊します．こんにちのドンバスの状況は，1992–93年のアブハジア戦争，サアカシヴィリ時代のグルジア・南オセチア関係に近く，合同統制委員会システムが導入される条件には乏しいです．ドンバスでは，いまが憎悪と復讐心の絶頂で，ウクライナ軍，人民共和国軍，ロシア軍から派遣された将兵から構成される合同平和維持軍など作る余地がないのは一目瞭然でしょう．その上，ロシア政府にあまりやる気が見られません．その経過を見てみましょう．

国際社会における東ウクライナ紛争管理システムの構築は，連合国ノルマンディー上陸70周年記念式典（2014年6月）を好機としてウ露独仏の4首脳が紛争解決について話し合ったことに始まります．そのためこの4国は，「ノルマンディー4」と呼ばれます．7月には3者委員会（ウ露とOSCE）というフォーマットも生まれ，これが第1回ミンスク合意の母体となりました．2014年8月下旬には，それまで劣勢だった人民共和国が反転攻勢に転じ，ウクライナ政府側の拠点であるマリウポリに迫る勢いだったので，プーチンとポロシェンコは9月3日に急遽ミンスクに行き，

そこに人民共和国の指導者も招いて，第1回のミンスク合意（9月5日）に調印させました．

しかし，このミンスク合意は，人民共和国が受け入れられるものではありませんでした．ウクライナ政府と人民共和国の双方に，戦線から一定距離，重火器を引かせ，中立地帯を設けるという内容は，前述の合同統制委員会方式に近いものでした．しかし，停戦を実現する方策としてはOSCEによる監視がうたわれるのみで，合同平和維持軍，あるいはそれを代替すべき国連軍の導入については語られませんでした．戦線がドニエツク市とルガンスク市に迫っていた時期に結ばれた条約だったため，両市は中立地帯に含まれました．この結果，人民共和国は，自国の首都を非武装化する義務を負いました．ダゴムィス条約（1992年）が南オセチアの首都ツヒンヴァルを非武装化したため，ツヒンヴァル市民が2008年8月に自動小銃さえ持たずに，まるで動物のように殺されたことを知る人民共和国の活動家にとって，このような要求が繰り返されたのは奇異でした．

決定的なことは，第1回ミンスク合意が，「ドニエツク州，ルガンスク州の一定の郡（人民共和国の支配領域をさす）における地方自治の時限的制度について」なる法を採択してウクライナの分権化を進めるなどと規定したことです．つまり，ウクライナがこの特別法を採択すれば，ドニエツク，ルガンスク人民共和国は2014年4月に行った独立宣言を破棄し，自主解散して，「地方自治体」としてウクライナ領に戻らなければならなくなります．10月にも，ノルマンディー4は「ドンバスの特別の地位について」のウクライナ法をどうするかについて話し合っていますから，ロシア外務省と大統領府は，クリミア併合以外に国境線を変える気がないばかりでなく，国家連合的な関係の樹立を手打ち条件としてドンバスをウクライナに押し戻す意向であることをはっきりと宣言したのです．

しかし，人民共和国がこれに従うはずがありません．1990年代に旧ソ連に生まれた非承認国家の経験は，非承認国家は，いったん成立するや長期存続する傾向があることを示しています．非承認国家が滅びるのは，軍事的征服（NATOによるセルビア空爆など）か，住民が納税しない場合（モルドヴァのガガウジア）のみです．ですから，G7が本気で人民共和国を清算しようと考えているのなら，腹を決めてNATOに頼んでドニエツク市

やルガンスク市を空爆するしかありません．それができないのなら，相手にとって受け入れ可能な条件を提示すべきでしょう．外交交渉によって非承認国家が自主解散するだろうなどという自己欺瞞からは，とっくに解放されるべき時期です．個人はノイローゼなどで自殺することもあるでしょうが，国家は自殺しません．自殺は国家の属性に反するのです．

　実際，第1回ミンスク合意に署名したドニエツク人民共和国首相（当時）アレクサンドル・ザハルチェンコは，ドニエツクに帰ると直ちにつるし上げにあいました．ボリス・リトヴィーノフ最高会議議長が，合意の内容は2014年4月7日のドニエツク人民共和国主権宣言（独立宣言）と矛盾すると批判して，9月9日，最高会議は，合意の中の独立宣言と矛盾する条項の失効を決議したのです（http://mediadrom.info/politika/5802-donetskie-boeviki-annulirovali-minskie-soglasheniya）．奇しくも22年前の9月上旬，エリツィンの仲介で準備されたモスクワ条約（9月3日．合同統制委員会方式をアブハジア紛争に強制）に調印したウラジスラフ・アルジンバ最高会議議長が，アブハジアに帰るとつるし上げられたのと同じです．

　ここで私は，ウクライナからの独立というドニエツク，ルガンスク側の戦争目的の当否について論じているのではありません．停戦交渉に当たって，交渉主体のひとつが絶対に受諾できない条項を入れることは不真面目であると申し上げているのです．第2回ミンスク合意でも条件は変わりませんでした．2015年に入ってから，ドニエツク空港跡地やデヴァリツェヴォ（ドニエツク・ルガンスク両州を結ぶ要衝）をめぐる戦闘が激化しました．ドニエツクやマリウポリのような大都市の市街地に向けてもかなり大きな口径の曲射砲が用いられるようになり，民間人の犠牲も増えました．その結果，アンゲラ・メルケリ独首相やフランソア・オーランド仏大統領も交えて2015年2月12日の第2回ミンスク合意に至ったのですが，本質的には，第1回ミンスク合意からの発展はありません．重火器を戦線から一定距離引く（中立地帯を作る）と規定しつつも，OSCEの監視という以外には，これを実施させるメカニズムを規定していません．この状況は本稿執筆時（2015年4月）にも変わっていません．他方では，「ドニエツク州，ルガンスク州の一定の郡における地方自治の臨時制度について」のウクライナ法に基づいた地方選挙を実施するための対話を開始するなど

という，非現実的であるばかりでなく，紛争当事者である両人民共和国の真剣なコミットメントを不可能にする点で有害な条項が繰り返されています．現に，ドニエツク人民共和国元首ザハルチェンコとルガンスク人民共和国元首イーゴリ・プロトニツキーは，自分の役職空欄のまま，あたかも個人として第2回ミンスク合意に署名しました．これを茶番と呼ばずして何と呼んだらよいのでしょうか．とはいえ，ロシア大統領府が，ドニエツクとルガンスクをウクライナに押し戻す決意を再度表明し，その一方で自分も参加する平和維持軍を提案していないという点では，第2回ミンスク合意も有意な文章です．

ドンバスをロシアに編入することはおろか，その独立を応援することもロシアの国益にかなっていない以上，ロシアは，1990年代の非承認国家をめぐる紛争において果たしたような積極性を発揮しないでしょう．ロシアが合同平和維持軍としてツヒンヴァルに派遣していた兵士の多数は2008年8月に戦死しました．同じことをドンバスのために提供できないでしょう．もちろんG7，国連加盟諸国も，停戦条件の実施のために自国の青年の命を危険にさらしたくありません．ドンバスも含め，ウクライナは，ロシアが命を懸けてでも守りたいテリトリーを首尾よく離脱しましたが，G7が命を懸けてでも守りたいテリトリーに入ることもなかったのです．

Q&A　講義後の質疑応答

Q　オリガークと呼ばれている人たちの世代的な特徴や，今回の危機との関わり方についてもう少し知りたく思います．

A　少し時代を遡って見てみますと，まだソ連があった1990年春の地方選挙の時期に，ドニエツクでは共産党の地方組織による支配が崩壊しました．それに取って代わって，当時はドニエツクの石炭鉱夫のストライキは非常に盛り上がっていましたから，ストライキの活動家と「赤い企業長」

というものが出てきます．赤い企業長というのは，企業の指導者なのですけれども，あまり資本家のようではありません．普通，資本主義国ですと，企業の長は当然株主の顔色を見るわけです．しかし，赤い企業長は，株式会社の伝統があまりないですから，株主の顔を見るというよりも，自分が責任を負っている地域に責任を果たすという考え方の人たちです．

ソ連共産党の支配過程を見てみると，党委員会支配が崩壊したときに，民族主義の条件があるところ，例えばバルト諸国や西ウクライナ，コーカサスなどでは，民族主義者が党委員会支配の跡を継ぎます．そして，多民族地域で，民族主義の条件がないところ（ドニエツク，クリミア，沿ドニエストルなど）では，赤い企業長の時代が到来したというように言えると思います．

この赤い企業長たちが，中道政党を作るわけです．イデオロギー的にはあまり変わり映えしないのだけれども，次から次に中道政党を作っていくわけです．これは，簡単です．企業長ですから，金を持っています．自分では政党の綱領などは書けないから，大学の教員を雇うのです．大学の教員を雇って政党の綱領を書かせて，それを法務省に登録して，「はい，政党を一つ作りました」という感じです．

これに対して，アフメトフという人は，私よりも4歳か5歳若いぐらいで，完全に新世代なのです．赤い企業長は，やはり共産党の伝統があって，自分たちは金もうけだけ考えてはだめで，民衆の生活にうんぬんということを考える人たちで，サッカーに巨額の投資をしているアフメトフのような人たちとは全然違います．こんにちでは，赤い企業長というのは，基本的には絶滅しました．所有権の問題で，バウチャー民営化など，非常に安易な形で企業を民営化しましたから，ほとんどの人が生き残りませんでした．

オリガークと呼ばれる人たちは，もちろん今回の動乱に関与しています．例えばマリウポリの奪還のときは，アフメトフがかなり金を出しているはずです．基本的にマリウポリの冶金工場は，アフメトフの利益につながる人たちがやっているし，しかも，港を持っていないとだめです．港を敵に取られたら全然だめですから，マリウポリを奪還する過程では，オリガークは非常に大きな役割を果たしていると思います．また，今（2014年10

月）のドニエプロペトロフスク州の知事も，やはりオリガークです．ウクライナのユダヤ人団体の長をしているコロモイスキーという人ですけれども，この人もやはり大変な金持ちで，しかも自分の傭兵を持っていて，キエフ側で内戦に参加しています．

Q　まず，若干感想めいたことになりますけれども，われわれが報道で見知っている情報としては，ロシアが力ずくで，強引にえげつないことをして引っ張ってきたという，そのようなイメージ，印象を持ってきたのですが，このような詳細な経緯をお聞きすると，少し事実は違うなというのが新しい発見としての感想です．

　それを踏まえてなのですけれども，独立運動というと，普通はもう少し情熱的であったり，パッションにあふれて「自分たちの世界を作るんだ，勝ち取るんだ」という，そのようなものを感じるのが過去の独立運動かと思っているのですが，このクリミアのケースで言いますと，実態としては，ロシアに入っていくということが最初から予定されているような，ハレーションの少ない，スムーズな動きだったのではないでしょうか．そうだとすると，なぜそのようになったのかが疑問だったのですけれども，そもそも単純にロシアからの経済的なインセンティヴなど，もろもろのうまみがあって，そこになびいていったのか，あるいは，クリミアの人たちの気質として，先生の論文で言うと「ノンポリで，あまり活動的でない」という表現もありました．そもそもそのような気質の持ち主で，何となく易きに流れるといいますか，楽な方に行くという属性を持った人たちだったのでしょうか．何がクリミアの分離をスムーズに成し遂げたのか，一番の要因が何だったのかということが，疑問で湧いてまいりました．

A　ロシアへの帰属換えの動機なのですけれども，これはクリミアもドニエツクも同じで，「内戦が怖い」という内戦恐怖症が行動の動機です．ですから，一般に報道されていることに対して私がまず訂正したいのは，一般的にクリミアで親露的な感情が強かったから，あるいは，ドニエツクで親露的な感情が強かったから，このようなことになったのではないということです．クリミアは内戦が始まる前にロシアに帰属換えしてしまいましたけれども，このままであれば，ウクライナの内戦に巻き込まれる．それ

だけはお断りだということで,住民投票に至ったわけです.

　ドニエツクの場合はどうかというと,プーチンは,ドニエツクの面倒はとても見られないと思っていましたから,ドニエツクに対して「住民投票を延期しなさい,今,住民投票をやれば,キエフとの交渉ができなくなってしまう」ということを言ったわけです.ドニエツクはなぜそれでも突っ張ってやったかというと,「プーチンはあんなこと言ってるけど,クリミアのときもプーチンはさんざん動揺してたじゃないか」と考えて,プーチンの警告を真面目にうけとめなかったからです.結局,クリミアの人たちが住民投票をやって,クリミア併合に90パーセント以上の支持を示したら,プーチンはクリミアを引き受けました.ですから,「今,プーチンは,われわれに対して「住民投票をやるな,やるな」と警告している.ただ,あれもポーズであって,ガンと住民投票をやって90何パーセントの結果を出せば,ロシアは結局われわれも引き受けてくれて,ウクライナとの間に国境線を引いて内戦から守ってくれるだろう」とドニエツクの住民は思ったのです.それは,当時としては全く間違った読みなのです.住民投票をやれば内戦が激化することは,目に見えていました.しかし,皮肉なことに,ドニエツクの人々は,内戦を恐れるからこそ,無謀な方針をとってしまったのです.

松里先生のおすすめの本

服部倫卓『歴史の狭間のベラルーシ』ユーラシア・ブックレット(東洋書店,2004年)

Gwendolyn Sasse, TheCrimea Question: Identity, Transition, and Conflict (Cambridge, MA: HarvardUniversity, 2007)

松里公孝「環黒海地域における跨境政治:非承認国家の宗教と跨境マイノリティ」塩川伸明,小松久男,沼野充義編『ユーラシア世界・第5巻・国家と国際関係』(東京大学出版会,2012年)161-181頁

第4講

法律

ロシアは「法治国家」か？

小森田秋夫
神奈川大学法学部教授・東京大学名誉教授

小森田秋夫（こもりだ あきお）
神奈川大学法学部教授・東京大学名誉教授
1970年東京大学法学部卒業．76年東京大学大学院法学政治学研究科博士課程修了．立教大学法学部助手．78年北海道大学法学部助教授．85年同教授．88年東京大学社会科学研究所助教授．93年同教授．2005年社会科学研究所所長．10年東京大学定年退職．10年4月より現職．
著書に『現代ロシア法』（編，東京大学出版会，2003年），『体制転換と法——ポーランドの道の検証』（有信堂，2008年）など．

はじめに

まずはじめに「ロシアは『法治国家』か？」という問いにどのように答えるかですが，法治国家で「ある」のか「ない」のかということに，「あれか，これか」で明快な答えを出そうとすることはあまり生産的ではない，どこにどのような問題があるかを具体的に考えていくことが重要ではないか，と私は考えています．

そこで，どこにどのような問題があるかということを検証していく必要があるわけですが，実はこれは大変な作業で，とても私には全面的にはできません．ひとつ重要なのは，法に対する人々の態度です．法が整備されていても，それが実際に生きているかどうかということを考えるときには，人々の意識や態度が問われます．ソ連時代には，市民は取り締まる側が見ていれば法を守りますけれども，見ていなければ守らない．そのルールの必要性が内在化されていないので，遵法意識が育たない，と言われていました．そのような「法ニヒリズム」が，はたして今のロシアでどのぐらい変わったのだろうか．しかし，これもエピソード的にあれこれ言うことは可能かもしれませんが，全体像をつかむことは大変難しいことなので，今日はそれについてお話しすることはできません．今日お話ししようと思っているのは，司法です．紛争が起こって，それを法的に解決する役割をはたしている司法，具体的には裁判所ですが，裁判所に限定して，どのようになっていて，どのような問題があるかをお話しする，ということにしたいと思います．

今日お話ししたいテーマは，4つです．1つ目は経済訴訟．これが，もしかしたら皆さんが一番関心をお持ちのところかもしれません．2つ目が刑事訴訟，3つ目が裁判官の独立，最後は憲法訴訟．この4つのテーマを考えてみます．

1　経済訴訟

ソ連時代にも，所有権・契約・法的人格という民法の基本的カテゴリーは一応存在していましたが，いずれも，計画経済，計画の原理というものが被さっていました．ですから，例えば契約の自由は，計画経済の世界の

中では極めて制約されたものでしかありませんでした．ソ連解体後は市場経済になりましたので，われわれの社会と共通した状況に基本的にはなりました．企業間紛争としての経済紛争は，仲裁手続の対象だったソ連時代とは違って，今では民事事件として裁判所が扱います．企業 - 行政間の紛争も一種の経済紛争ですが，行政事件として，これも裁判所が扱います．ここで一番重要なのは租税事件です．租税をめぐる行政事件が重要性を増してきました．ロシアでは，従来からあった民事事件・行政事件・刑事事件を扱う通常裁判所とは別に，「仲裁裁判所」と訳している，経済事件を扱う裁判所系列を作りました．ここでは経済領域の紛争を，民事だけではなくて行政も，つまり租税事件なども扱うということになりました．

したがって，経済関係についてのありとあらゆる事件がここでは問題になります．例えば，企業間の契約の履行に関わる民事紛争，先ほどから言っている租税事件に代表されるような行政法的な事件．それから，破産，組織の設立・改組・清算についての事件，登録の拒否，株主と株式会社との間の事件などの会社法的な問題．それから，経済活動の領域における業務上の名誉の保護といったようなものを扱うことになっていて，非常に多様な領域の経済事件を引き受けているのが仲裁裁判所になるわけです．

2　仲裁裁判所

そこで，今日の問題のポイントのひとつは，この通常裁判所と仲裁裁判所との関係です．一言で言うと仲裁裁判所は，訴訟手続面での改革の旗手として率先して改革してきた，と言うことができます．それが通常裁判所にも一定の影響を及ぼして，ロシアの訴訟制度全体を変えていく上でリーダーシップを発揮してきたと言えるのではないかと思います．

まず，一審，控訴審，破毀審という比較的わかりやすくて合理的な三審制の審級制度を作ってきました．また，裁判実務の統一についても独自の工夫をしてきました．ソ連時代からの伝統的な方法は，最高裁判所総会が，具体的事件を離れた解釈・適用の一般的指針を総会決定の形で出すというやり方でした．それに対して，従来ソ連にはなかった一種の判例制度を導入しました．具体的事件の裁判例を先例として位置づけて，「これに従って裁判してください」というやり方を初めて導入する，といったようなこ

とを工夫してきたのが仲裁裁判所です.

　これをどのように評価するかをめぐっては，研究者の中にも，裁判所の最上級機関が裁判を統制するというソ連的な発想が抜け切れていないと見る人がいます．確かにそのような面がないわけではないと思いますが，私はそのことによって経済活動をしていくうえで非常に重要な予測可能性が高められた，という面があると考えています．ある紛争が起こったときに，どのような解決策が裁判所によって示されるだろうかということについて，あらかじめ知っておく．もちろんその解決策が妥当かどうかという問題はありますが，ある程度予測がつくということは，経済活動を行っていくうえで非常に重要なので，予測可能性を高めるという意味があるのではないかということがひとつと，それと無関係ではありませんが，腐敗防止という意味があるのではないかと思っていました．

　ロシアの裁判は非常に腐敗しているといわれていて，裁判所に訴える意味があるのかとよく聞かれます．そのようなことは私も関心事でしたので，もうだいぶ前になりますが，モスクワで活動しているロシアの弁護士に腐敗の話を聞いたことがあります．その人は，はっきりした腐敗の証拠があるわけではないので何とも言い難いけれども，腐敗，つまり賄賂をもらった，あるいは圧力を受けたりしたのではないかと疑われる場合が確かにある，と言っていました．例えば，何週間かに1回ずつ審理が行われるとして，前回言ったことと全く違うことを，特に理由の説明もなく言うことがある．そうすると，その間に何かがあったのではないかと感づく，というわけです．

　確かに仲裁裁判所は，経済活動を扱っていますからお金に関係するところで，腐敗しやすい，腐敗の誘惑の多いところだと思うのです．ですから，その誘惑に負けてしまう場合ももちろんあるでしょうが，この十数年から20年間の活動を見てみると，そのような関係に置かれているということを仲裁裁判所自身がかなり自覚していて，克服しようという努力をしていることは窺えるのではないかと思います．裁判の指針を示して予測がつくようにするということは，ある意味では腐敗防止の意味，理由のつかない判決を排除するという意味があるのではないかと私は考えています．なぜなら，他の面でも仲裁裁判所は透明性を強化するということにそれなりに

力を注いできたからです.

　それは，裁判情報の公開です．先ほど言った総会決定はもちろんですけれども，具体的な裁判例などについても，最初は雑誌でしたが，今ではウェブサイトなどを通じて，基本的に公開するというやり方を先頭に立ってやってきました．

　それから，おもしろいのは，裁判所にいろいろな手紙が来るのです．要するに，具体的事件を念頭に置いて，「こういう事件があるので，何とかしてくれ」，あるいは「うまく処理してくれ」というわけですけれども，2007年か2008年ではなかったかと思いますが，仲裁裁判所がこれをウェブサイトで公表するということを始めました．大体は議員からのものが多いです．「自分のところに，こういう事件の当事者から陳情が来た．自分ももっともではないかと思うので，よく考えてくれ」という趣旨の手紙が来るのです．それを，全部ウェブサイトで公表するということをしました．もちろん手紙を公表したからといって腐敗の根絶に本当になるかどうか，懐疑的に見る人もいますが，そのような形で自分たちのところに寄せられてくるさまざまなアピールをオープンにするということは，一種の腐敗対策といいましょうか，自分たちがやっていることをオープンにする試みのひとつではないかと思います．

　というわけで，全体として仲裁裁判所は，通常裁判所と比べて，相対的に高く評価されてきたと言っていいと思います．企業家が国家に勝訴する可能性も高い．国家と企業家との紛争は主として租税事件ですが，租税事件で国家に勝訴する可能性がけっこう高いです．例えば，付加価値税について自己申告します．それに対して国は「それは間違っている」と修正決定をしてくるわけですが，それを争います．そのようなタイプの事件では，相当程度企業家側が勝っています．相手は国ですから，敗訴するとすぐ上訴するわけですが，最後は勝つ場合が多いということもあって，企業家のあいだではそれなりに信頼があると言われているわけです．

　このように，仲裁裁判所はかなり実績を積んできたので，このまま当面は行くだろうなと思っていました．ところが，去年（2013年），通常裁判所系列と仲裁裁判所系列とを一本化するという案が大統領によって出されて，あれよあれよという間に実現しました．今年の8月です．最高仲裁

裁判所が廃止されて，ひとつ下の管区仲裁裁判所から，連邦最高裁判所に経済紛争部という新しい部を作ってそこにつながるようにしました．下の方は従来どおりなのですが，一番上は新しい連邦最高裁判所に一元化するということになったわけです．

これをどのように評価するかということが，今後の課題になると思います．専門家や当の仲裁裁判所の人々の間では，批判・疑問が少なくないように思います．もし仲裁裁判所がこれまで積み重ねてきたポジティブな面がこの統合によって後退することになると，一種の揺り戻しと言いましょうか，後退，停滞ということになる可能性がないわけではありません．まだ答えを出すのは早いと思いますが，そのような問題に直面しているということをまず指摘しておきたいと思います．

3　刑事司法

刑事訴訟法典は新しいものが2001年に制定されました．ソ連時代と連続している面と大きく転換した面と，両方あります．連続している面として一番重要だと思うのは，「予審」制度と訳していますが，それがソ連時代からありまして，今でも引き継がれています．つまり裁判になる前に，警察官とも検察官とも異なる取調官という官職の人が取調べを行い，調書を作ります．その調書などの記録に基づいて作られた起訴状に検察官がサインをして，裁判所に送って公判になるわけですが，公判前に作られた記録一式がそのまま裁判官の手元に引き渡されます．そして，起訴状は，ソ連時代は起訴状の結論だけ「有罪」と書きかえればそのまま判決になると言われるぐらい詳細なものでした．そのような起訴状と，それを立証する記録一式が裁判所にそのまま引き渡されるという仕組みになっていたのです．

予審制度をとると，公判前段階と公判段階とが非常に連続的になることになって，どうしても裁判官は予断を持って臨みやすいという問題が元々あります．その点は，今も実は変わっていません．しかし，公判段階では，当事者主義といって，当事者が中心に審理を進めて，裁判官はあくまでも第三者的な判断者であるという考え方に転換しました．当事者である検察官と被告人・弁護人は対等です．それから，無罪推定の原則，「疑わしき

は被告人の利益に」といったような，近代的な刑事訴訟の原則が憲法にも明記されていますので，公判段階のあり方はかなり変わりました．

　今日本では，取調べの可視化が大きな問題になっていますね．日本ではビデオに撮るという形を採っているわけですが，ロシアでは弁護人の立ち会いを認めています．日本でも弁護人の立ち会いという考え方もありうると思いますが，弁護士会も含めて，あまりそれは主張していません．ロシアでは，もし弁護人が立ち会わずに調書が取られ，そして，公判で被告人が調書の内容を否定した場合には，調書の効力は否定されるという制度になっています．これにもいろいろな問題がないわけではないのですけれども，制度だけから言えば，このように日本よりも一歩進んだ制度になっている面も部分的にないわけではありません．

　というわけで，新制度は連続している面と転換している面とがあって，なかなか評価が難しいのですが，では裁判の実態はどのようになっているかというと，結論的にはやはり連続性が非常に強いと思われます．まず，有罪率99パーセントということがソ連時代から言われていました．これは，今でもほとんど変わっていません．実は，この数字は日本でも同様です．無罪判決はめったに出ないという状況です．サンクトペテルブルク大学の研究所が出しているあるレポートを見ても，この99パーセントの有罪率の中にはいろいろと問題が多いということが指摘されています．

　ひとつは，裁判官と検察官との距離が近いということです．距離が近いというのにはふたとおりの意味があって，ひとつは物理的に近い．特に地方に行けば行くほど，裁判所と検察庁が横に一緒に並んで建っているケースが多いです．小規模な地域社会ですと，裁判を開くといつも同じ検察官が出てくるという関係になって，日常的に接する機会が非常に多いということです．

　それから，もうひとつの近さは，経歴上の近さです．あまり正確な統計はないのですが，先ほど言ったサンクトペテルブルクの研究所の報告書は，裁判官の17パーセントが検察官出身，16パーセントが取調官・警察官出身で，3分の1が検察あるいは捜査関係者であるという数を挙げています．これは，民事・刑事を含めた全体ですから，刑事事件に限定すれば割合がもっと高くなるということで，裁判官の出身母体として，刑事に関わる訴

追側の経験をした人がかなり多いということが，経歴上の近さという意味です．ですから，どうしても訴追側のやり方，あるいは立場を裁判官が「理解」してしまう，多少問題があっても大目に見てしまう傾向があります．

　その結果，一件記録をあらかじめ読んでいるということとも相まって，どうしても有罪に傾きがちであるということがあるわけです．しかし，それでも，「いくら何でもこれは無罪ではないか」と思われるケースは当然無罪判決を下すべきなのですけれども，実は裁判官は，無罪判決を恐れる傾向があると言われています．無罪判決を下しますと，検察側は当然のように上訴しますね．そこでそのまま判決が維持される場合もありますが，破棄される場合もかなりあるわけです．破棄されますと，無罪判決は「間違っていた」ということになるわけです．例えば事実認定を間違っていたということになると，間違った裁判，冤罪ということになりうるわけですが，証拠の評価ですから，さまざまな結論が出ることは，一般的には不思議ではありません．それから，法解釈ということになると，当然裁判官の間で意見が違うことがありますから，上級裁判所で覆されたからといって，「間違っている」と言えるかどうかは大いに問題なわけです．

　ところがロシアでは，「誤判」，間違った裁判という言い方が漠然と使われていて，控訴されて破棄されると，間違った裁判をしたと評価される傾向が非常に強い．それが重なると，そのことを理由に懲戒といった形で問題にされることもあるので，無罪判決を下すと，上訴されて破棄される展開になることを非常に恐れるという雰囲気のもとに置かれています．そこで，無罪判決を回避する技術がいろいろと出てくるということになります．手続を打ち切ったり，有罪にするにしても執行猶予にしたりする．それから，特別手続という簡易な手続があって，罪を認める代わりにこの程度の軽い罪にするということを事前に弁護側と検察側で協議して，裁判官も加わって簡単にすませるという，一種の司法取引です．このようなやり方でなるべく無罪判決を下さないようにして，有罪判決なのだけれども，実質的には害を少なくするといったような処理をするケースが結構ある，という指摘があります．

4　陪審制

　このように，裁判官が有罪側にどうしても傾きがちである，あるいは無罪判決を出しにくいという状況がありましたので，1990年代の初めに陪審制が導入されました．ロシアは，帝政ロシア時代に陪審制を経験したことがあります．ロシア文学がお好きな方は，『カラマーゾフの兄弟』の最後の場面や，あるいはトルストイの『復活』の最初の場面など，陪審裁判の場面が出てくるのを覚えておられるでしょう．だから「復活」ということになるのですが，日本では裁判員制度が導入されました．一体何のために導入したのかということについて，実は関係者内でも意見が一致していません．99パーセントの有罪率をどのように見るかについても意見が分かれているので，何のために導入するかについても必ずしも理解が一致していないのですが，ロシアで陪審制が導入された理由は比較的明快です．裁判官は訴追側に偏りがちである，したがって，裁判官に任せておくとどうしても予断を持ってしまうので，予断を持たない一般市民に有罪か無罪かの判断を任せたほうがよい．これが陪審制の考え方ですので，導入の動機は非常に明確でした．

　ロシアの陪審制も，アメリカに代表されるアングロサクソン的な陪審制と多くの点で共通したモデルです．ただ，アメリカでは罪を認めない場合，つまり無罪を主張する場合だけ陪審裁判になるのですが，ロシアの場合は，罪を認めている場合でも陪審裁判を選ぶことができます．その方が刑を軽くしてもらえるかもしれないと期待する場合があるからです．

　それから，情状酌量についての判断もさせることができます．陪審員は，普通は有罪・無罪の判断だけをして，有罪の評決が出た場合には裁判官が量刑を決めるのが古典的な陪審制なのですが，ロシアでは，情状酌量に値するかどうかも判断させることになっています．これは，帝政ロシア時代からの伝統で，法律が非常に厳しい場合，有罪にしてしまうと重い刑罰を科さざるをえません．そこで，同情する余地があるという場合には無罪にしてしまうというケースがあるわけです．それを避けるために，「ちゃんと有罪の評決をしてくれ．その代わり，『情状酌量してくれ』と言っていいから」という考え方で導入されたのだと思います．それから，アメリカ

ではご承知のように全員一致が原則ですが，ロシアでは過半数です．12人のうち7人の単純多数決で有罪の評決をすることができます．

陪審制を導入した結果どのようになったかというと，無罪率は高まりました．時期によって多少違います．1990年代は平均17パーセントぐらいでした．最近のデータだと15パーセントぐらいで，従来の1パーセント未満の無罪率と比べるとはるかに高くなったのは明らかです．もちろん陪審裁判は重大事件に限定されていますし，被告人が無罪を主張する場合が多いので，単純には比較できませんが，かなりの無罪判決が出ています．予断の排除の成果が一応出ていると言えるのではないでしょうか．訴追側の立証が不十分であれば，陪審員は必ずしも大目に見てくれず，証拠不十分で無罪にする傾向が職業裁判官と比べれば強いと考えられるわけです．ですから，陪審制の導入が捜査の質を高めることに対する刺激になっているという評価もあります．きちんと証拠を集めて立証しなければ有罪にできないという意味です．したがって，陪審制を，今は重大事件に限定されているのですが，もっと拡げるべきだという意見もあったわけです．

ところが，上訴率も高かったのです．上訴の結果として破棄される率も高かった．そうすると，陪審員はやはり間違った裁判をしているのではないかと思われるかもしれませんが，上訴の理由は手続違反ということになっています．事実認定の誤りではなくて，訴訟手続に問題があったということが上訴の理由で，破棄の理由もそれです．手続に責任を持っているのは基本的には裁判官です．弁護人のふるまいも，検察官もそうですが，手続に関係していますから，問題になりえます．ですから，上訴されて破棄された場合にどこに問題があったかというと，基本的には陪審員ではなくて，法律家のあり方に問題があったことになるはずです．

ですから，最初は一部の限られた地域で始まった陪審制は，スタートしてよかったという前提で，2001年以降，全国に拡大することになりました．今日，チェチェン共和国を含めて全国で行われているのが現状です．

ところが，そうなった段階でいろいろな問題が新たに出てきました．陪審員の判断対象を限定する裁判実務が行われ，定着していることがそのひとつです．例えば，取調べのときに自白を強制された，端的に拷問を受けたと主張する被告人がいるわけですが，拷問があったかどうかは，その調

書を証拠として使っていいかどうかという問題にかかわってきます．これは法律家が判断すべき法的問題であると考えられていて，そのような主張をしようとすると制止されたり，陪審員を退廷させて法律家だけで判断するという扱いがされています．したがって，取調べ段階の不法性を被告人側が主張することが非常に難しいという状況になっています．

それから，陪審員に示される設問を裁判官が操作する，ということがあります．これは恐らく非常に重大な事件の場合に限定されていて，あまり一般化はできませんが，そのようなことがありえます．一番有名なのは，スチャーギン事件です．ロシア科学アカデミーのアメリカ・カナダ研究所の軍事政策研究部で軍事を研究しているスチャーギンという学者がいました．この人が，イギリス滞在中にコンサルティング会社の者と名乗る人物と接触をして，ロシアと外国の出版物に公表されたデータをもとに分析した結果を，多分有償だと思いますがレポートとして提供したことがあったのです．ところが，この人物がアメリカの軍事諜報機関の人だったということがわかって，スパイの疑いをかけられた事件です．スチャーギンは，公表されたデータだけを使って分析したにすぎないと主張したのですが，訴追側は，非公開情報を使って，つまり国家秘密を漏らしてスパイ行為を働いたということで訴追しました．

ここで問題になったのは，設問です．陪審員に有罪か無罪かの判断をさせるために事実認定に関する設問を裁判官が定式化するわけですが，スチャーギンがある文書をアメリカのコンサルティング会社に渡したのは事実か，という設問になっていたわけです．このこと自体は，彼自身も認めているわけです．本当の争点は，その中に国家秘密が含まれているかどうか，その結果スパイに当たるかどうかということなのですが，設問は，ある文書を渡したことが立証されたかどうか，というように定式化されている．これは問題のポイントを全くずらしているわけで，そこでイエスという答えをすると，それを前提に法律に適用するとスパイに当たるかどうかは裁判官が判断するということになり，結果として有罪判決が下されました．

ですから，陪審制というのは，陪審員に何を判断させるかという問いの立て方によっては，問題の焦点をずらしてしまうことも可能な制度であるわけです．もちろん弁護人も設問の定式について意見を言うことができる

ことになっていますが，最後は裁判官が決定しますので，危うさは残るということになります．

それから，陪審裁判を回避するというケースもあります．陪審裁判は時間もかかります．それから，取調べ側から見ると，無罪になる可能性も相対的に高いので，あまり陪審裁判に持っていきたくありません．弁護人の中には，非常に時間がかかり，負担も重いので，あまりやりたくないという人もいます．裁判官も，時間がかかるし，複雑な制度なのでやりたがらないということで，被告人に働きかけて陪審制を希望させない，あるいは，軽い事件にして陪審裁判の対象から落とすといったような形で，陪審裁判から逃避するという現象が起こりつつあります．

最後に，立法によって陪審制の対象を縮小するということが，この数年間行われてきました．最初は，テロ・スパイなど，治安当局が捜査を担当する重大な国家犯罪と言われるものを除外しました．これを提案したのは治安関係出身の議員で，明らかに治安当局の関心にもとづいてやったということになると思います．この議員は，2005年から2008年にかけてテロ容疑事件が26件あったけれども，そのうち12件が無罪になったということを引き合いに出しながら，「この種の事件は，陪審員に任せるのは適当ではない」，特にテロ事件は，陪審員が非常に脅威を感じるので，自主的に判断するのが難しいといったような理由を挙げて，対象から外すことを求めました．

つい最近の改革ではさらに対象を限定しまして，死刑または終身刑が言渡される可能性のある重大犯罪，具体的には，殺人の中でも特に重大な場合，例えば複数の人を，残虐に殺した，利益目的のために殺したなど，要件が刑法典に列挙されていますが，そのような場合にほとんど限定されてしまっています．こちらの方は，推進したのは最高裁判所で，控訴審制度の導入に伴う州級裁判所の負担軽減ということが直接的な動機になっています．

というわけで，陪審制は憲法に規定されていますので，全面的に廃止するということは当面考えにくいですが，現在では非常に縮小されていて，陪審制に期待した人々は失望しているというのが現状です．

これをどのように考えるか，です．私の見方は，陪審制は当初想定した

成果を挙げた，そうであるがゆえにこそ，そのことを快く思わない人々がいる，そして彼らの力が強いので，廃止はできないけれども，最大限縮小してしまうという方向に動いているのではないか，というものです．一種の揺り戻しです．ですから，ある新しい制度ができて，前進したけれども，それがゆえにそのままずっと広がっていくのではなくて，それに対する一種の抵抗勢力と言っていいと思うのですが，その人々が押しとどめる力も働いているということが，刑事司法の領域のひとつの問題ではないかと考えています．

5 裁判官の独立

次に，先ほども少し議論になりました裁判官の独立について，どのような問題があるかお話をします．

現在はソ連時代と違って，まず裁判官の非政治化が行われています．つまり，政党所属の禁止です．それから，ソ連時代は明確でなかった専門資格も，一定の資格要件のある人を裁判官にするということが，当たり前と言えば当たり前なのですが，明確にされました．そして，任期制・選挙制に代わって，任命制で70歳定年制という形になりました．ですから，いったん任命されれば，罷免という手続はありますけれども，任期が来て終わりではない，あるいは，再選されたければ云々，という圧力がかかることはないはずだということになりました．

手続は，試験制度が導入されて，裁判官試験を受けるわけですが，試験に合格しますと3年間有効ということになっていて，その期間にチャンスを待つことになります．チャンスというのは，空きポストができて，当該裁判所の所長が裁判官資格審査会という裁判官が多数を占める形で作られている機関に通知をしますと，裁判官資格審査会が公募します．そして，公募に応じてきた候補者を審査して，ポストが1であるとすると1人か数名に絞り，所長を通じて最高裁長官に提案します．最高裁長官は，大統領に提案します．大統領は単独ではもちろん判断できませんので，事前審査委員会というものが作られていて，そこの審査を経て大統領が任命するという仕組みです．この大統領の任命権は，最後に判を押す形だけのものではなくて実質的なものであり，差し戻す，任命を拒否することもできる

と考えられています．これが制度の大枠です．

これだけ見ますと，日本の裁判官人事制度と比べると，はるかに透明性が高い．日本は内閣が任命しているわけですが，候補者は最高裁事務総局がリストを作って，一応は裁判官総会で承認していると思いますが，そのまま内閣が任命します．事実上は最高裁事務総局が決めているということに限りなく近いわけですが，どのような仕組みで決めているかは，全くブラックボックスです．それと比べると，公募して，裁判官資格審査会で審査します．これは公開されているので，私も実は傍聴したこともあるのですが，それらを含めて，一応ソ連時代に比べれば少なくとも透明性が増したし，制度的には，もしかしたら日本よりも透明性が高いかもしれない．

しかし，問題は，やはりここでも裁判官人事の実際です．公募して競争というと非常に透明性が高いように見えるのですけれども，私は，沿海地方の裁判官資格審査会を1日だけですが傍聴したことがあります．そのときは，治安判事という，日本でいうと簡易裁判所の裁判官に該当する，一番末端の，単独で軽微な民事事件・刑事事件を裁判する人の人事が問題になっていました．5ポストぐらいなのですが，そのうち1ポストを除いて，候補者が1人．1ポストだけは複数候補がいて，競争になりました．

そこで質疑応答があって，それは傍聴できたのですが，そのあと傍聴人と当事者は退廷させられて，若干審議をして，その日のうちにまた呼ばれて答えが出るというやり方でした．非常に簡単で，実際には競争が非常に少ないという印象を持ちましたので，気になって，ロシアで公表されたデータを使っていろいろと仮定を設定したうえで，一体どのぐらいの競争があるのだろうかということを計算してみたことがあります．不明確な点は仮定にもとづいていますからもちろん正確なものではないのですが，競争がある場合は候補者が2人と仮定してどのぐらい競争があるのか計算してみたところ，約30パーセントのケースで候補者が2人，つまり競争が実際にあります．あとは候補者が1人だけではないかという答えが出ました．私の体験した場合とかなり符合するわけです．ですから，公募して競争と言うけれども，実際には候補者は1人という場合が非常に多いということです．

これは何を意味するかというと，もちろん候補者がそもそも少ない，な

り手が少ないということも考えられなくはありませんが,恐らく有力候補がおのずから現れてきて,あの人が候補になるならば自分が立候補しても見込みがないのではないかと考えるような状況になっているのではないかと,私は一応推測しています.

それからもうひとつは,罷免です.年間60〜70人ぐらいもの裁判官が罷免されています.罷免の理由はさまざまで,セクシュアル・ハラスメントもあるし,一種の腐敗もあるし,いろいろな不祥事などがあって,もしそれが事実であるとすれば,無理もない,やむをえないと思うケースもありますけれども,それだけ多いと,裁判官の独立の観点から見て問題含みのものも紛れ込んでくる可能性があると思います.

また,裁判官になる過程での問題として,フィルターが非公式な形でかかっているということが挙げられます.ひとつは,所長の発言権が極めて強力であるということです.裁判官資格審査会が推薦したときに,当該裁判所の所長が「この人は採りたくない」と拒否権を行使することができることになっているのです.拒否権を行使された場合には,裁判官資格審査会は3分の2の多数で所長の拒否権を覆すことができます.ですが,現実にはそれは非常に考えにくいようです.

もうひとつは,警察が身元調査をすることになっていて,これもいろいろな段階でされる可能性があるようです.ロシアでは,裁判官は孤児でなければならないという冗談があるそうです.つまり,遠い親戚でも調べられて,犯罪歴を持っていたりするとチェックされるというようなことがあって,どの範囲の親戚かということも必ずしも厳密に規定されていないので,かなり恣意的に運用される可能性があるということが,2番目のチェックです.

最後に,大統領府の事前審査委員会でもチェックをしています.

ですから,三重のチェックが働いていることになります.厳格になっていると言えば言えるのだけれども,その過程で,先ほどから問題になっているような政治的な観点から好ましくないと考えられた人がはねられるという道が,制度上,事実上,運用上作られているという問題があり,大統領府による圧力のような事件が,実際に起こっているということになります.

そのこととの関連で，所長が非常に強い権力を持っていることが，ロシアの大きな問題だと常々私は考えていました．最近のレポートでも，このことが詳しく分析されています．例えば，事件の配点です．配点というのは，事件をどの裁判官に割り当てるかという問題です．機械的に配点するのが一番公平で，恣意がないわけなので，本来はそうすることが望ましいわけですが，どうもロシアではそうなっていないようだということで，裁判所長などに聞く機会があったときは意見を聞いたりしているのですが，所長が判断することは当然だと考えられてきたようです．

理由は，機械的に配点すると，仕事をたくさん抱えている人とそうでない人の違いがあるし，得意分野や経験などもあるので，まずいのだ，と．むしろ所長がいろいろなことを考慮して適切な配点をした方がいいのだということが，私の聞いた沿海地方裁判所の所長の意見でした．それは，一理ある面もありますが，恣意が入る可能性も同時にあるわけです．先ほどから問題になっているように，誰かが特に着目している事件が裁判所に来たときに，この制度があると，所長が「あの人に任せよう」と考えた場合に，それが可能な制度になっているということがあります．

そこでいろいろな提案がされているのですが，この領域ではなかなか実現されていません．所長が権力を振るっている．つまり所長が一種の管理者になっていて，裁判官は被管理者になっているように見える．逆に言うと，裁判官の側にも，被管理者化されてしまう状況に置かれている面もあるわけです．いくら所長が管理者としてふるまおうとしても，裁判官の側に自律的に対抗する力があれば押しのけられるわけで，現に押しのけて問題提起している人もいないわけではないのですが，それは少数にとどまっています．

裁判官が被管理者化されている要因は，まず，負担が非常に過重で，たくさんの事件を抱えていて，事件処理に追われていることです．事件処理がコンベアのようになっているということは，よく聞きます．非常に短時間にパッパッと処理していかないととても追いつかないぐらい事件を抱えているので，機械的になってしまう．

そして，先ほども少し言いましたように，裁判官評価が，どれだけ上訴されたか，上訴された事件がどれだけ破棄されたかという統計的な指標で

行われることになっています．私も，ウラジオで地区裁判所の裁判官に見せてもらったことがありますが，「あなたの今期の成績はこれだ」と通知が来ていて，彼は割合に新米だったので，事件が比較的少なかったのですが，通信簿が渡されているわけです．そのようなものを通じて，数をこなすことが強く求められる傾向になっています．

そうすると，裁判官を選ぶ方でも，「事務官型」というのは私の言葉ですが，やはり事務能力が高い，迅速にてきぱきと処理できる裁判官が優秀な裁判官だと見られがちになる．管理する側の管理の問題意識と，管理される側の裁判官の置かれている状況が事実上マッチしてしまっているという事情があるのではないかと思います．

6　憲法訴訟

ロシアでは，ドイツの制度をモデルにして連邦憲法裁判所が設けられました．年間20件ぐらい判決が出ており，判決に至らない簡易な決定もたくさんありますので，膨大な実績があります．1990年代には，例えば刑事訴訟における新しい原則を定着させるために，たくさんの違憲判決が出ました．これをもとに新しい刑事訴訟法典が作られたりしています．

それから，租税法律主義という原則を具体化するために，たくさんの違憲判決が出されました．例えば，国境手続納付金とかさまざまな電力納付金など，いろいろなお金を「納付金」という名目で徴収していたわけですが，これは事実上税金である，税金である以上は，課税対象その他基本的な要件については法律で規定しなければいけない．ところが，納付金という名目で政府が決めているので，それは租税法律主義に反するという判決がたくさん出ています．そのような租税法律主義の原則を徹底させるうえで，憲法裁判所はかなり重要な役割を果たしたと思います．

それから，裁判官の独立をめぐって先ほど少し言いましたように，上級裁判所で破棄されると誤った裁判だと言われる傾向が非常に強く，そのことを捉えて，特に捜査当局側の人たちが「懲戒しろ」と言ってくる例があります．それを裁判官資格審査会が受け入れてしまって，懲戒されるケースが結構あるのですが，このようなケースについて2011年に憲法裁判所は，上級裁判所が判決を取り消すことはあるけれど，そのこと自体は懲戒

の理由には全くならない，当たり前ですが，裁判官の判断はそれぞれ多様でありうるわけなので，違った判断をされたからといって懲戒の理由にならない，という趣旨の判決を出しています．これは一種の解釈指針なので，実際にどのぐらいそれが徹底するかという問題は残っていますが，憲法裁判所は，一応それに歯止めをかけようとしているということは窺えるわけです．

ところが，問題のひとつは，大統領サイドの政治的方針に基づいて重要な法律ができた場合です．このようなものについては，それにブレーキをかけるというケースはほとんど思い浮かびません．つまり，そのまま追認する傾向があるのです．一番有名といいますか，悪名高いと言ってもいいのですけれども，1996年にアルタイ地方で，知事に当たる人の人事について議会が選ぶという議院内閣制的な制度を導入しました．ほとんどの地方では直接選挙制なのですが，アルタイ地方で議会が首長を選ぶ制度を導入したところ，憲法裁判所が憲法違反だという判決を下しました．ロシアは連邦制を採っているけれども，連邦構成主体の各共和国や地方も連邦全体と同じ原理で首長を選ぶべきだ，と．連邦は大統領を直接選挙で選んでいますから，連邦構成主体も直接選挙で選ぶべきであるということで，議会が選ぶのは憲法違反だという判決を下したのです．

ところが，プーチン時代の2004年になって，連邦構成主体の首長は大統領が指名した人を議会が選ぶという形で，議会はなかなか拒否しにくいような形になりましたので，厳密に言えば任命ではないのですが，事実上，大統領任命制に近いものに変えられました．これがまた憲法訴訟になりまして，今度は合憲判決が出されました．かつては直接選挙でなければいけないと言っていたのに，大統領が候補者を出して議会が決めるというやり方でいいと言ったわけで，これは明らかに判例変更です．憲法裁判所も，時期がたてば判例を変更することがありうる，というようなことを言っています．確かにそうですが，この判例変更は，大統領追随と評価せざるをえないものではないかと思います．連邦構成主体の首長の選挙制度は，その後も最近に至るまでコロコロ変わっています．

これ以外にも，政治の中枢が主要な政策として出したものについては，追認するという傾向があります．先ほど述べた，陪審制の対象を縮小して

テロ・スパイ事件などを対象から外すという法改正も憲法訴訟になったのですが，これについても合憲であるという判断を出しました．

　最後に，欧州との関係ということだけ一言しますと，ロシアは欧州連合の加盟国ではありませんが，欧州評議会に加盟しており，欧州人権条約を批准しています．したがって，ロシア市民は，ロシア国内で人権侵害を受け，国内の手続を経たけれども人権侵害からの救済がなされなかったと考えた場合には，欧州人権裁判所に訴えることができることになっています．ロシア市民がロシア国家を相手取って訴えるという仕組みです．ロシアから欧州人権裁判所への申立ては，絶対数で言いますと1位です．人口比がありますから，それも考えなければいけませんが，2013年は1万2,330件，欧州人権裁判所に訴えが寄せられています．人口比で言うと長い間トップでしたが，現在はウクライナに抜かれました．ウクライナがトップで，ロシアが2位になっています．

　その結果，人権侵害が認められたケースがたくさんあって，それにロシアは対応せざるをえないことになります．損害賠償を払う，場合によっては人権侵害のもととなった制度も変えるという対応をしているわけで，全体としては円滑に機能しています．つまり，ロシアの人権状況は，国内では完結しなくて，ヨーロッパ的なスタンダードの目にさらされてチェックされる仕組みになっており，ロシアもそれを基本的には受け入れてきたというのが，これまでのところでした．

　ところが，今，少し問題が生じているのは，欧州人権裁判所の判断とロシアの憲法裁判所の判断とが食い違っている事例が出てきた，ということです．マルキン事件というものですが，ロシアのある軍人が，3人目のこどもが生まれたので育児休暇を取りたいと言ったところ，軍人の地位についての法律によれば，育児休暇を取れるのは女性のみと書いてあるということを理由に認めてもらえず，憲法裁判所に訴えたけれども，権利侵害を認めてもらえなかった，という事件です．この人が欧州人権裁判所に訴えたところ，私生活に対する権利と平等原則の違反で，条約違反だという判断が出ました．

　これは，ロシアの憲法裁判所の判断と欧州人権裁判所の判断とがはっきりと食い違ったというケースなので，ゾーリキンという長官が「譲歩にも

限界がある」と少しこわもての反応をし，欧州人権裁判所で判決が出たものを連邦憲法裁判所がもう1回再審理して，憲法違反ではないと考えればそれが通るというような制度を導入しようという法案まで，ある議員が出しました．これはいまのところまだ実現していません．

　それから，現在問題になっているのは，受刑者からの選挙権の剥奪という問題です．これは憲法に明記されているのですが，欧州人権裁判所は人権侵害だと言っているのです．国内の憲法と欧州人権裁判所の判断とのあいだに齟齬が生じた場合にどうするかというような問題はどこの国でも起こりうることなのですが，ともするとロシアでは，そこまで言われるのであれば欧州人権裁判所から脱退しよう，という議論が出てきがちなわけです．もちろんそう簡単にはいきません．ロシアは欧州の一国として欧州的スタンダードにさらされながら生きていく道しかないと思うのですが，それに対してかなりの抵抗もあり，そこをどのようにハンドリングしていくかということが，憲法裁判所と欧州人権裁判所の間で起こりつつあるわけです．これが，ロシアの行方を考える場合に非常に興味深い，重要な問題のひとつではないか，と考えているところです．

Q&A　　講義後の質疑応答

Q　実際に私が業務に携わっている関連にはなるのですが，外国企業と国営企業の争いは割とイメージがつくのですけれども，例えば，国営企業同士の争い．具体的には国営のガス会社と国営の石油会社が争って，それぞれの言っていることは，法律的にはこれもあり，これもありという，どちらが正しいという判断がつかないような状況で，どうなるのか．仲裁裁判所もあるのですけれども，その後どうなるのかということを見ていると，記事だけを読んでいると，「それはそのうちプーチンが判断するよ」というような記載が出てきて，そもそも裁判の独立性とどのような相関関係になっているのかということをご教授いただければと思います．また，経済訴訟に私たちが巻き込まれたときに行う対応として，判例を調べて先を予測すること以外に，そのような状況になった場合に

気をつけた方がいいことはあるのでしょうか．実際に賄賂を払って解決するなど，実務的な部分で，そうなった場合にどのような対応が一番望ましいのかという，ケース・バイ・ケースだと思うのですけれども，教えていただければと思います．最後にロシアでは陪審制度が導入されたり，仲裁裁判所制度が導入されたり，実は制度面では結構充実しているということがわかりました．ただ，実際にロシアで仕事をしているわれわれ実務方の感覚としては，法治国家とは思えないような実態を非常に経験しています．例えば，公共事業の入札結果で非常に不透明な決定がなされたと思ったり，外国企業に対する課税の考え方が非常に恣意的であったり，統一されていなかったり，やはり実務をやっている感覚としては，法治国家とは思えないと思っています．制度としては整っているけれども，実態としてはとても法治国家とは思えない，このギャップはなぜなのでしょうか．法治国家ではないとみんな思っていると思うのですけれども，ロシアがそうである理由は何なのか，ご意見をお聞かせいただきたいと思っております．

A　国営企業同士の紛争が起こったときに，最終的にはプーチンが出てきて云々というのは，裁判官が独立しているかという問題だと思います．裁判官の人事制度のお話をしましたように，大統領府が大きな役割をはたしています．大統領が直接，それから，所長の人事を通じて大きな役割をはたしているということが，少なくとも通常裁判所については強く見られます．

　通常裁判所ではなく仲裁裁判所については，少しはっきりしないところがあるのですが，2008年にこのような事件が起こりました．ボーエフという大統領府の人物がいまして，この人が裁判官の人事を牛耳っているという評判が立ち，それをマスコミが書いたのです．それに対してボーエフは，名誉棄損の訴訟を起こしました．そこで証人として出てきたのが仲裁裁判所の第1副長官というナンバー2で，彼女はボーエフから電話がかかってきて，「これこれの事件があって，このようにしないとおまえの首は保証できないよ」と言われたと証言したのです．その次の回も別の裁判官が出てきて証言することになっていたのですが，その後，ボーエフは訴訟を取り下げたという事件が起こりました．

　これは，メドヴェージェフが大統領になった直後だったので，彼が大統

領になることによって新しい風が吹くかなと思わせる出来事でした．この事件は，ふたつのことを意味していると思います．大統領その人ではないとしても，大統領府の中に人事について影響力を持った人間がいて，それを背景に圧力をかけようとしている，あるいはかけている人物がいることは否定できない，ということがひとつ．もうひとつは，あの時期の仲裁裁判所にもしかしたら限定されているかもしれませんが，それを暴露するという動きもある，一種のせめぎ合いが存在しているという状況ではないか，ということです．

　ですから，国有であるかどうかということが問題になるとすると，ロシアの国有企業は政治家が同時に経済指導者であるケースもあるので，それが直接介入するということは仲裁裁判所の場合は考えにくいのではないかと思いますが，裁判官の人事などを通じて間接的に影響力を及ぼすことがどのぐらい行われていて，実際どうなのかという問題になってきますね．これは，わからないとしか言いようがないのですが，先ほど言ったように，問題はあり，そのことを仲裁裁判所も自覚していて対応しようとしている，ということぐらいしかとりあえずは言えません．

　同じことは賄賂についても言えます．もし皆さん方が現場で問題に直面した場合には，信頼できるロシアの法律家を見つけて，その人から代理人としてのサポートを得るしかないのではないかと思います．きちんとした人はたくさんいると思いますので，そのようなネットワークを持って，いざという場合にはこの人にお願いする，この事務所にお願いするという，そのような環境を作ることではないかと思うのです．決して賄賂で解決するようなことはしない方がよい，と私は思います．

　もう5年以上前のことで，外務省が呼んだのではないかと思いますが，最高仲裁裁判所の副長官をはじめとして，ウラジオなどの人も含めて，仲裁裁判所の所長クラスの人が何人か日本に来たことがあり，私も面談して議論しました．賄賂のことがやはり問題になって，「日本ではそう言われているけど，どうだろうか」と言ったら，全く問題がないとは言いませんでしたが，何段階か重ねて上級審でチェックしていくという仕組みができているので，その過程でおかしい裁判は淘汰されるという言い方をしていました．やはり素手で対抗することは大変難しいですから，信頼できるロ

シアの法律家を探して，お願いするほかはないのではないかと思います．

それから，法治国家とはどうしても見えないという，これは大問題で，最後に何らかのお答えができればと思います．

Q 本日お話をうかがっていると，制度的には非常に充実していて，透明性も高くて，日本以上に確立されているのではないかと見える一方で，どのようなシステムで罷免が実行されるのかというところなども見てみると，昔ながらの権力構造も含めた旧態依然とした状態が残っているのではなかろうかというようなうがった見方も，ついしてしまいがちです．

A 実態と制度の違いを説明するときに，揺り戻しの理由とも関係していますが，明らかに透明な制度でやろうとすることに利益を感じない人たちがいて，その人たちの力が強いので，骨抜きになっていく．このような力が働いているということがひとつにはあると思うのです．もうひとつは，裁判官が被管理者になってしまうと先ほど言いましたが，事件の数が非常に多い．裁判官もかなりたくさんいるのですが，それでも事件に追われて，コンベア化していると言われています．そのときに，合理的に処理しなければいけないということが，所長としては動機として働くわけです．合理的な処理の仕方というのは，実は裁判官の独立の観点から言うと多分に問題を含むけれども，テキパキやるためには，所長がきちんと管理をして，仕事が遅れた人については叱咤して，場合によっては「あなたは能力がない」と言って懲戒にかけるといったようなことも含めて，やろうとします．したがって，所長の力の強さというのは，あるたくさんの仕事を抱えた組織の長が，それをうまくこなしていくために力を振るっているというように説明できる面も，相当程度あると思います．問題は，そのことゆえに，政治的な動機がそこに入ろうとすると，スパッと政治的な機能もはたしてしまうという状況になっているということですね．

裁判所の負担過重に対して，例えば裁判に入る前の事前手続を整備して，何もかも裁判所に来ないようにするなど，制度の枠の中で合理化する努力は，仲裁裁判所はかなりしてきていると思います．それをしないでやろうとすると，非常に好ましくない非公式な力が働くことになる面があるのではないかと思います．この点も含めて，時がたてば新しい世代に替わって

いって解決するとは単純には言い切れない要因が働いているのが現状だと思います．

それから，なぜ法治国家と見えないような現状なのかということについてですが，私はロシアの文化，ロシア人の国民性などで説明するという仕方はなるべくしないように，制度的な説明をなるべくしようと考えてきました．今日も，そのようなスタンスでお話ししました．ただ，やはりどうしても説明し切れないところは，文化的・歴史的な要因を考えざるをえないという点はあると思います．

法治国家，法の支配という考え方がどのように生まれてくるかを考えてみると，ひとつは，私人間の経済取引などをベースにしてルールができてくるという世界があります．市場経済は，基本的には対等な当事者が競争していくというルールになっていますので，ルールがはっきりしていて，公正にルールに従って物事が進められていくということは，お互いに利益になるわけです．そして，第三者が公正に判断してくれるということが，今は自分にとって不利かもしれないけれども，別の場面になれば自分にとって有利になるかもしれません．ですから，透明なルールで第三者がきちんと判断することは，お互いにとって利益になるという考え方が生まれやすいシステムであることは否定できないと思います．それがひとつのルートです．

もうひとつは，権力者と人々との関係で，しばしば指摘されるように，人権という考え方，それにもとづく権力の統制という考え方は近代の市民革命で初めて生まれたわけではなくて，それ以前から，「人権」とは言いませんが，中世からヨーロッパの一部の地域では生まれている．貴族と王との関係は単なる上下関係ではなくて一種の契約的な関係で，貴族は忠誠を誓うけれども，その代わり王はルールに従って貴族の権利を認めなければいけないという，縦の関係の間にも一種の契約に近いようなルールにもとづく関係の取り結びが出発点にあった．それが近代になって一般化し，国家と市民との関係という方向に広がっていく，と歴史家は説明しています．これはかなり説得力のある考え方で，市民と統治者の関係についてもあるルールにもとづいて処理されるべきであるというこのような観念が歴史的に形成されてきた地域と，そうでない地域とがあると考えられます．

ロシアは，今のふたつとも，19世紀の司法改革の時期など，新しい原理に移行しようとしては揺り戻しがあるという経験をし，ソ連時代は，計画経済という点でも共産党の指導する権力統合制という点でも，物事の法的な処理の仕方にとってはプラスな要因はありませんでしたので，法にもとづく処理という意識を育てるためには非常に不適当な時代だったと思います．

　現在は，今言ったふたつの要因の両方が働きつつある時代に入っていることは間違いないと思います．先ほど言った1万何千件の人が欧州人権裁判所に訴えているということも，見方によっては，一番上の人にどんどん訴えていくというロシア人の伝統的な行動様式に従ったものだと説明ができなくもないですが，いろいろな手段を使って自分の権利を主張しようとする人々がたくさんいて，制度を使ってやっているというように見ると，新しい要素と見ることもできなくないのではないかと思います．

　したがって，今後どうなるかについては，先ほど私が揺り戻しと表現したものをどれだけ取り除いていくことができるかにかかってきます．これは多分に政治的な要素がかかわってきますので困難が大きく，何か一朝一夕にガラッと変わることはないのではないかと思います．観察者としてできることは，今のロシアが「法治国家」という新しい原理を掲げ，それにもとづいて制度を作り，運営しようとしている側面と，それに抵抗し，揺り戻しを起こしている側面や，古い意識が今も続いているという側面の双方を，一面化することなくバランスよく見ていくということではないか，というのが私の考えです．

小森田先生のおすすめの本

小森田秋夫編『現代ロシア法』（東京大学出版会，2003年）

小田博『ロシア法』（東京大学出版会，2015年）

渋谷謙次郎『法を通してみたロシア国家——ロシアは法治国家なのか』（ウェッジ，2015年）

第5講

経済

ロシア経済の現況と展望

栖原　学
日本大学経済学部教授

栖原　学（すはら　まなぶ）
日本大学経済学部教授
1971年東京大学経済学部経済学科卒業．73年東京大学大学院経済学研究科修士課程修了．78年東京大学大学院経済学研究科博士課程単位取得退学．80年日本大学経済学部専任講師．84年日本大学経済学部助教授，91年より現職．
著書に『現代ロシア経済論』（共著，岩波書店，2001年），『ソ連工業の研究』（御茶の水書房，2013年）

1　ロシア経済の現況

(1) GDPの動向

　最初に，もっとも基礎的な経済指標であるGDPつまり国内総生産の動きとその中身について，お話ししましょう．図1は，ロシアのGDPの最近二十数年間の動きでありまして，1989年を100として指数化したものです．どなたが見ても，この二十何年間を二つの時期に分けろといわれれば，この55.7と書いてあるところ，これは1998年なのですけれども，ここで二つに分かれるとお考えになるだろうと思いますし，私もそう思います．

　もう皆さんご承知のとおり，1991年末にソ連は崩壊しました．正確にいえば1991年9月に，バルト三国の独立が多くの国によって承認されて，15の連邦構成共和国のうちの三つが独立，残りの地域が12月にまた分解して，最終的にソ連は15の国に分解しました．それが1991年のことです．図1では，ソ連時代の1989年がGDPのピークだったので，そこからGDPを計り始めているのですが，98年まで，ほとんど一本調子で下げ続けまして，1989年の55%になってしまいました．これは平時ではほとんどありえないぐらいの低下なのです．ちょうど日本の第二次世界大戦前，1939年が日本のGNPのピークらしいのですけれども，それから戦争で負けて，東京などの都市が焼け野原になった45年までの6年間でちょうどこれぐらい，ロシアのGDPが減ったぐらいの感じなのです．だからロシアは，戦争をやったわけではないのに，ずいぶんひどいことになったわけです．

　皆さんにお配りした紙で私は，「いわゆるワシントン・コンセンサスに基づく『ショック療法』，市場経済化の失敗により」というように書きました．実際私はそのように考えているのですけれども，人によっては違うというかもしれません．ワシントン・コンセンサス，つまり自由化と小さな政府と民営化と，そのようなものをワン・セットにした政策です．それをできるだけきちんとやって，短期間で市場経済化する，ショックはあるかもしれないけれども，いわば，そのショックで病気を追い出そうというものがショック療法なのですけれども，それが失敗しました．成功したと

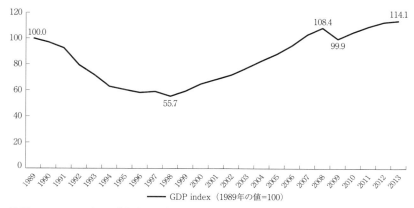

(出所) IMF, Rosstat (ロシア統計局) ウェブサイト.

図1 1989-2013年におけるGDPの動向

は誰が見てもいえないと思うのですけれども，このショック療法の市場経済化を進めた人たち，もう亡くなったけれどもロシアのガイダル副首相，あるいは指南役のIMF（国際通貨基金）などの人たちは，「他に手段がなかった」，あるいは「自分たちの処方箋は正しかったんだけど，ロシア政府がちゃんとやらないからだ」などといろいろいうわけで，このショック療法による市場経済化には，今もって見解の相違があるわけです．

さて，図1からわかりますように，1998年から経済が回復し始めまして，2008年まで，これまた一本調子で上がり続けました．1989年から98年までは，毎年平均マイナス6％ほどの割合でGDPが減り続けたのですが，それが98年からは逆に毎年7％ぐらいの割合で10年間，経済成長が続きます．10年間7％を続けると，GDPは倍になりますけれども，実際にそうなっております．しかし2008年の秋に，いわゆるリーマン・ショックがありまして，翌年の2009年にはマイナス7.8％という，これは非常に大きなマイナスでした．2009年には，世界同時不況といえる状況になりましたが，ロシアの成長率は，主要先進国あるいはBRICs諸国などと比べても一番大きなマイナスです．日本では2009年の成長率はマイナス5.5％，不況の震源地であった米国はマイナス2.8％でした．

ロシアの経済成長率は，それから2010年，11年とまあまあなのですけれども，さえないです．2008年から2013年まで，平均すると1.1％です．

	1991	1998	2008	2009	2013
GDP	100	60.4	117.6	108.5	123.8
全工業	100	48.2	85.4	76.3	89.2
鉱業	100	67.2	105.6	102.7	110.8
燃料エネルギー	100	75.9	117.6	116.3	123.9
非燃料エネルギー	100	44.0	68.2	57.2	67.6
製造業	100	40.7	82.9	70.3	88.7
食品・飲料・タバコ	100	46.1	88.3	88.5	99.4
繊維・縫製	100	16.3	26.1	21.9	25.2
皮革・製靴	100	10.6	26.8	26.4	31.3
木材・木材加工	100	29.5	54.2	41.7	54.1
製紙・出版・印刷	100	57.6	126.0	105.9	116.7
コークス・石油製品	100	55.9	79.7	79.2	92.0
化学製品	100	47.4	87.2	82.5	109.6
ゴム・プラスチック	100	34.1	139.0	121.0	200.4
その他非金属・鉱物生産物	100	32.1	62.0	41.4	55.3
冶金・金属製品	100	53.4	98.1	82.0	103.3
機械・設備	100	27.0	63.3	42.3	53.7
電気・電子・光学機器	100	34.3	137.1	93.8	131.4
輸送機器	100	42.2	59.7	40.9	68.7
その他	100	47.6	101.9	83.1	103.3
電力・ガス・水道	100	74.8	89.0	86.6	87.6

(出所) Rosstat ウェブサイトより計算.

表 1　1991-2013 年における GDP と工業各部門生産の指数

さらに 2014 年の成長率は 0.6% で，ほぼ横ばいです．ロシア経済は，停滞期に入ったといえるのかもしれません．ソ連解体前後からのロシア経済は，以上のような状況でした．つまり，最近の停滞を別にすると，GDP は暴落して，その後また元に戻りました．V 字型といいますか，ジェットコースターのような動きといえるのではないかと思います．このような動き，まず，これを頭にいれておいてください．

今度は，話が少し細かくなります．表 1 は生産，つまり経済の GDP 全体と，それから工業生産の指標です．工業（鉱業，製造業，電力・ガス・水道の合計）が作り出した付加価値の生産がどれぐらいになったかということを，部門別にやや細かくお示ししました．またこの表では，最初が 1991 年，次いで 1998 年，2008 年，2009 年，最後が 2013 年というように，年を選んで表示しました．最初の 1991 年は社会主義の最後の年，1998 年は生産がボトムとなった年で，2008 年がピークの年，2009 年はまた落ちて，2013 年まで少し上がるということです．ロシア経済にとって工業は特に重要な部門であり，また工業部門の中でどのような小部門が被害が大きかったかということも見ようと思って，この表を作りました．後で申しますけれども，ロシア経済の特徴の一つは，投資が少ないということなのです．その一つの理由として，工業がダメージを受けて，投資財が

作れなかったというようなこともありますので，工業の各部門について指数を示しました．工業部門とともに，GDP 全体についても表示されています．表によれば GDP，つまり経済全体で作り出した付加価値生産額は，91 年を 100 にしますと，98 年は 60.4，2013 年は 123.8 ということで，2013 年には社会主義時代の最後の年よりは，GDP は大きくなっているわけです．けれども工業の付加価値生産額は 2013 年が 89.2，つまり社会主義時代の最後の年との比較の上で，まだ工業は回復し切れていないわけです．

1998 年のところの指数を見ますと，工業は 48.2 と，91 年の半分以下になっていました．また工業全体の中では，鉱業あるいは電力・ガス・水道にくらべて製造業の成績が悪くなっております．中でも数字の低いものが，「繊維・縫製」(16.3％)，それから「皮革・製靴」などは 91 年の 10.6％になってしまいまして，もうほとんど壊滅したわけです．「繊維・縫製」，「皮革・製靴」などの部門は，昔のソ連の分類でいいますと一括して「軽工業」といっておりましたが，この軽工業が非常にダメージを受けました．これはたぶん，先ほど申しましたショック療法の自由化のためです．もちろん貿易も自由化したわけですが，少し信じられないかもしれないですけれども，ほとんど関税を取り払ったのです．たちまちやられてしまいました．一番生産性が低かったのでしょう．中国やトルコなどいろいろな国の輸入品がどっと増えたというのが，軽工業部門です．

その他ひどい影響を受けた部門として，「木材・木材加工」の生産は 3 割になっています．それから「機械・設備」が下の方にありまして，27.0 とあります．2013 年現在でも同じような感じで，相変わらず，軽工業つまり「繊維・縫製」，「皮革・製靴」の指数というものは，それぞれ 25.2 や 31.3 ですし，「機械・設備」もまだ 53.7，ソ連時代の半分ぐらいです．特に「機械・設備」部門というものは，その国の製造業の生産能力の高さの指標になると思うのですけれども，回復しておりません．たとえば，工作機械というものがあります．旋盤など，金属を切ったり削ったりするような道具のことですけれども，ソ連時代は年間 10 万台以上造っておりました．しかし 2010 年は 2,000 台ということで，もはやほとんど工作機械は造られていないのです．もしかすると要らなくなってしまったのか，つ

	為替レート換算米ドル表示				購買力平価換算米ドル表示		
1	ノルウェー	♀	102,610	1	カタール	♀ ✚	123,860
2	スイス	✚	86,600	2	シンガポール	✚	76,850
3	カタール	♀ ✚	85,550	3	ノルウェー	♀	66,520
4	オーストラリア	♀	65,520	4	スイス	✚	56,580
5	デンマーク		61,160	5	香港	✚	54,260
6	スウェーデン		59,240	6	米国		53,960
7	シンガポール	✚	54,040	7	サウジアラビア	♀	53,780
8	米国		53,670	8	スウェーデン		44,760
9	カナダ	♀	52,200	9	ドイツ		44,540
10	オーストリア	✚	48,610	10	デンマーク		44,460
13	日本		46,140	18	日本		37,630
40	ロシア		13,860	38	ロシア		23,200
47	ブラジル		11,690	63	ブラジル		14,750
74	中国		6,560	73	中国		11,850
128	インド		1,570	114	インド		5,350
	World		10,566				

(出所) 世界銀行ウェブサイト，✚タックス・ヘイブン，♀資源輸出国．

表2 世界各国の一人あたり GNI（2013 年）

まり，そのようなものを使って造るようなものがないといいますか，あとは輸入すればいいということで，輸入しております．とにかくこのように工業が，中でも重要な点として，「機械・設備」部門や，あるいは軽工業が，非常に大きなダメージを受けたということであります．

また，ロシア経済の中で工業よりももっと大きく付加価値生産を減らした大部門として，建設部門があげられます．このように，「機械・設備」部門や建設部門の生産低下は，投資財生産部門が大きく生産を減らしていることを示しております．そのようなわけで，市場経済化の過程で製造業がかなり手ひどい打撃を受けたということは，後にお話ししますロシア経済の天然資源依存と，密接な関係をもっていると思います．

もうこれで，ロシアの GDP 単独の話は終わりにしまして，あとは少し，GDP のレベルやその中身について，国際比較をしてみようと思います．ロシアは世界の一人あたり GNI（国民総所得．細かいことを抜きにすると GNP にほぼ同じです）で見たときにはどれぐらいかということが，表2 からわかります．この表では，世界銀行の調べによる 2013 年のベストテンと，日本と BRICs（ブラジル，ロシア，インド，中国）を抜き出して書きました（通常このような表の上位にあるルクセンブルクは，まだ 2013 年のデータが出ていないようです）．

購買力平価（PPP）でみてみますと，ロシアは 38 位です．為替レート

	2012年					1995-2012年平均				
	ロシア	ブラジル	インド	中国	G7	ロシア	ブラジル	インド	中国	G7
最終消費	67.8	83.8	68.7	49.2	81.5	69.1	82.2	71.9	54.9	79.2
総固定資本形成	22.0	18.1	32.1	46.1	19.1	19.4	17.3	28.7	38.3	20.1
輸出	29.4	12.6	23.8	27.7	28.5	32.7	11.5	16.8	27.4	28.5
輸入(控除)	22.1	14.0	31.5	24.8	29.1	22.9	11.5	19.6	23.4	29.1

(出所) 国連ウェブサイトより計算.「輸出」「輸入」は,それぞれ財とサービスの輸出,輸入を意味する.

表3 GDP 支出項目別シェア(%,名目ベース)の国際比較

でみても40位とほぼ同じ位置にあります.先進国というものがきちんと定義づけられているわけではないのですけれども,ロシアは,先進国というにはまだ少し早いかなという感じです.為替レートでは2万ドルには大きく届きませんから,中進国のトップぐらいかという感じです.

黒い十字(✚)が書いてあるのは,いわゆるタックス・ヘイブンというもので,租税回避地,租税回避国です.つまり,法人税が安いなどの理由で,企業が本社を置くようなところで,そのお金の出入りもよくわからないという,そのようなところです.そのようなところが,上の方にたくさん入っています.カタールや,シンガポール,香港,スイス,オーストリアなどです.近年の世界的傾向である金融経済化が,ここにも反映されていると思います.なおタックス・ヘイブンの定義については,志賀櫻さんという方が書いた『タックス・ヘイブン——逃げていく税金』という本を参考にいたしました.それからもう一つ,資源輸出国,カタールやノルウェー,オーストラリア,サウジアラビアなどの国々が,この表の上位に入っています.これも最近の一次産品,つまり石油や天然ガスの値上がりの影響なのかというように思っております.

表3はGDPの支出項目別シェアを,他のBRICs諸国およびG7諸国(米,英,独,仏,伊,カナダ,日本)平均と比較したものです.支出項目としては,このほかに「在庫品増減」というものがあり,また統計上の不突合というものもあって,表3で示した支出項目を合計しても100になってはおりません.表では,2012年の数字と,1995-2012年の平均の数字を出してみました.G7,すなわち先進国における消費(表では「最終消費」と記されている)と投資(表では「総固定資本形成」と記されている)の割合は,どこの国でもだいたい8対2となっています.またBRICs諸国は,それぞれの国の特徴が出ていて面白いと思ったので示しましたが,た

とえば中国は，消費が平均してGDPのうちの55％ぐらいしかないのです．これは有名なことかもしれませんけれども，やはり驚きです．日本の高度成長期でも，消費は6割はあったと思うのですけれども，つまり，中国は消費しない国なのです．つまりGDPの4割近くを投資しているわけです．貯蓄が投資に回っているわけです．あとは，貿易サービス収支が平均してGDPの4％程度という大きな黒字になっています．

マクロ経済学には，次のような貯蓄投資均等式というものがあります．

$$貯蓄 - 投資 = 経常収支黒字$$

つまり，一国全体で貯蓄と投資を比べたときに，貯蓄が多ければ，必ずそれは国際収支（経常収支）の黒字になって表れます．ここで経常収支というのは，貿易サービス収支と所得収支（海外からの賃金や利子・利潤の受取り）の合計です．かりに所得収支がゼロとすると，貯蓄超過分は必ず貿易サービス収支の黒字分となるのです．貯蓄が投資を上回っているような国は，貯蓄超過国，あるいは資金余剰国といいます．その分だけお金が余っているといいますか，お金が余っているので外国にお金を貸して，それで外国に輸入などをさせているといいますか，マクロの目で見るとそのようなことになるのです．表3でみると，中国は，1995-2012年において平均してGDPの38％ほどの投資を行なっていますが，この間の貿易サービス収支の黒字はGDPの4％ほどであり，したがって（在庫品増減と所得収支を捨象すれば）中国は投資を賄って余りある巨額の貯蓄を行なっていることがわかります．

中国はそのようなわけで貯蓄が多くて，投資が多い国です．他方インドは，昔の日本のような感じであまり消費しないで，先進国は8割消費するわけですけれども，インドは7割ぐらいで我慢して，残りを投資に当てています．成長途中の途上国の特徴的なものです．昔の日本もこうでした．しかし貯蓄は少なく，貿易収支は赤字なのです．またブラジルは，消費が先進国並み，あるいはそれ以上です．つまりたくさん消費してしまって，だから貯蓄が少なくて，投資があまりできないと，そのような国がブラジルです．

さて，それでロシアはどうかというと，消費の割合は7割ぐらいで，先進国に比べたら，消費の割合が少ないです．だから，貯蓄をたくさんし

	2012年					1995-2012年平均				
	ロシア	ブラジル	インド	中国	G7	ロシア	ブラジル	インド	中国	G7
農林水産業	3.9	5.2	17.4	10.1	1.3	5.7	5.8	21.2	13.7	1.6
鉱業・電力等	14.4	7.3	4.1	7.4	4.1	12.0	5.3	4.8	8.3	4.1
製造業	15.2	13.3	13.5	31.1	14.5	18.3	16.8	15.6	32.4	16.7
建設	6.5	5.7	8.1	6.8	5.7	6.6	5.4	6.8	5.9	5.6
商業・ホテル・レストラン	20.7	21.3	18.7	11.5	14.2	21.3	18.6	15.7	10.3	14.8
運輸・通信	8.2	8.2	6.8	4.8	8.2	10.1	7.7	7.6	5.5	8.4
その他	31.3	39.0	31.4	28.2	52.0	25.8	40.5	28.2	23.9	48.9

(出所) 表3に同じ.

表4 GDP生産部門別シェア（％，名目ベース）の国際比較

ているわけです．けれども，ロシアの特徴は，投資も少ないということです．つまり，その分だけ経常収支の黒字が大きいということで，輸出が輸入よりも非常に多いです．つまり，貯蓄したお金のうちのかなりの部分を国内に投資せず，海外に投融資しております．そのような特徴をもっております．もう少し国内投資が増えないと，製造業も活発にならないし，資源依存を抜け出せないと思うのですけれども，実情がこうだとすると将来もなかなか大変ではないか，そのような感じがいたします．

次に表4は，生産部門別に，つまり付加価値の生産による産業構造の面から，G7や他のBRICs諸国をロシアと比較してみました．ロシアはやはり資源依存ということがよく表れていまして，鉱業のシェアが非常に大きいです．これはもちろん，石油やガスを生産しているということなのですけれども，それ以外でも，たとえば商業のウェイトは，他の国に比べて非常に大きいです．この商業のウェイトが大きいということですけれども，ロシアの場合には，ガスプロムのような天然ガス生産の国営企業なのですけれども，このガスプロムが生産する付加価値も商業部門のシェアとして計算されております．つまりこの企業は，輸出してもうけており，その輸出収入が商業のシェアとして入っています．そのようなわけで，ガスプロムなどの資源産業企業の付加価値が表の「商業・ホテル・レストラン」部門に含まれており，決してホテルやレストランが特に多いわけではないのです．それから運輸のところにも，運輸も少し比率が高いのですけれども，これはパイプラインの収入（つまり，国営石油パイプライン企業のトランスネフチの生産する付加価値）が運輸の中に入っていまして，そのようなことで，経済の中の天然資源の占めるウェイトは，非常に大きいことがわかり

	2003	2004	2005	2006	2007	2008	2009	2010	2011	2012	2013年
GDP成長率	7.3	7.2	6.4	8.2	8.5	5.2	−7.8	4.5	4.3	3.4	1.3
最終消費	3.7	5.6	5.5	5.9	7.1	5.5	−2.6	2.5	3.6	4.9	2.5
総固定資本形成	2.1	2.0	1.8	3.1	4.0	2.3	−3.2	1.2	1.9	1.4	0.0
輸出	3.9	3.8	2.2	2.5	2.1	0.2	−1.5	2.3	0.1	0.4	1.3
輸入	−1.9	−2.9	−2.4	−3.3	−4.6	−3.0	6.7	−4.3	−4.1	−2.0	−0.9
その他	−0.4	−1.4	−0.8	−0.1	0.0	0.2	−7.2	2.8	2.7	−1.2	−1.6

(出所) Rosstat ウェブサイト資料より計算.

表5　GDP成長に対する寄与度 (%)

ます．

(2) 2000年代の経済成長

次に，ロシアの2000年代の経済成長に話を移しましょう．よくいわれていることなのですが，原油価格とロシアの経済成長率は，非常に密接にリンクしています．原油に高い値段がつくので，それを輸出して他の商品を輸入できるわけですけれども，その輸入商品を人々が享受することによって，消費が増えます．先ほどいいましたように，ロシアの消費率は，つまりGDPに占める消費の割合は決して大きいことはないのですけれども，前に比べれば消費がどんどん増えまして，その消費のおかげで2000年代の経済成長があったということを示すための表が，表5です．

表5の左端には，消費や投資，純輸出（輸出マイナス輸入）などが書かれています．つまりこの表は，いろいろな支出項目（つまり需要項目）が2003年から2013年までの経済成長に対してどれほど貢献したかということを，それぞれの寄与度で示したものです．寄与度というのは，GDPの成長率のうち，その支出項目が，たとえば最終消費が何％分の成長率をもたらしたかというものです．普通の経済成長のパターンだと，だいたい独立的支出項目，つまり投資あるいは輸出が成長を主導したなどというのですけれども，ロシアの場合には，投資主導とはいえません．また輸入もけっこう多いので，格別に純輸出によってGDPの成長がもたらされたというわけでもなさそうです．ということになりますと，消費の寄与が大きいといわざるを得ません．たとえば，2003年では7.3％の成長率なのですが，消費だけで，GDPを3.7％引き上げました．2004年は，GDPの成長率7.2％のうち，消費だけで5.6％も引き上げました．また2005年は

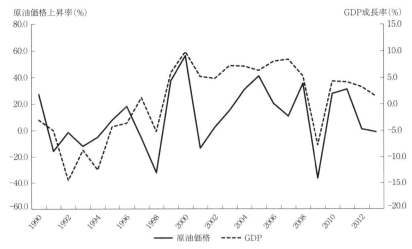

(出所) IMF および Rosstat ウェブサイト．
図2 原油価格上昇率と経済成長率（%，1990-2013 年）

6.4% のうち 5.5% と，消費の割合が大きいのです．

さて，その消費主導の経済成長をもたらした原因です．本当に現象的なことなのですけれども，確かに原油価格との連動が非常に高そうです．図2をご覧ください．この図は，原油価格の年々の上昇率とロシアの経済成長率とグラフで重ねてみたもので，やはりかなり連動があるように思われます．そこで久保庭真彰氏の定式化を借り，その式に私のもっている1995-2013 年年次データを当てはめて，GDP（Y）を外生的トレンド成長率（年率 α%）と原油価格（PRICE）の GDP 弾力性（β）を説明変数として回帰してみました．すなわち，

$$Y = Ae^{\alpha t} \times (PRICE)^{\beta}$$

ここで，A は定数です．回帰結果は非常に良好で，

GDP 成長率＝1.649% ＋ 0.238 × 原油価格上昇率   (1)
　　　　　　(3.101)**　(5.650)**

となりました．自由度修正済み決定係数 R^2 は 0.979，t 値はいずれも 1% 水準で有意です．(1) 式は，次のようなことを意味します．つまりロシア経済は，原油価格が一定（つまり，原油価格上昇率がゼロ）であるとすると，外生的なトレンドとして成長率 1.649% で成長します．さらにその上，

	1990	1995	1998	1999	2000	2001	2002	2003	2004	2005	2006	2007	2008	2009	2010	2011	2012	2013年
原油価格	23.0	17.2	13.1	18.0	28.2	24.3	25.0	28.9	37.8	53.4	64.3	71.1	97.0	61.8	79.0	104.0	105.0	104.1
上昇率(%)					37.5	57.0	−13.8	2.5	15.8	30.7	41.3	20.5	10.7	36.4	−36.3	27.9	31.6	1.0	−0.9

(出所) IMFウェブサイト．

表6 原油価格（米ドル／バレル）

原油価格が10％上昇すると2.38％の成長率が上積みされ，全体として4.029％の成長率となります．また20％の原油価格上昇があれば，成長率は6.409％になります．逆に原油価格が10％低下すると，トレンド成長率から2.38％マイナスした値，すなわちマイナス0.731％になるということです．

先ほど申しましたように2008年までは，ロシア経済は毎年平均7％ぐらいのGDP成長があったのですが，結局それは，表6に示すような大幅な原油価格の上昇があったからにほかならないのではないかということになります．つまりロシア経済は，原油価格の上下しだいで，プラス成長にもなるしマイナス成長にもなるということです．実は，（1）式は必ずしも因果関係を示すものではありませんけれども，想像するに，石油の値段が上がったので，GDPも上がったのだというように思われるわけです．なお，リーマン・ショックによる2009年以降のロシア経済における構造変化の有無について調べてみましたが，チャウ・テストの結果では構造変化あり（5％水準で帰無仮説を棄却），ダミー変数による回帰では構造変化なし，とややあいまいな結果を得ました．

さて，なぜ原油価格が上がると消費主導型の経済成長をするのでしょうか．先ほど申しましたように（表3参照），ロシアは，国際的にみて貿易依存が高い部類の国といえるでしょう．図3は，あらためてロシアの貿易依存度を主要先進国と比較したものです．貿易依存度というのは，輸出や輸入の対GDP比率をいいます．図3でわかるように，ロシアは，輸入依存度は16.9％と少ないので，ドイツなどと比べれば輸出入を合わせた貿易依存度は少ないですが，それでもフランス，イギリス並みといいますか，日本や米国よりはよほど大きいわけで，それだけ国際経済に関与しているといえます．それで，石油の輸出がたくさんになって，どんどん輸出して，表7でみると，貿易収支の黒字が毎年1,000億ドル以上，2,000億ドル近く，つまり20兆円ぐらいです．なお，表7にはロシアの国際収支

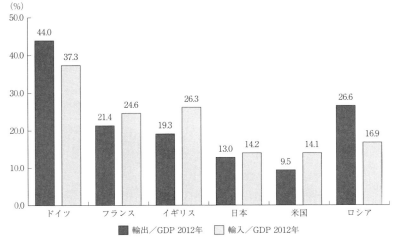

(出所) 国連ウェブサイトより計算.

図3　世界各国の貿易依存度（2012年）

	2008	2009	2010	2011	2012	2013	日本 2013年
経常収支	103.9	50.4	67.5	97.3	71.3	34.1	3.2
貿易収支	177.6	113.2	147.0	196.9	191.7	181.9	−10.7
輸出	466.3	297.2	392.7	515.4	527.4	523.3	67.0
輸入	−288.7	−183.9	−245.7	−318.6	−335.8	−341.3	77.6
サービス収支	−20.4	−17.6	−26.1	−33.5	−46.6	−58.3	−1.6
所得収支	−46.5	−39.7	−47.1	−60.4	−67.7	−80.2	16.5
所得移転収支	−6.8	−5.5	−6.3	−5.7	−6.1	−9.3	−1.0
資本収支	−139.8	−40.6	−21.6	−76.0	−30.9	−45.4	4.7
投資収支	−139.7	−28.1	−21.5	−76.1	−25.7	−45.0	5.5
直接投資	19.1	−6.7	−9.4	−11.8	1.8	−16.1	−13.0
証券投資	−35.7	−1.9	−1.5	−15.3	17.0	−11.0	25.5
その他投資	−124.5	−22.8	−12.4	−50.5	−45.8	−18.3	−12.5
その他資本収支	−0.1	−12.5	0.0	0.1	−5.2	−0.4	−1.4
外貨準備増減	38.9	−3.4	−36.8	−12.6	−30.0	22.1	−3.9
誤差脱漏	−3.1	−6.4	−9.1	−8.7	−10.4	−10.8	−4.1

(出所) ロシア中央銀行・日本銀行ウェブサイト.

表7　ロシア（2008-2013年）と日本（2013年）の国際収支表（ロシア：10億米ドル，日本：兆円）

とともに2013年の日本の国際収支を掲げました．たまたまこの年には，両国の経常収支黒字額がほぼ等しかったためです（ロシアは341億ドル，日本は3兆2,000億円）．同年の経常収支黒字額は，両国でほぼ等しかったのですが，貿易収支は異なりました．日本は10兆円の赤字だったのですが，ロシアは1,800億ドルを超える黒字でした．つまりロシアは，毎年貿

	対米ドル年間為替レート	GDP（10億㌦）	総輸出（10億㌦）	総輸出/GDP（％）	石油・ガス輸出（10億㌦）	石油・ガス輸出シェア％	石油・ガス輸出/GDP％
1998	13.31	197.6	74.4	37.7	28.1	37.7	14.2
1999	23.83	202.4	75.6	37.3	30.2	39.9	14.9
2000	27.58	264.9	105.0	39.7	52.8	50.3	19.9
2001	29.15	306.8	101.9	33.2	52.1	51.2	17.0
2002	31.35	345.5	107.3	31.1	56.3	52.4	16.3
2003	30.68	430.5	135.9	31.6	73.7	54.2	17.1
2004	28.81	591.0	183.2	31.0	100.2	54.7	16.9
2005	28.27	764.3	240.0	31.4	148.9	62.0	19.5
2006	27.19	990.1	297.5	30.0	190.8	64.1	19.3
2007	25.57	1300.0	346.5	26.7	218.6	63.1	16.8
2008	24.81	1664.0	466.3	28.0	310.1	66.5	18.6
2009	31.68	1225.0	297.2	24.3	191.5	64.5	15.6
2010	30.37	1524.6	392.7	25.8	257.0	65.4	16.9
2011	29.37	1905.3	515.4	27.1	345.7	67.1	18.1
2012	31.08	2001.6	527.4	26.4	351.5	66.6	17.6
2013	31.85	2096.0	523.3	25.0	355.7	68.0	17.0

（出所）ロシア中央銀行，Rosstat ウェブサイト資料より計算.

表8　石油・ガス輸出とその対 GDP 比率（％，1998-2013 年）

2001	2002	2003	2004	2005	2006	2007	2008	2009	2010	2011	2012	2013
18.6	15.1	12.0	11.7	10.9	9.0	11.9	13.3	8.8	8.8	6.1	6.6	6.5

（出所）Rosstat ウェブサイト．

表9　消費者物価上昇率（％，各年 12 月の対前年同月比）

易収支で 20 兆円近く稼いでいて，だから為替レートもますます切り上がっています．表 8 の一番左側の列（対ドル為替レート）をみると，それほど切り上がっているようにはみえないかもしれませんが，これは名目の為替レートなのです．そして表 9 にみるように，ロシアはインフレが収まりません．今でも消費者物価は年間 6％ ぐらい上がっています．2000 年代前半は 10％ ぐらい，あるいはもっと上がっていました．名目レートが同じでもインフレですので，通貨は高くなっているということになります．だから，輸入がしやすくなって，それで輸入をたくさんして，それが人々の，小売商品などの購買を促して消費が増大したということです．

　他にも，GDP には含まれていない交易利得が生じ，それが消費増大に寄与しました．さらに，ロシアで自動車ローンや住宅ローンなどが普及しだしたのは 21 世紀に入ってからのことですが，それとともに，高額商品が爆発的に売れるようになりました．労働分配率も上昇傾向なのです．もしかすると，人不足といいますか，そのようなことも感じられるようにな

ったのかもしれません．このようなことで消費が伸びたと考えられます．それが2000年代のロシアの経済成長です．とりあえずここまでを前半といたします．

2 天然資源依存経済

(1) 資源の枯渇

次のテーマは，「天然資源依存型経済」です．どなたがみてもこれがロシア経済の非常に大きな特徴で，また問題点でもあると思います．このようになったというのも，市場経済化のときの自由化政策で，関税も非常に低い率にして，それで経済は，工業を中心として打撃を受けたということで，結局，当時のロシア経済に天然資源を除くと競争力のある産業はなかったということではないかと思います．もちろん，製鉄や非鉄金属，あるいは軍需産業は今も健在といえるかもしれませんが，それ以外に大したものはなかったというわけで，天然資源依存ということになったと思います．

このような経済は，いわゆる開発経済学（Development Economics）の中でも一つのテーマになっていまして，途上国でもそのような国が多いです．その中で，「天然資源の呪い仮説」というものがあります．つまり，天然資源が豊富でも，必ずしも経済発展できないのだという議論があります．たぶん一番多く経済学者が議論しているのは「オランダ病」という現象だと思いますけれども，それ以外にもまだあります．以下では，この議論のテーマとなっている四つの問題を取り上げまして，一つずつ考えてみたいと思います．

最初は，「資源の枯渇」ということです．この講座の第9講に，本村先生が詳しく説明してくださると思いますし，私は本当に表面的なことしかいえないのですけれども，まずこの問題について考えてみたいと思います．ロシアは，原油，天然ガスの生産で世界一，二を争うような状況です．図4は，ロシアの1945年から2012年までの原油の生産量ですが，1988年がロシアの原油生産のピークでした．そのときは5億7,000万トンぐらいの年産で，そのあとボトムは1996年のことですが，3億100万トンぐらいに減りまして，21世紀に入る頃からまた増えだして現在に至っている，とこのような推移をたどってきました．

原油（1945-2012年）

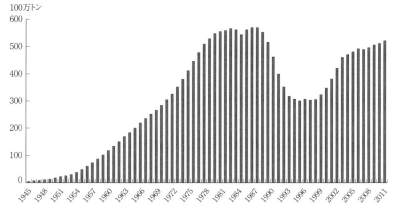

天然ガス（1945-2012年）

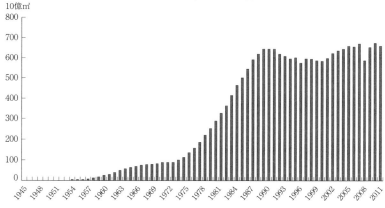

(出所)『ロシア統計年鑑』(露語) 各年版.

図4　原油と天然ガスの生産量

　また同じ図4に，天然ガスの生産量も示されています．天然ガスの生産は，1970年代に特に西シベリアに大きなガス田が見つかって，それで急に増えたわけですが，その後の生産は原油に比べるとずいぶん安定的にみえます．これは，天然ガスというものがロシアの人々の暮らしを支えているといいますか，つまり電力や暖房，あるいは温水供給など，そのようなものの多くは天然ガスを燃やして，火力発電をしています．天然ガスが減ると，冬は寒いのに暖房などが止まってしまうので，減らせないということがあります．だから，ガスプロムのような国営の独占企業ができて，

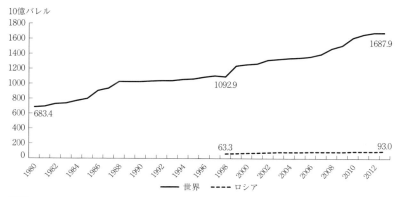

（出所）　BP Statistical Review of World Energy June 2014.

図5　世界とロシアの原油確認埋蔵量の推移（1980-2013年）

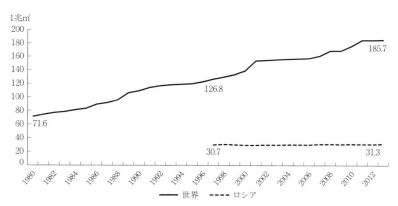

（出所）　図5に同じ．

図6　世界とロシアの天然ガス確認埋蔵量の推移（1980-2013年）

安定供給を心がけるようにもなっているわけです．GDPがあれほど減って半分近くになっているのですけれども，そのように経済がひどいときでも，天然ガスの生産はあまり減っていないということになっています．

次に，原油と天然ガスの確認埋蔵量をみてみましょう．手近にあるブリティッシュ・ペトロリアムの発表した数字をみてみると，原油および天然ガスの確認埋蔵量（図5，図6）は増えております．世界の原油・天然ガス埋蔵量は，ここ30年ほどで両者ともに2.5倍くらいになっているでしょうか．確認埋蔵量というのは，現在の経済的・技術的条件のもとで既知の油田・ガス田から生産が可能と考えられる推定量のことですから，値段

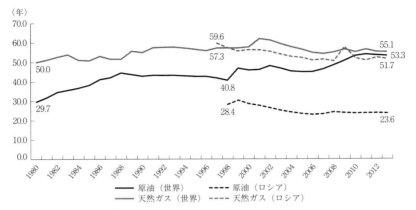

(出所) 図5出所資料より計算.

図7 世界とロシアの原油・天然ガスの可採年数（1980-2013年）

が上がったこと，新たな油田・ガス田が見つかった，あるいは技術革新で今まで採れなかったようなところからも生産ができるようになったことなどで年々埋蔵量が増えているのだと思います．ロシアでも，天然ガスの埋蔵量は1998年から2013年までほとんど変わりありませんが，原油は5割ぐらい埋蔵量が増加しています．しかしながら，ロシアでは最近，原油についてその枯渇が云々されるようになってきました．既存の多くの大油田は，すでにピークを迎えているか，近いうちにピークを迎えるのではないかといわれているようです．図7は，原油と天然ガスの可採年数（今と同じペースで生産していくとして，現在の埋蔵量がなくなる年数）のグラフですが，ロシア産原油の可採年数は，最近やや減少気味のようです．一方，天然ガスのそれも減少していますが，原油よりは余裕があるようです．つまり，天然ガスの可採年数は原油の倍以上あることが示されています．

しかしいずれにしても，ロシアの原油と天然ガスの埋蔵量は巨大です．確かに，石油の減産，ウクライナ問題から生じた米国の経済制裁による原油採掘技術の禁輸，シェールオイル・ガスの生産増大など，いろいろと不安材料があるけれども，技術開発に努めれば，ここ当分の間，資源産業はロシア経済を支える屋台骨となるし，またそうならざるを得ないというように私は考えます．

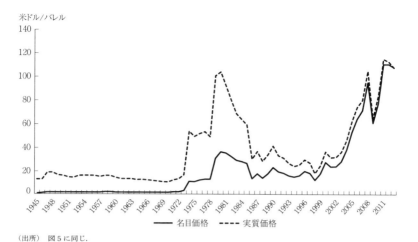

(出所) 図5に同じ．

図8 原油の名目価格と実質価格（2013年価格，1945-2013年）

（2） 価格の不安定性

二番目の問題は，「価格の不安定性」ということです．図8は，1945年から2013年までの原油価格の推移です．1973年の暮れの名目価格（実線）上昇は第一次オイル・ショック，1979年の末からの上昇は第二次オイル・ショックです．20世紀末からの今回の上昇は，第三次とはいわれませんけれども，一時100ドルを大きく超えるなど大変な上がり方です．

しかしこの名目原油価格の上昇も，インフレを考慮した実質価格（点線）でみるとそれほどでもないようです．つまり，現在の価格に引き直してみると，たとえば第二次オイル・ショックのときにも2013年価格で100ドルを超える上昇でした．実質価格では，名目価格ほど激しい乱高下を繰り返しているわけではないことがわかります．

価格不安定性の理由ですけれども，第一に，石油の需要曲線が，価格に対して非弾力的であり，需要曲線が立っているということがいえるでしょう．価格に対して非弾力的ということは，需要曲線が普通は右下がりになっているのですけれども，それが水平ではなくて垂直に近くなっているので，供給量の少しの変化，すなわち供給曲線のわずかなシフトでも，価格が鋭敏に反応するということです．第二に，21世紀になり，あるいはもっと前からかもしれませんが，巨大な人口をもつ中国やインドをはじめと

	2008.2.1	2009.1.1	2010.1.1	2011.1.1	2012.1.1	2013.1.1	2014.1.1	2015.1.1
予備基金	125.19	137.09	60.52	25.44	25.21	62.08	87.38	87.91
対GDP（％）	7.4	9.8	4.7	1.7	1.4	2.8	4.0	6.7
国民福祉基金	32.00	87.97	91.56	88.44	86.79	88.59	88.63	78.00
対GDP（％）	1.9	6.3	7.1	5.8	4.7	4.0	4.1	6.0

（出所）ロシア財務省ウェブサイト．

表10　予備基金と国民福祉基金の残高（10億米ドル）

する新興国の石油需要が，急速に伸びています．つまり，実需が伸びているということです．さらに第三に，最近では，1980年代，90年代の価格低迷を受けて，世界的に新規油田の開発が進んでいませんでした．第四に，米国の原油精製能力が懸念されていました．さらに第五に，どの程度の大きさがあるのかよくわからないですけれども，世界的な過剰流動性によって，投機資金が原油市場に入ってきているというようなことがいわれています．私の感じですが，案外，実需の面が大きいのかというように思っております．

　しかしいずれにしても，先ほど最近のロシア経済に関する回帰式（1）を示しましたけれども，あのような経済，つまり油価が10％上がると成長率は4％ぐらいになるけれども，10％下がるとマイナス成長になってしまうというような経済が続くとすれば，それはずいぶん心もとないことです．それでロシアでも，ノルウェーやサウジアラビアなどのような産油国と同じように，2004年から「安定化基金」というものを作りました．つまり，石油やガス関係の税収，ロシアの場合は国内価格が安く抑えられているので，輸出すると石油会社，ガス会社はもうかります．しかし国内供給が減ると困るので，輸出を抑えるために輸出関税というものがあるのです．そのようなものを原資とした基金をこしらえまして，石油の値段が下がったときに備えるというものが「安定化基金」です（表10）．

　この基金は，2008年には，従来の「安定化基金」の役割を担う「予備基金」と，もう一つ「国民福祉基金」という二つに分かれました．2015年1月現在で，合計1,660億ドルの基金です．かなりの金額です．最初は対外債務を払うために使われまして，2007年にこれを完済しました．だから，今度はようやくインフラ，あるいは産業政策に使えるようになったということで，それをどのようにやるかということが，2000年代の後半ぐらいから議論が始まってきたというところであります．

これまでのところこの制度は，比較的うまくいっているように思われます．たとえばリーマン・ショックで景気が落ち込んだとき，財政でいろいろ手当てをしたわけですけれども，その補填などに使われました．たとえば，2009年の1月1日現在では，「予備基金」が1,370億ドルあったのですけれども，1年後にはそれが600億ドルに減っています．これは，そのような予算の赤字補填をやったのです．さらに，2011年にはまた減って，残高が250億ドルにまで減りました．つまり，赤字補填をしました．それから，産業政策に使い始めたということです．石油の値段は，リーマン・ショックの後また100ドルぐらいに戻りまして，2014年の夏ぐらいまで100ドルを維持していましたので，残高が増加したというわけです．つまり，原油価格は不安定なもので，それに備えるという準備は，まあまあ何とかうまくいっているのではないかと思います．

(3) 「オランダ病」

「オランダ病」といわれるものは，開発経済学の分野では一番の議論の種になっています．オランダは，今も天然ガスの輸出国なのですが，そのオランダの沖合に，1960年代から天然ガスが出るようになりまして，それが第一次オイル・ショックによる資源価格高騰で，ガスの輸出額が増加したのです．そうしたら，オランダの通貨ギルダーが高くなってしまって，他の産業，特に製造業が打撃を受けて輸出できなくなりました．あるいはギルダー高で他の国から安く輸入できるようになって，国内産業が打撃を受けたということが，オランダ病といわれるものです．

実際のところ，ロシアももうオランダ病にかかっているといえるでしょう．工業がうまくいかないという一つの理由はそのようなわけで，輸出競争力が放っておいても失われてしまうわけです．表11の一番右側の列がルーブルの実質実効レートの指数なのですが，2001年を100とすると，2013年は158にまで値上がりしました．6割方高くなっているわけです．確かに最近の輸出統計によれば，石油・天然ガスを除いた多くの生産物で輸出金額は増加していますが，鉄鋼，非鉄金属などの輸出を数量ベースでみると減少している製品が多いです．もちろんこれはロシア政府の意に反することで，前述のとおり，政府は何とかして製造業を育成し，イノベー

	対米ドル・レート（期末）	対米ドル・レート（年間平均）	対米ドル名目変動率（%）	対米ドル実質変動率（%）	実質実効レート変動率（%）	同指数（2001年=100）
2002	31.78	31.35	−7.0	6.0	1.6	101.6
2003	29.45	30.68	2.2	13.6	0.8	102.4
2004	27.75	28.81	6.5	15.1	6.1	108.7
2005	28.78	28.27	1.9	10.8	8.1	117.5
2006	26.33	27.19	4.0	10.7	9.4	128.5
2007	24.55	25.57	6.3	12.8	4.2	133.9
2008	29.38	24.81	3.1	13.3	5.1	140.7
2009	30.24	31.68	−21.7	−12.2	−5.6	132.8
2010	30.48	30.37	4.3	9.7	9.6	145.6
2011	32.20	29.37	3.4	8.8	4.7	152.4
2012	30.37	31.08	−5.5	−2.7	2.4	156.1
2013	32.73	31.85	−2.4	2.7	1.2	158.0

（出所）ロシア中銀ウェブサイト．

表11　ルーブルの実質実効レート変動（対前年比変動率と指数）（2002-2013年）

ションを活発化させようと努力しております．ところがこのような政府の努力に水を差していると考えられることが，経済全体における投資の不足なのです．そこで，投資について少し考えてみましょう．

　投資率の上昇が経済成長の源泉になるということについては，たとえば日本の実例があって，日本の1960年から90年までの平均投資率（GDPに占める投資の割合）は30%を超えています．あるいは中国は，投資率はもう40%ぐらいです（表3参照）．しかし今のロシアでは，20%もいっていないぐらいの投資率なのです．

　図9は，GDPと投資の推移を，1990年を100としてみたものなのですけれども，2013年でGDPは117ぐらいまで回復しているわけですが，投資は1990年水準を下回っていて，1990年の65%ぐらいです．またロシア工業における設備の平均年齢（表12）は，1990年は10.8歳だったのですけれども，2004年には21.2歳になっています．つまり，古い設備が現在もずっと使われているという状況になっています．今の日本では，普通にいわれるような設備年齢は，たぶん，10歳ぐらいではないでしょうか．20歳を超えるともう年を取ったというようにいわれます．ずっと前ですけれども，日本と米国の設備年齢の差というものが問題になりました．1990年代でしょうか，米国経済がクリントン大統領になって復活したときに，米国の設備は若くて平均年齢7歳，それぐらいなのに日本は10歳であるなど，そのような議論があったと思いますけれども，ロシアは古い

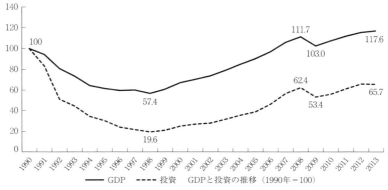

図9 GDPと投資の動向

	1990	1995	1998	2000	2001	2002	2003	2004	2006	2007	2008	2009	2010	2011
設備平均年齢(歳)	10.8	14.3	17.0	18.7	19.4	20.1	20.7	21.2						
機械・設備平均年齢(歳)									14.4	13.1	13.7	13.0	13.5	13.3

(注) 上段は大中企業のみ,下段はサンプル調査による.
(出所) 『ロシアの工業』(露語) 2002, 2005, 2012年版.

表12 ロシア工業の設備平均年齢

設備をまだ使っているということであります.ということから,投資不振は問題だと思うのです.

　私が考える投資不振の根本的な理由は三つです.一つは,ロシア国民が自分の国の経済を信頼していないのではないかということが,私の仮説です.つまり,貯蓄はしているのです.けれども,それが投資に向かいません.その差額が経常収支の黒字になっているわけです.経常収支の黒字ということは,先ほど国際収支表(表7)の説明ができませんでしたけれども,それは資本収支の赤字と同じなのです.つまり,輸出などによって外貨を稼いで,それだけではしょうがないので,外国に投資するなどして,外貨をまた外に出すわけです.残ったものは,外貨準備の増加になります.そのような関係です.いずれにしても,国内でたまった貯蓄のうちの国内投資に向かわない余剰資金が,海外への投融資に流れているというようにみることができるのですが,それは,まずもって自分の国の長期的経済発展に自信がもてず,したがって自国に投資していないと解釈できるのではないかと思います.

二番目の理由として，金融機関は預かったお金を企業に，投資に回すわけですけれども，実際には銀行はなかなか企業にお金を貸しておりません．企業の設備投資資金源泉という統計があるのですけれども，それをみますと，ロシアの企業が銀行から借りる設備投資資金は，10％ないのです．企業は，投資資金の50％ぐらいは自己資金だというように答えています．これではなかなか投資も難しいかなと思います．金融仲介といいますけれども，貯蓄と投資をつなぐ媒介になるということが金融機関の非常に重大な役目です．そうすると，自然と預金も増えますので，預金も通貨だというように考えれば，GDPに対する預金口座を含むマネーの比率というものは，だんだん増えていかなければいけないわけです．これを，金融深化といいます．今の日本は，世界経済危機後の金融緩和状態にありますので比較するのは難しいのですけれども，少し前まで，通貨（ふつうM2といわれる現金通貨と預金通貨の合計）は，GDPをやや上回るくらいであったかと思います．しかしロシアでは，M2のGDPに対する比率は40％くらいにすぎません．つまり，預金通貨が少ないのです．人々がローンを借りるようになったのは，前に述べたように最近のことです．とにかく，人々は銀行に預金口座をなかなかもちません．預金も少ないし，銀行を信用しない．銀行も企業を信用していないので融資しないといいますか，そのようなことです．もしかすると銀行の，良い投資先を探す能力というものも，まだ足りないのかもしれません．そのようなことで，貯蓄が投資に回らないです．だいたい金融は，欧米先進国に対して日本は弱いですけれども，ロシアはもっと弱いということは間違いないと思います．

　第三の原因ですけれども，これは競争の問題です．中国の研究者の話を聞くと，中国は本当に競争が盛んだと，そのようにいいます．小さな企業もお互いに競争して，その中から，草の根のイノベーションといいますか，それが生まれてくるというようにいっておりますが，ロシアはどうもそのような感じがしないのです．なぜか，それはよくわからないのですけれども，私が考えますに，1990年代に工業がダメージを受けてしまって，企業が体力を奪われたといいますか，たとえば人材が流出したなど，そういうことがいえるのではないでしょうか．図10は，過去1世紀のソ連（ソ連崩壊後は，旧ソ連地域）の工業生産を，米国の工業生産と比較したもの

(出所) 栖原学『ソ連工業の研究』.
図10 ソ連工業の対米国工業生産比率（％）

です．1913年，帝政ロシアの工業生産は米国の15％ぐらいだったといわれております．それが1930年代のソ連の大変な工業化で37％を超えるようになりました．その後第二次世界大戦でダメージを受けましたけれども，また戦後，3割を超えるぐらいだったのですけれども，社会主義崩壊後の市場経済化の失敗によって，米国の工業力の1割となってしまいました．1割の工業力にまで落ちたということは，だめになってなくなった企業もあれば，いろいろな体力，たとえば人材確保などに失敗して，技術の継承などができずに，経営のノウハウなども失われたなどというようなことが起こったはずです．あるいは別の問題として，ソ連は独占企業の国営企業ばかりで，もともと企業数は非常に少なかったということなど，他にもいろいろあるかと思いますが，とにかく競争が活発でないと感じます．競争がないということは，イノベーションがない，ということでもあるのです．そのようなわけで，投資による製造業，ひいては経済全体の活性化は，ロシアにとって大変重要かつ困難な問題だと感じます．

(4)「国家資本主義」

ロシアの天然資源依存に関連してしばしば指摘される第四の問題は，

「国家資本主義」です．この「国家資本主義」の問題というのは，つまり国営企業が大きな顔をしているということです．たとえば，先ほどから時々名前が挙がっているガスプロムという天然ガスの大企業が代表例です．また，ロスネフチという国営の石油企業や，原油パイプラインの国営独占企業トランスネフチなど，石油・ガスの生産と流通の大きな部分がそのような国営企業によって担われています．国営企業というものは，どうも国民全体の利益ではなくて，国家の権力を握っている人たちの利益になるように行動しているのではないか，競争が行なわれず，汚職などの腐敗が蔓延しているのではないか，とりわけ西側の専門家は，そのように疑っているわけです．多くの民間企業による公正な競争がなくて，政府が企業を一部の特権層の利益のために動かしている，そのような批判です．たとえばマーシャル・ゴールドマンさんというロシア経済の専門家が，『石油国家ロシア』という本で支配層による不正や腐敗の実態を具体的に述べています．

　私も，汚職が多いことは事実だろうと思うのです．それがないことが，良い市場経済だということについては賛成です．けれども，特に米国やイギリスの経済学者たちの多くは，ロシアでは自由で公平な競争が行なわれていないということを批判して，ゴールドマンさんのように，ロシアの政権を「収奪的」とみなしているのですけれども，私は言うほど収奪的とは思えません．つまり，先ほど申しました安定化基金などということは，収奪というよりは，石油・ガス企業から税金を取って，それを国民経済に使っていると思います．それから，先ほどロシアでは可処分所得が増えているということを示しましたが，ロシア国民は原油価格の上昇の恩恵を受けていると思いますので，国家資本主義であるからそれは収奪的だというのは，少し短絡的ではないかと思います．

　もう一つ，これは，私はもう強く感じているのですけれども，西側といいますか，特に米国の経済学者の議論から察すると，彼らは，公平で自由で活発な市場経済というものは，簡単に，今すぐできるというように思っている節があるのです．それは，違うと思います．たとえばソ連崩壊時に西側のアドバイザーは，ロシア市場経済化も自由放任でやればすぐに完了しますというようなことをいっていたのですが，それは全くそうではあり

ませんでした．先進国の人たちは，自分たちが今，そのような制度をもっているものだから，簡単にできると思い込んで，他の国にそうやりなさいというわけですけれども，新たに市場経済の土台となる制度や仕組みを創りだすことは，実際には容易なことではないのです．

3 長期展望

(1) ロシア経済の長期発展可能性

アンガス・マディソンという研究者がおりまして，残念ながら 2011 年に亡くなったのですけれども，マディソンがかつてのサイモン・クズネッツのように，歴史統計をいろいろ集めました．古いものでは，紀元 1 年ぐらいから，特に詳しくは 1820 年ぐらいから，世界各国の GDP や人口，一人あたり GDP など，そのようなものを調べて整理いたしました．それとの関わりなのですけれども，そのようなマディソンの歴史統計から得られる知見を，簡単に私なりにまとめてしまうと，このようなことになります．今から 200 年前，1820 年に一握りの豊かな国というものがありました．そしてもちろん，現在も一握りの豊かな国があるのですが，実はそのメンバーの大半は，200 年前の豊かな国なのです．つまり，豊かな国は 200 年前も今も豊かな国であり，そうでない国は 200 年前も今も豊かでないということです．その豊かな国というのは，イギリス，オランダなどの西ヨーロッパの国々と，それから米国，カナダ，オーストラリア，ニュージーランドの西欧起源四カ国でありまして，このような国々は今から 200 年前にもうすでに先進国でした．これらの先進国の 1820 年の一人あたり GDP は，1990 年の米国ドルで申しまして 1,200–2,000 ドルぐらいです．それ以外の国々の大半は，1820 年頃にはおおよそ 600 ドル近辺の水準にありました．このような先進国の固定性から，先に資本主義を創りだした欧米諸国の優位性をみてとることができます．しかし，このような法則性の中にも例外があります．1820 年当時の途上国の中で，例外的に現在先進国になりえた国がありまして，この例外国が日本なのです．もう少し正確にいいますと，過去において例外は日本だけだったのですけれども，最近は，前に示した表 2 にありますように，複数の例外国が生まれております．すなわち，香港，シンガポールなどのタックス・ヘイブンをもって

いる国々，あるいはカタールのような特別に資源に恵まれた国々です（カタールは，タックス・ヘイブンでもあります）．これらを特殊な例として除外しますと，日本のように人口が多くて，製造業でやってきて先進国になれたというものは本当に例外的で，日本のほかには，何とか韓国が日本のレベルに近づいてきているくらいなものです．

日本は，明治維新以来ひたすら欧米諸国をモデルとして近代化，西欧化に努めて，150年かかって現在，ようやく先進国になった，例外国になれたわけです．日本がなぜ近代化に成功したか，とても難しい問題だと思います．しかしいずれにしても近代化というものは，富永健一さんという社会学者がおりまして，その方の意見ほぼそのままなのですけれども，経済的な近代化としての工業化，政治的な近代化としての民主化，社会的な近代化としての自由と平等の実現，文化的な近代化としての合理主義の実現という，そのようないくつかのものがセットになって，それでそれらを学んで，150年でここまできたというように私は思っています．

非西欧世界は，総じて西欧にあこがれを抱いてきました．つまり，それだけ19世紀以来の西欧文明は普遍性があると私は思っております．だから，経済発展も近代化なのですけれども，西欧以外の国が近代化するためには，悔しいけれども，ある程度西欧化しないとだめだろうと思っています．そして日本は，西欧化が比較的容易な国だったというように私は思っているのです．たとえば明治維新で，文明開化で西欧崇拝の世の中になりました．もちろん，それに反対の人も出ました．右翼というようにいわれ，三宅雪嶺などそのような思想の人たちが出ましたけれども，概して日本は，いわゆる周辺文明の国で，聖徳太子以来（あるいはそれ以前から）ずっと中国をモデルとして受け入れ，明治以降は西欧をモデルとして受け入れるという，そのようなタイプの国だと思うのです．

そのように考えると，ロシアは，なかなか西欧化は難しいだろうと思います．というのは，たとえばロシアでは，19世紀以来の西欧派とスラブ派の論争に見られるように，日本などよりはよほど，中国ほどではないかもしれないですが，西欧に対して受け入れない意識といいますか，あるいは，俺達は西欧とは違うという意識が強いのではないかと思うのです．それはそれで当然の態度だと思います．ソ連が崩壊した頃，フランシス・フ

クヤマが『歴史の終わり』(三笠書房, 2005年) という本を書いてそれがベストセラーになりました. 政治的な民主主義と経済的な自由市場経済を備えた体制が, 歴史の終着点だというのです. もうそこから先はない, その体制が永続するというのです. 私は, 西欧文明の普遍性を申しましたが, フクヤマのようには決して考えておりません. カール・ポラニーが言うように, 西欧文明はやがては没落していくものでしょうが, 非西欧世界は, 一度は近代化しないとだめだということが私の意見で, ロシアはそれには時間がかかりそうだと, そのように思っております. 中国も, もっと難しいと思います. 私は, 中国はそれほど簡単に先進国になれるというようには思えないです. うまく先に述べた四つの近代化 (あるいは, 法治主義ないし法の支配の実現を加えた五つの近代化) がそろえば先進国化するでしょうけれども, 中国のように中心文明でやってきた国が, 他の文明をまねするということは, なかなか難しいと思います. しかしそうでないと, やはり普遍性は獲得できないのではないかという気がします.

(2) 日ロ経済関係の展望

最後に,「日ロ経済関係の展望」ということです. 簡単に申しますと, 日本とロシアの経済関係は, 順調に伸びてきております. たとえば貿易は非常に順調に伸びていますし, それはやはり資源と自動車です. 自動車を輸出して天然資源を輸入するという関係なのですけれども, 当分, それでやっていくしかないだろうと思うのです. それから直接投資, 日本でもロシアで会社を作るなどして苦労されている方々も多いと思います. ロシアはまだまだ, 私の感じだと義理人情の国といいますか, その点, ある面ではやりやすいかもしれないけれども, ある面では非常に苦労が多いのではないかと思います. ロシアの近代化を助けるという意味では, 日本のような国が関わっていて, ある意味でいうと, 日本はロシアの手本だと思うのです. つまり, 非西欧にもかかわらずうまく近代化できた国です. もしかすると, プーチンもそう思っているかもしれません. 日本を手本だというように思っているかもしれないと思うのだけれども, それはともかくとして, ロシアの近代化に他の国が関わらないと, 孤立させると, ロシアの近代化もそれだけ難しくなるのではないかと思っています.

それは不幸な結果をもたらすと思いますので，貿易や投資など経済のいろいろな面での両国間の交流が順調に伸びていくことを願っております．

Q&A　講義後の質疑応答

Q　これほど市場の参入が壊滅的なまま今日に至っているということは知りませんでした．インフラ投資や国内産業育成など，そのようなものをもう少し計画的にやってこなかったのでしょうか．

A　ロシアの産業政策はどうだったのかというご趣旨だと思いますが，それについてお答えいたします．1990年代はインフレがひどく，特に1992年には，消費者物価が年間で26倍になっています．結局のところ経済がめちゃくちゃで，それぐらいお金を刷ったということです．つまり政府にぜんぜんお金がないので，経済がこのような状態だと税金も入ってこないし，出る方はたくさんかかるので，その場しのぎのお札の印刷に頼るといいますか，そのようなことでインフレがひどく，政府もとても産業政策をやるような余裕がなかったのが，90年代です．ワシントン・コンセンサスに基づく市場経済化戦略は，自由放任つまり「放っておけ」ということでしたから，理念としても，政府はできるだけ民間のやることに手を出さないということで，産業政策はありませんでした．

国民経済計算体系（SNA）の言葉でいいますと「一般政府」というのですけれども，それが黒字になったのは，2000年からだと思います．だんだん黒字幅が増えてきて，ようやく余裕が出てきました．それで，2000年代のプーチン政権になりまして，特に2005年ぐらいからはいろいろやりだしました．産業政策，すなわち重点分野を決めて，そこに政府のお金をつぎこむなど，やりました．たとえば航空機や造船，原子力，あるいは宇宙産業，IT産業など，そのように政府も重点分野を決めて，後で少し出てくるかもしれませんけれども，国家コーポレーションなどというようなものも作りまして，やり始めたのが2005年ぐらいからでしょうか．

しかし，あまりうまくいっているとは思えません．やはり産業政策とい

うものは，なかなか難しいです．たとえば，飛行機を造るなどという，今，ロシアでは，もう実際に生産が始まっていますけれども，ジェット機を造っているのです．国のお金，それからイタリアなどの技術協力があって，スホーイ・スーパージェット100というのですけれども，100座席足らずのジェット機です．政府もずいぶん期待してやったのです．たぶん，去年，一昨年ぐらいでしょうか，できて実際に売り出しもやっているのですが，はかばかしくないというのが実情ではないかと思います．つまり，性能などが期待したほどではないのです．

　100人乗りくらいのジェット機は，カナダのボンバルディアという会社と，あとはブラジルのエンブラエルという二大メーカーが，いわば大型ジェット機でいうボーイングとエアバスのようなもので，そこに割り込もうとしたのです．日本も三菱重工がリージョナル・ジェットを造りますね．それに少しさきがけてロシアもやったのですけれども，インドネシアへの売り込みのときに，運悪く事故を起こしてしまい，山に突っ込んでしまいました．そのようなこともあったのかもしれないのだけれど，アルメニアなど旧ソ連の国から注文は来ているようですけれども，どんどん売れるというような状況にはなっていないようです．これは一例ですが，プーチン政権は，それはもう熱心です．産業政策で，何とか製造業で世界の市場に打っていけるだけの産業を作ろうということで，それは必死といってもいいと思います．しかし，それがなかなかうまくいかないという状況です．

　それから，インフラの遅れも指摘されまして，それは，これから始まるというようなところでしょうか．政府の財政資金をつぎ込んで，これから少しは投資が伸びてくる可能性があると思っております．

　先ほどお話ししたとおり，石油の値段はずいぶん乱高下します．だから安定化基金を作り，石油の値段が高いときに，石油や天然ガスのメーカーに税金をたくさんかけて，それを政府が財政資金としてとっておいて，都合の悪いときに，たとえばリーマン・ショックの後もそうだったのですけれども，それを経済安定化のために使うなどというようなことをやってきました．そのような基金もインフラに回そうということで，先ほど少しお話ししましたように，これからインフラ投資が進むのかなという感じです．

　それでもロシアで投資がなぜ増えないかということですが，利子が高い

からなどということよりも，前にお話ししたように私はもっと根本的な理由があると思っているのです．

また，原油価格と今後のロシア経済ということですけれども，率直にいって今日，石油，天然ガス依存から抜け出すことは，なかなか難しいのではないかと思うのです．投資が少ないことや，製造業も壊滅的な打撃を受けているから，10年や20年，やはり天然資源依存が続くのではないかということが，私の意見です．そうすると，先ほどの回帰式がやはりあてはまる経済になっていくのかなということです．

Q　ウクライナ問題による経済制裁がロシア全体の経済に与えるものをどのようにお考えになりますか．また，石油価格について，ロシアの採算が取れるコストはどのくらいなのでしょうか．

A　経済制裁の影響は，相当あるのではないかと私は思っています．最初は人の渡航制限など，ほとんど実害のないものだったのですけれども，たぶんマレーシア航空機事件の頃から，米国もEUも実質的制裁をやるようになったと理解しております．一方でEUは，たぶん，本心ではあまり制裁に乗り気ではないと思います．もうエネルギーの関係がかなり密接なので，どういったらいいでしょうか，時がたったらそれを解除して，また正常な経済関係を続けましょうというような気持ちではないかと思います．米国の経済制裁は，もしかするとそうでもなくて，本気といいますか，そのようなことがあるのではないかと思います．米国の対ロ制裁の中には，石油開発機材・技術の提供禁止などの項目が含まれていますから，これはやはり相当影響が出そうかなと考えています．だから，米国とEUは少し立場が違うと思っています．

ウクライナとロシアは，もともと経済関係が深くて，たとえばアントノフという飛行機は，ウクライナのメーカーなのですがロシアに工場があります．アントノフは，荷物を運ぶ飛行機では一応ブランドになっているのではないかと思うのですけれども，それが影響を受けたらお互いに困ります．だから，そのような経済的な合理性ということが，やがて正常化するためのインセンティブになるのかと思います．

ロシアとグルジア（ジョージア）が2008年に，戦争といいますか，小

競り合いを起こしました．そのあと5年間ぐらい，貿易もお互いにゼロになってしまったのです．ようやく5年，もうそろそろ正常化の動きが始まるということです．ウクライナとの正常化は，戦闘の規模からしてもっと時間がかかることが予想されます．それぐらいかかるとすると，やはり相当，ダメージがあるかと思います．

ロシア経済を維持できる石油の価格は，私もよくわかりません．ロシアは3年間の予算を毎年作っていくという，そのような予算なのですが，それで石油の予想価格はいくらというようにして，それに基づいて予算を作っているわけなのですけれども，たぶん，2013年は100ドルぐらいだったと思うのです．それがたとえば，ロシア経済では60ドルあればいいと数年前にいわれていたと思うのです．現在90ドルを切るぐらいですので，少し厳しい状況になってきたのではないかと思っております．

【2015年12月追記】

このようにお話ししてから原油価格をめぐる状況は一変し，2015年12月現在の原油価格は1バレル40ドル近辺となりました．この影響はまず為替レートに表れ，2014年10月には1米ドル40ルーブルほどであったものが，2015年12月には70ルーブル近辺と，急激なルーブル安が進行しました．さらに2015年の経済成長率もマイナス4％程度が予想されており，また輸入価格の上昇によるインフレが進んでおります．その反面で，為替の暴落は国内産業にとって有利に働きますから，本文で述べたオランダ病の症状は和らぐはずです．ただしその場合でも，これまでの投資低迷は供給能力の不足となって表れることが予想されます．

Q　これまでは，日本との関係の中で，ロシアからの天然資源の輸入，それから自動車をはじめとした輸送用機器の輸出という関係の中では，バランスが取れてやってこられていますが，日本の自動車会社も為替に影響を受けないようにということも踏まえて，現地化をますます進めている中で，日本からのロシアへの輸出というものがどんどん下がっていく傾向にあるかと思っています．その中で，そうするとロシアの中でのバランスの崩れというものが，今後どう影響していくのかという展望等，先生のお考えがありましたら，ぜひともお聞かせいただきたいと思います．

A　自動車企業については，もうすでに現地化が始まっていまして，輸出も下がっています．ロシアは人口1億4,000万人を超える国ですので，マーケットとしても魅力的で，たぶん，そこを輸出のための基地にするなどというよりは，ロシアをマーケットにしたいという感じだと思うのです．乗用車普及率は先進諸国の半分程度であり，所得水準からいってまだまだ成長の余地はあります．日本からの輸出はもちろん，現地化が進めば下がっていくでしょうけれども，それでも大きなマーケットです．輸出市場としても，日本からロシアへの自動車輸出は少し下がって，20数万台と思いますけれども，それでも日本からの輸出の第3位の自動車輸出の相手国ですので，それぐらいの規模はずっと維持できると思います．

Q　ロシアという国が，やはり西欧文明に対して拒否感をもっているのではないか．いわゆる米ソ両大国という時代を経験して，あるいは社会主義というようなものに対するソ連なりロシアの国民の郷愁を前提とすると，やはりロシアは，欧米あるいは日本に対して，そのような技術導入をはじめとする国に対する支援といったものに対しては，必ずしも積極的ではないというスタンスが，少しあるのではないでしょうか．

　もう一つは，資源というようなものがあり，かつ人口も1億4,000万人程度だとすると，中国ほど国民を食わせる必要が政治家にはありません．したがってある程度，先ほど可処分所得が，あれは放っておいても上がっていったと思うのですけれども，そのような環境下において，いわゆる国を富ます積極的なインセンティブというものは，政治に本当にあるのでしょうか．また，何かロシアの経済体制に明るい展望というものはないのでしょうか．

A　ロシアという国は，西側の文明といいますか，それに対して拒否感があるのではないか，それで外国からの技術導入に積極的ではないのではないかということなのですけれども，確かにそのようなことがあるのかもしれません．ただ少しずつ，変わってきているところがあるのではないでしょうか．たとえば，カルーガという，三菱自動車が工場を作った都市ですけれども，最近，カルーガ・モデルなどと，ロシアでもいわれるようになりました．つまり，外国の企業に来ていただくといいますか，そのような感じが出てきたということだと思います．極東の方でも，新しい極東の発

展のための省ができて,新しいまだ若い大臣が,ガルシカという人がなったのですけれども,その人もそのような感じで,ビジネス出身です.だから少しずつ,何といいますか,それが近代化といえるかどうかはわからないけれども,そのような面はあるのではないかと思います.そのようなことの積み重ねで,やっていくしかないのかというように思っております.

中国と関係が深まるとは,どのようなことかということですけれども,実際のところ,中国との関係を深めざるを得ないといいますか,そのようなところがあるのではないかと思います.石油やガスをヨーロッパが買ってくれないなどということになると,どうしても中国に目が向くということになって,それでたとえば,2013年の5月にずいぶん大型のガスの輸出協定ができましたけれども,そうせざるを得ません.中国向けの天然ガス・パイプラインも造ってしまうようですから,本気は本気なのだろうと思います.パイプラインの設置というものは,非常にお金がかかりますし,ある程度の長期的展望がないと造れません.もともとロシアは天然資源で,太平洋とヨーロッパを結びたいという,そのようなプーチンの野望といいますか,考えはあったと思うのですけれども,それが進んでいます.ウクライナ問題などで,さらに進んでいるというようなことではないかと思います.

明るい展望があるかどうかということですが,これはよくわからないです.申し訳ないですけれども,逃げるようですけれども.日本も明治維新から150年かけて,ここまで近代化いたしました.あるいは,この程度までしか進まなかったといえるかもしれません.ロシアの明治維新がいつに当たるのか,いろいろと意見があることでしょうが,いずれにしても,ロシアにとって近代化は100年単位の大事業です.われわれが生きているぐらいの時間のうちにそれが完成されることはないでしょう.

それでも日本は本当にうまく,日本の伝統がつぶれた面はあると思うのですけれども,それを完全につぶさずに近代化できた例で,この経験は,ロシアだけではなく世界中の非西欧世界に役に立つのではないかというように思います.その経験を日本人がきちんと,他の国が参考にできるように体系的なものにするというと少し傲慢なようですけれども,そのようなかたちにするということは,日本人の重要な仕事ではないかというように

思っております.以上です.

栖原先生のおすすめの本

久保庭真彰著『ロシア経済の成長と構造——資源依存経済の新局面』(一橋大学経済研究所叢書 58)(岩波書店,2011 年)

田畑伸一郎編著『石油・ガスとロシア経済』(北海道大学スラブ研究センタースラブ・ユーラシア叢書)(北海道大学出版会,2008 年)

中山弘正他著『現代ロシア経済論』(岩波書店,2001 年)

第6講

シベリア

シベリア開発とその課題

渡邊日日
東京大学大学院総合文化研究科教員

渡邊日日（わたなべ　ひび）
1992年早稲田大学第一文学部卒業．94年東京大学教養学部卒業．2000年東京大学大学院総合文化研究科博士課程，単位取得のうえ退学．2001年より現職．
著書に『社会の探究としての民族誌』（三元社，2010年）

はじめに

　自己紹介からいこうと思います．専門は文化人類学で，対象地域はこれからお話ししますように，シベリアです．とりわけ，南シベリアのことを長年調べてきました．1990年代半ばに私が大学院の博士課程に入ってから，人口1000人余の村々に合計約1年住み込んで調査する，長期の民族誌的フィールドワークということをしました．

1　シベリアのロシアへの編入

　19世紀までの開発の歴史，ないしはシベリアがロシアに編入されていくプロセスを考えていくと，11世紀までさかのぼることができます．記録によると，毛皮を求めてロシア人が東に進んでいくということが，この頃からありました．4世紀たったあたりで，ヨーロッパで毛皮の市場が活発になり，需要が非常に高まっていくということになります．大商人ストロガノフ家というものがありました．恐らく皆さんはピンとくると思いますが，あくまでも一説ですが，ビーフストロガノフという料理はストロガノフ家のまかない料理だったという話があります．そのストロガノフ家が1581年に，元どろぼうのイェルマークという人を使って，イェルマークはカザーク，いわゆるコサックですが，800名という兵隊を引き連れて，東に進んでいきます．それが始まりで，基本的にシベリアの開発，ないしはロシアがシベリアを飲み込んでいくプロセスは，比較的順調に進みます．比較的というのは，例えばアメリカの先住民の歴史などを考えていくと，平和裏ではないけれども相対的には順調に進んでいったという意味です．

　例えば，図1をごらんください．非常に細かくて申し訳ないのですけれども，一番左に，「チュメニ1586」と書いてあるかと思います．今のチュメニ油田で，シベリアでは一番豊かな地域で，かつ全ロシア平均を見ても給料が高くて有名なところです．この，今のチュメニ油田のあたりで，1586年にシベリアで初めてのロシア人居住地がつくられます．一番右側に「オホーツク1649」とあるかと思うのですけれども，60年後ぐらいの1649年にはもうここまで到達して，ロシア人居住地区がつくられていくというような形になります．このときの毛皮というものは非常に重要でし

(出典) ギルバート、マーチン『ロシア歴史地図』木村汎（監訳）・菅野敏子（訳）（東洋書林、1997年）、42頁、図1

た．シベリアは非常に広大な土地で，地球の全陸地面積の8%以上がシベリアですし，旧ソ連の半分以上の領土がシベリアでした．今でもそうですけれども，やはり天然資源の地域ということがあって，金，銀，銅，錫，ニッケル……「シベリアにはメンデエーレフの元素表のすべてがある」というギャグがあるぐらい，天然資源が多く見られる．それを求めてというのがシベリア開発の始まりだったわけですが，その最初が毛皮であったということになります．

いろいろな研究者がいろいろな表現をしているので，すべてを読み上げることはしませんけれども，シベリアのクロテン――テンの一種で，黒色をしているのでクロテンといっていますが――がなかったら，モスクワ公国ないしはロシア帝国は存在しなかったであろうというぐらい，非常に重要なものになっていきます．

シベリア先住民は，ヤサーク（iasak）という毛皮税が課せられて，一種の年貢のように納めていくという感じで取り込まれて，シベリアがロシアに入っていくという関係になります．これは余談ですけれども，毛皮税がどれだけロシア史において重要であったかということが，言語にも残っています．ロシア語で20は「ドゥバーツァチ」，30が「トゥリーツァチ」，50は「ピチジシャート」，60が「シィシチジシャート」と言うのですけれども，40という単語だけが「ソーラク」というまったく別系統の単語を使っています．当時，毛皮を集めるときに，クロテンを袋に入れたり，束ねたりして納めるのですけれども，そのクロテンが約40匹入った袋のようなものを「ソーラク」と呼んでいました．つまり，そのような単語がいまだに残っているぐらい，クロテンというものが，ロシアにとって重要であったということがおわかりいただけると思います．どれだけ重要かというと，ヨーロッパで高値が付きますので，毛皮で得た収入が16世紀末には国庫収入の約3分の1にもなったほどでした．シベリアの毛皮がそれだけでもう非常に大きな，まさにドル箱であったということがおわかりいただけるのではないかと思います．とはいえ，当然乱獲しますし，市場というものは生き物ですから，毛皮自体の需要が低下していって，ロシアにとっての毛皮，ないしはクロテンの意義もだんだん薄れていくのですけれども．

1689年のネルチンスク条約と1727年のキャフタ条約で，ザバイカーリエ以東のロシアの国境が確定します．ザバイカーリエの「ザ」とは接頭字で，英語のtransにあたる単語で，モスクワから見たらバイカル湖の向こう側，という意味です．その国境が確定します．沿海州は別にして，これでロシアのシベリア支配の領土的基盤が確立します．

2 シベリア開発の背景

クロテンという動物ではなく，鉱山を主軸とした天然資源の地としてのシベリアの歴史は，1660年代から始まります．見つけると一挙に拡大していくということがその後の歴史です．もう一つ忘れてはいけないことが，流刑の地です．どの国も一種のトラウマ的な歴史があるものなのですけれども，ロシアにとってのトラウマの一つがこれです．つまり，ニーコンの改革といって，ロシアの正教会で改革が17世紀半ばに行われました．端的に言いますと，ロシア正教を世界のキリスト教というグローバルスタンダードに近づけようとすることが，ニーコンという人の改革案です．これに反対する人々，つまりアンチ・グローバライゼーション派とでも言うべき人々がいました．そうしたアンチ・グローバル派の代表格が，アヴァクームという人でした．流刑になって，最終的には壮絶な死を迎えるのですけれども，これを皮切りにシベリアは，端的にどろぼうや殺人犯という者ではなくて，いわゆる政治犯が流刑されていく地になります．

今，なぜアヴァクームの話をちらりと申し上げたかというと，シベリアはある種ロシアの植民地でありますけれども，非常に特異な構造を持っていたことを強調しておきたいからです．ロシア史の大家にクリュチェフスキイという人がいて，彼には「ロシアの歴史は自らを植民していく国の歴史である」という有名な言葉があります．多くの場合，植民地は，例えばイギリスやオランダのように，本土があって，海を隔ててアフリカやインドネシアがあるという構図をとります．それが間接統治であろうと，直接統治であろうと，本土と植民地は，海，海水によって，文字どおり隔てられています．本土から送られていくのは高級軍人や高級官僚という一種のエリートで，彼らが現地を統治するという形になります．

それに対してロシアの場合は，自らが膨張していく形でシベリアを取り

込んでいくということが，歴史であったわけです．その時期にシベリアに入ってきた人々とは，非常にざっくばらんに言ってしまうと，社会的には弱者です．つまり，ヨーロッパ型の帝国の構造として，パワーエリートが植民地に行ってどうこうするということではなくて，今申しましたように，アンチ・グローバル派として弾圧された宗教的マイノリティが流れていったり，政治犯が流れていったり，ないしは1861年の農奴解放以降は，解放された元農奴の農民たちが土地を求めてシベリアに向かっていくというわけです．社会的弱者であり，かつ，後で見ますけれども，人口的にもこちらの方が多数派になっていきます．このような形で，一般的に帝国というといろいろな帝国があるわけですけれども，ロシアとシベリアはいま説明したような，特異な構造になるということを，ここで明確にしておきたいと思います．

　ここで図1を再度見て下さい．最後で種明かしをしますが，今のところはここをご覧になってください．縦に3本の大きな川が流れています．左側から言うとオビ川，真ん中にエニセイ川，3番目にレナ川とあって，地図では少し切れていますけれども，沿海州ではアムール川という，岸辺で一見するとても川には見えなくて，湖かと錯覚してもおかしくない大きな川ですが，4本流れています．これは恐らく今後の世界にとって重要であろうと個人的には思っていますが，それは最後に述べます．

　19世紀初頭，スペランスキイという高級行政官がいました．シベリア総督も務めて，ロシアの法律を集大成するという意味では重要なことをした人なのですけれども，かなり政治的にはリベラルな人で，歴代の皇帝からは少し遠ざけられていたような人です．彼がシベリアのことを，「ドン・キホーテたちの国」という言い方をしています．つまり，政治犯などもいるのですけれども，進取の精神に富んで，勇気のある，向う見ずに突っ込んでいくような人々がシベリアに来て，そのような人が住みついた国なのだというような言い方が，当時なされていました．

　先ほど少し説明で申し上げたように，1861年に農奴解放がなされて，徐々に土地を求めて，ないしはヨーロッパ部での土地不足の解消ということもあって，農民たちがシベリアに流れてくるわけです．そこで，ロシア帝国として一大プロジェクトとなるシベリア鉄道建設という話が出てきま

す．もちろん大プロジェクトですから，やるかやらないかという議論をしていたのですが，結果的に1891年に建設が開始されます．

シベリア鉄道の建設の背景にあったのはもちろん移民問題です．つまり，移民をどんどんシベリアに送り込んで，シベリア開発，農業振興および鉱山開発のために移動させようということもあります．もう一つは，国際関係です．1894年に日清戦争があって，結果的には日露戦争も起こりますが，アジアの国際情勢，とりわけ当時の日本の帝国主義的拡張に危惧を覚えて，国力増強ということもあって，シベリア鉄道という大プロジェクトを開始します．

3　ロシアに根強い挟撃の恐怖

これは余談かもしれませんけれども，恐らく昨今の事例とも関わってくる話です．あえて比喩的に言うと，ロシア人の民族的遺伝子（このような言い方を私は普通しませんけれども）の中に組み込まれているものが一つあります．挟撃の恐怖です．挟み撃ちの恐怖です．歴史的には，タタールのくびきという時代がありました．つまり，モンゴル帝国にロシアの大半が飲み込まれるという時代です．端的に言うと，今の東ヨーロッパからロシアにかけては何もない，山もほとんどないところで，要するに攻撃されやすい地形なのです．西側から，ゲルマンから始まってカソリック勢力，さらにはポーランド公国が，カソリック的な十字軍的精神でロシアに攻め込んできます．他方，東側からはタタール，つまりモンゴル軍に始まるアジア系，ないしはチュルク系の騎馬民族が攻めてきます．つまり，左右両方から攻められてくるという感覚が非常に強いわけです．実際にそのような歴史を乗り越えて，ロシア帝国は周辺地域を制圧していきます．その挟み撃ちないしは挟撃の恐怖というものは，もう一度再現します．第二次世界大戦です．東方で日本と対峙し，西側からはナチスドイツが攻めてくるという形で，文字どおり挟み撃ちになるという形になります．

現在，ウクライナ問題で制裁の応酬が続いていますが，極東だけは今，例外扱いになっているはずです．複数の新聞で確かめましたけれども，極東，とりわけサハリンに関する石油と漁業関係の製品は，例外的に日本と取引をしてもいいというようなことは，一応ロシアの複数の新聞で報じら

れています．それはわかりますね．つまり，ヨーロッパと同じように日本とも制裁の応酬をしていると，制裁という形での挟み撃ちをくらいます．それはまずいので，東側，つまり対日本だけは少し開けておくという発想が，最近でもあります．それも今申し上げた挟み撃ち，ないしは挟撃の恐怖にいかに対応するかという，ある種ロシア史で繰り返された行動パターンだと，個人的には見ています．

シベリア鉄道は，1916年に現行ルートが完成して，全線電化はなんと2002年です．つまり，100年以上の月日を投じた大プロジェクトでした．その，シベリアの大動脈としての役割は今なお変わりません．

4　シベリアの人口変動

今日の私のお話で，人口変動は大きなポイントになります．1622年から1911年で，データの年がばらばらなので変化がすぐに見える表ではないのですけれども，異族人とロシア人および移住者というところをご覧ください（表1）．異族人というものは，当時のロシアは身分制帝国でしたので，先住民族の大半が異族人というカテゴリーでロシア帝国に組み込まれることになっていました．1622年の段階では，88.3％が先住民族で，11.7％がロシア人でした．先ほどロシア帝国の特異な特徴という形で申し上げましたけれども，1911年になりますと異族人は10.4％，やってきたロシア人ないしは移住者が89.6％と，逆にロシア人の方がマジョリティになるという逆転の流れが出てきます．これも細かく見るときりがないのですけれども，異族人という言葉は定義自体が実は変わっていくことがあって，19世紀末頃になると大ロシア主義といってナショナリズムが強くなって，および反ユダヤ主義も強くなります．この頃にもなるとユダヤ人も異族人に入ってしまうので，この統計データはそういう意味ではあまり正確ではありません．しかしながら，今申し上げたように，人口比率は逆転します．ヨーロッパ型の帝国とは違って，ロシア人自身が植民地の中でマジョリティになるという感じが，わかっていただけるかと思います．

先ほどはザバイカーリエの国境地域の確定についてお話ししました．いわゆる沿海州の国境が確定したのは，1858年の璦琿条約です．この条約によって，アムール川を境に，やっと今の中国との国境が確定します．

年	「異族人」	ロシア人・移住者	総数（人）
1622	17,3000（88.3%）	2,3000（11.7%）	19,6000
1662	28,8000（73.3%）	10,5000（26.7%）	39,3000
1709	20,0000（46.6%）	22,9227（53.4%）	42,9227
1737	23,0000（43.6%）	29,7810（56.3%）	52,7810
1763	26,0000（38.2%）	42,0000（61.8%）	68,0000
1796/97	36,3362（38.7%）	57,5800（61.3%）	93,9162
1815	43,4000（28.3%）	110,0500（71.7%）	153,4500
1858	64,8000（22.1%）	228,8036（77.9%）	293,6036
1897	87,0536（15.1%）	488,9633（84.9%）	576,0169
1911	97,2866（10.4%）	839,3469（89.6%）	933,6335

（出典）*Aziatskaia Rossiia*, tom 1 (SPb., 1914; republished in 1974, Cambridge: Oriental Research Patners), str. 81 より，一部省略，補充．

表1　シベリアの人口変遷（1622〜1911年）

　私は授業でもよくこの地図を便利なので使うのですけれども，これに書いてあるように（図2），このあとすぐに中国が日本海への出口をなくすのです．逆の言い方をすると，ロシアは日本海と接することで，ある種の地政学的なプラスを得た，ポイントを得たという形になります．

5　日本にとってのシベリア

　基本的に，ロシアの対日観というものはプラスといいますか，かなり親日的な感情を示します．歴史的にもそうであったのですが，逆に日本から見て，ロシアに対してマイナスイメージの一番の原因は，シベリア抑留です．シベリア抑留プラス北方領土問題かと思われます．基本的には親日的な見方をしてくれるけれども，逆に，ロシアが日本に対して不信感を強く持った大きな原因がシベリア出兵です．これはかなり忘れられているところがあったりするわけです．

　これも詳しくやっている時間がないのですが，1点だけ押さえていただきますと，極東共和国というものがたった2年間であるのですけれども，成立していました．シベリアでボリシェヴィキないしは赤軍に対抗するアンチ・ボリシェヴィズムないしは反革命軍というものが出来上がって，コルチャークという人がそのトップになります（のちにセミョーノフという軍人がトップになりますが）．そのようなわけでシベリアでは一種の内戦状態

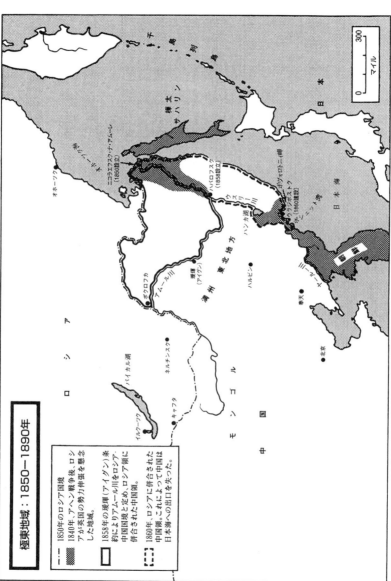

図2

(出典) ギルバート、前掲書、75頁。

が続きます．そこで日本が様々な理由をつけて，シベリアに出兵します．そのとき，もちろん日露戦争の記憶がまだありますので，日本と対峙したらまずいというようにボリシェヴィキが判断して，日本との直接対決を避けるために，一種の緩衝国家を作り上げたのが極東共和国というものです．

極東共和国の領土を絶対に外さなかったことは，これもまた資源絡みの話になるわけです．金・石炭・銀・その他が豊かで，サハリンまで行くと石油もあります．天然資源の宝庫であったわけですので，当然，新生ソヴィエトからすると，絶対に手放すことができない地域であったわけです．しかし日本との直接対決，とりわけ武力衝突はとりあえず避けたいというわけで，緩衝国家として作られて，結果的には日本軍が最終的に撤兵した段階でロシアに併合するという形で，1922年に共和国は幕を閉じることになります．

こうしたシベリア出兵と極東共和国の歴史は，われわれ日本国民としては，忘れていけないことなのではなかろうかと，個人的には思っています．

6　ソヴィエト時代のシベリア

これも簡単にしか申し上げられませんけれども，いわゆる強制収容所がシベリアに多く作られたという経緯も押さえておこうと思います．さらに，民族強制移住ということがあり，これも先ほど言った挟み撃ちの恐怖によるものです．つまり，ナチスがやって来たときに，あいつらは対独協力をするのではないかという恐怖を感じたスターリンが，シベリアに民族ごと強制移住をさせたという歴史があります．朝鮮系の人々は逆に西側（中央アジア）に移動させられました．このような形で，かなり民族の混交ないしは民族の混ざり合いということが，ソ連時代においても進んでいったということがあります．

いわゆるシベリア開発が本格的になったのは，1950年代以降です．1920年代は，先ほど言ったような事柄でガタガタしていて，1930年代に少し取りかかろうと思いきや，戦争が始まるという形で，シベリア開発はほとんど置き去りにされていました．1950年代になって本格化し，様々な重化学系のコンビナートが造られていくということがその後の流れになります．1956年に日ソ国交回復およびスターリン批判が行われ，フルシ

チショフ自身シベリア開発に本腰を入れるということが，その後の非常に大きな流れです．

このとき，学問的には一大転換があります．社会学の復活は，どうでもいいではないかと思っていらっしゃる方もたくさんいるかと思いますけれども，これは，現在の話とも関わるので，少し述べさせていただきます．ソ連において社会学，つまり，社会のどこに問題があって，それをどのように解決すべきなのかを考えるという，ある種の作業，営みは，レーニンが「社会学はブルジョワの学問だ」と言い切ってしまった手前，しばらく途絶えるのですけれども，1950年代半ばぐらいから復活が始まります．

これにはいろいろな逸話があって，社会学者が社会学の必要性を訴えるために，フルシチョフの秘書を通さずに机の上に置いたという話が残っています．どうすればそのようなことができたのかわかりませんけれども．つまり，秘書が見たら握りつぶしてしまうので，フルシチョフが絶対に見るような形で，フルシチョフの執務室の机の上に書類をダイレクトに置いたという話があるのです．これはどのようなことかというと，このあたりからシベリアだけでなくて，北方，ロシアにおける北の地域からの人口流出が始まります．それまでは様々な補助金や何とか手当という形で給料を上積みして，北方ないしはシベリアという寒いところで若い人たちに働いてもらおうとインセンティブを与えていたのですけれども，それが効かなくなってくるのです．「やっぱり寒い」，「やっぱり，こんな娯楽施設のないとこは嫌だ」などと言って，都市部に戻ってしまうという現象が起こります．これはやばいというわけで，では，なぜ若者たちはそのような職業を嫌がるのだろうか，北方ないしはシベリアから逃げてしまうのだろうかということをきちんと解明しない限り，今後のソ連の発展はないであろうという判断をして，「じゃあ，きちっと社会学的に調査しましょう」という形で，社会学が復活するのがこのときです．

さらに，もう少しだけ時代を下るのですけれども，1960年代に大きな産業構造の変化が見られます．当時，石油はソ連にとって目玉商品でありましたが，その目玉商品の産出どころはバクー油田でした．バクー油田の産出量が落ち始めてくるということが1960年代です．そのときに「これはまずい．他にどこか石油を採れるところはないのか」ということで，シ

ベリアに目が向けられます．これが一つのきっかけとなって，アジアへの視線ということが，ソ連においてかなり本格的なものとして登場します．その結果として，政府声明で「協力拡大しましょう」と，当時のゴルバチョフ大統領がウラジオストック宣言で環太平洋の国家としてのソ連ということを，強く打ち出します．これはもちろん，冷戦末期と言えば末期かもしれませんけれども，アジアで仲良くしましょうというだけではなくて，東ないしはアジアの方に目を向けながら経済発展を考えなければ，少しまずいのではなかろうかというような危機感の表れであったわけです．これは，今も続きます．

7 ソヴィエト連邦解体後

さて，ソヴィエト解体後の民営化の困難について話していきましょう．かなり最近の話です．要するに，ソ連が解体して，当時のエリツィン大統領のときに様々な民営化，ないしは私有化というプロセスが始まります．このときに，多くの西側の旧ソ連・ウォッチャーに，「なぜ，あんなにゴタゴタしてるんだろう」，「なぜ，民営化があんなに進まないんだろう」と言われていました．もちろん複雑な過程でありますから，一言では申し上げられないのですけれども，そのポイントを1点だけ申し上げると，これはシベリアだけではなくて，ヨーロッパ部の田舎といいますか，ヨーロッパ部の地方の場合も同じ話であるのですけれども，基本的に企業城下町で開発が進んでいました．つまり，その村全体が一つの産業で成り立っていて，あるいは一つの企業体の収益の恩恵に与かっているという形です．ですから，レジュメでは「社会と経済の分離のむずかしさ」と書いておきましたけれども，つまり，ある企業体という経済的主体が，同時に社会の単位や地域コミュニティの枠になるということが，別の観点からすると一番大きな問題で，それを分離することは非常に大きな外科手術を伴っていたということが1990年代です．

このあたりはまさに調査していた時期でもあるので，私自身，ある種の厳しさを体感していたことでもあります．例えば，「われわれは集団で生活することに慣れている．すべて一緒なんだ．文化の家，学校，幼稚園，コルホーズ，集団農場は一緒なんだ」と，つまり，分けて考えることがで

きないのだというような典型的な発言があります．ちなみに，文化の家というものは，日本で言うと，とりあえず公民館だと思っていてください．すべて一緒であるから，コルホーズという企業体だけが民営化して何かすることはできないという話です．

　実際に調べてみたところ，これは別に工場でも，別の地域でもほぼ同じことが言えるということがわかりました．実際にあるコルホーズでは，ミルクを絞っているというようなことだけではなくて，ないしは車の部品を作るということだけではなくて，かなりいろいろなことをしています．例えば年金生活者に対して，お年寄りだから大変でしょうというわけで，耕作や作付けや家畜の飼育，さらには冬のために薪の調達までやってあげます．家屋の修理をしてあげます．このような企業体はマイクロバスその他を持っていますから，それで病院まで送ってあげるというようなこともしていました．学校を援助についてわかりやすい例で言うと，農場で採れたキャベツを学校の給食に回すというようなことです．あるいは葬式の準備や補助をし，貧乏な家庭には安く食料品を手当てしてあげます．場合によっては，様々な文化行事を手伝ってあげる……といったことです．単なる生産的なこと，事業者として何か経済的なことだけをやっているというよりは，まさに，企業城下町という言い方が正しいかどうかわかりませんけれども，コルホーズ自体が社会そのものであったと言えるわけです．

　これはかなり，何かピンとくるものがあって，どこかで見た風景だと思いました．私は東京生まれですけれども，両親が滋賀と京都で，おばあちゃん子のところもあったので，滋賀の田舎でたぶん，今まで合計1年半か2年以上住んでいたのではないかと思うのですけれども，つまり日本の農協と同じなのです．日本の農協も米を作っているだけではなくて，農協イコール村であって，今申し上げたこととほとんど同じようなことをやっています．これを考えてみると，とりわけソ連が特異なことをやっていたというよりも，ある種の企業城下町的な形で，同じような構造が実は日本にもあったということなのでしょう．日本でそのようなことがあったことの，ある種の弊害については，今われわれがいろいろなところで，単に経済だけではなくて，政治の側面においても見ているところですので，ソ連がとりわけ特殊だったということではないのです．

これも現在の話と直結する，ないしは現在のビジネスにも絡んでくる話なので，少し細かく申し上げます．一生懸命にワードを使って図解した，昔作ったものがあるので，それを持ってきました（図3）．民営化のときに，どのような流れを経たかということで，あれは一種，もちろん上からの指示です．つまり，エリツィンが，「今年中に民営化しろ」というような法律を出して，それを実行するわけです．では，どのように再編すればいいでしょう？　上からの指示ないしはオリエンテーションという形で，このように変えてみたらという，いくつかのバリエーションが提案されたのですが，それをイラストにしたのがこの図3です．

　細かく見ている時間もないので，1つだけ見ていただきますFRというものは，既存の農場ないしは事業所です．工場でもいいのですけれども，「右側のような形で民営化してください」と，これは一応，一番のベストモデルとされていたもので，「独立自営農に配分し，分割してください」というものです（図3では8番目のモデルに当たります）．独立自営農とは何かと言うと，下の方の注に，独立自営農，フェルメルと書いてあります．フェルメルでピンときた方がいらっしゃると思いますが，英語のfarmerから来ているわけです．つまりアメリカの広大な土地でコンバインをたくさん導入して，かつ外から労働力を雇って農場を経営する，あのようなイメージを込めて，今ある農場ないしは事業所をそのような形で民営化してくださいというモデルが立てられました．

　これは結局，挫折するわけですが，なぜ挫折したかというのが考えるべき問題です．例えば，ワタナベ製菓会社というものが社会主義時代にあったとします．それを民営化しましょうといったときに，生産手段をどのように割るのか．まんじゅうを作る機械をどのように10人で分ければいいのか．生産手段を共有しなければいけませんので（正確には「分有」なのですが，細かいことは省きます），どのように共有すべきかという議論があります．さらに，ここが現在の話と絡むのですけれども，例えば，新しく生まれ変わったワタナベ製菓株式会社が，まんじゅうを売り出そうとします．では，まんじゅうをどこへ持っていけばいいのか，販売ルートをどのように確保すればいいのだろうか．あるいは，ワタナベ製菓株式会社が成立したとすると，それは当然，簿記のシステムで帳簿をつけなければいけ

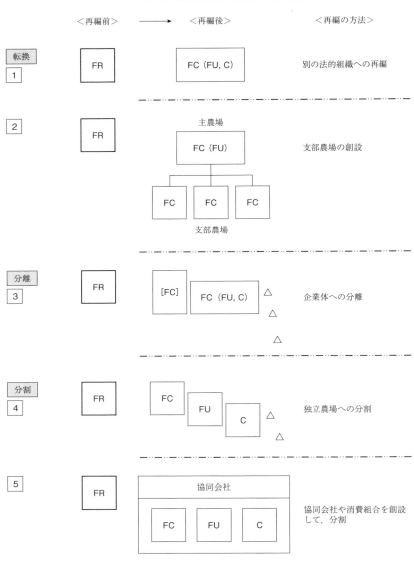

ません．では，誰が帳簿をつけられるのかとなると，そのような企業体のノウハウを人々が共有しなければいけませんけれども，そんな講座があるわけでもありませんから，多くの場合は共有できていません．従来，その手の知識に長けていた人々が，結果的に成功します．したがって1990年

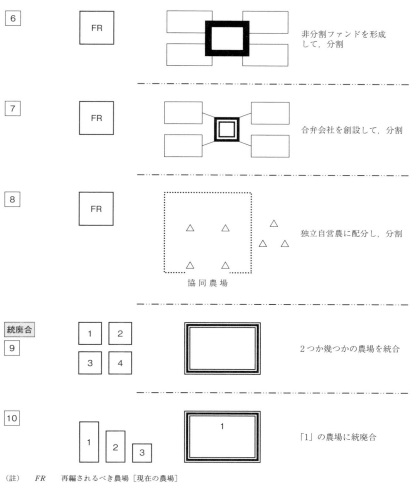

図3 農場再編の提案モデル

代であれば，行政関係者や，それまで企業体の幹部であった人が，その手のノウハウを持っているので，そういう人がビジネスとして成功していったのです．そうでない人は失敗していくという形で，ぐちゃぐちゃ混乱していくという流れが1990年代です．

今言ったように，ノウハウを知っていること，今の例で言うと，まんじゅうの販売ルートを知っているというようなことが一つのポイントになっていて，後で申しますけれども，ロシアの企業にありがちなある種のワンマン経営はこうした文脈によっています．つまり，その人の属人的知識に依存するという体質が，結果するということです．1例だけ見ましたけれども，そのような形で民営化の困難を経て，1998年にロシアが経済的にテイクオフし始めたという形になって，現在に至ります．

8　人口減少の問題

そのような中，ちょっとした問題，正確に認識すれば大問題になるような事態にロシアが気づきます．人口問題です．これがシベリアの開発と大きく絡んでくるのです．端的に言うと，ロシアでも少子高齢化が進んでいきます．人口変動という形で，ロシアの統計局のホームページがありますけれども，そこから持ってきました（表2）．1991年，つまりソ連の最後から，2014年が最新のデータです．パッと見ると，それほど減っていないではないかと思われるかもしれません．つまり，1991年の段階では1億4800万いて，今年（2014年）は1億4300万ですから，「そんなに変わってない」と思われるかもしれませんが，実はこれは，かなり大きな問題となっています．

人口減少の原因に関してよく言われている，典型的な議論を持ってきました（N. V. Kolechenkov, "Demograficheskaia katastrofa," E. S. Troitskii, (red.), *Demograficheskie problemy Rossii v ostanovke krizisa i puti ikh resheniia*, Moskva: Granitsa, 2009, str. 17）．出生率の減少，およびその結果として子どもの数が急激に減っています．ロシアはカソリックではありませんから，妊娠中絶に関して特別に厳しい宗教的コードがあるわけではありません．2番目に，家族の危機・高い離婚率・婚外交渉による児童の増加です．増加はするのだけれども，世話する家族がいない，養育者がいないという問題があり，結果的に早く亡くなってしまうということです．どれだけ離婚数が多いかというと，1990年代最初のデータですけれども，ロシアは離婚大国で，全家庭の3分の1が父子ないしは母子家庭なのです．子どもが成長するには厳しい環境にあります．

年	全人口 単位： 百万人	内訳	
		都市部	村落部
1991	148.3	109.4	38.9
1996	148.3	108.3	40.0
2001	146.3	107.1	39.2
2002	145.2	106.4	38.8
2003	145.0	106.3	38.7
2004	144.3	106.0	38.3
2005	143.8	105.2	38.6
2006	143.2	104.8	38.4
2007	142.8	104.7	38.1
2008	142.8	104.9	37.9
2009	142.7	104.9	37.8
2010	142.8	105.0	37.8
2011	142.9	105.4	37.5
2012	143.0	105.7	37.3
2013	143.3	106.1	37.2
2014	143.7	106.6	37.1

（註） 2014年5月19日更新．
（出典） ロシア連邦統計局のホームページより．

表2　ロシアの人口変動（1991～2014年）

　3番目に，出生率を上回る死亡率の増加で，よく言われていることはアルコールの消費量が増えたなど，いろいろなことが重なって，このような結果が見られます．4番目に，社会的ストレスないしは体制転換によるストレスと関係しているかもしれませんが，殺人数および自殺数の増加です．世界自殺率ランキングを考えると，その上位のほとんどが旧ソ連で占められているということが挙げられます．

　5番目については少し，議論するには丁寧な扱いが必要です．なぜかは，後で言います．古来よりロシア人の地域だったところで，ロシア民族の状況が悪化し，寿命が短くなって，出生率より死亡率が上回っています．ロシアにおける民族問題の中身が質的に変化したということが挙げられます．

　当然，人口減少というものはどの国においても，かなりクリティカルなイシューになるわけですが，単に減っているというだけではなくて，さらに問題を抱えています．実は，先ほど，1950年代からの社会学の復活に言及しておきましたけれども，シベリア・極東ないしは北方地域から人が，

年代	移動した世帯数（千）	内訳	
		シベリアへ	極東へ
1951〜1955	111.2	32.4	19.7
1956〜1960	106.2	47.4	28.6
1961〜1965	64.2	24.8	20.3
1966〜1970	55.8	22.2	18.4

（出典） Iu. V. Roshchin, *Migratsiia naseleniia v sud'be Rossii*（Moskva: Avangard, 2008), str. 161.

表3　ロシア共和国内での人口移動（1951〜1970年）

「逃げる」という言い方は変ですけれども，逃げてしまっているということが見られます．ソ連時代の統計データを挙げておきました（表3）．例えば1956年から60年にかけては，10万6200世帯がシベリア極東に移動していたのですけれども，1961年から65年になると，6万4200世帯しかシベリア極東に移動していません．1971年以降は挙げておきませんでしたけれども，その後もまた減っています．

先ほどの，アジアへの視線がかなりリアルなポイントだったという話はこのあたりもあって，このままでは人口がスカスカになってしまいます．人口のみならず，経済発展的にもかなりまずいというわけで，何かシベリア経済振興政策のようなことをやらなければいけません．実際に，10年計画ぐらいで毎回立てるのですけれども，なかなかうまくいかないということが，いまだに繰り返されています．

さらに複雑な要因があって，単に減るだけではなくて，労働可能人口，つまり22, 23歳から59歳までといった数が減っているのです．言い方を換えると，60歳以上が逆に増えています．要するに，働ける年齢のジェネレーション自体が少なくなってきているのです．ここで注意しなければならないのは，今，人口減少と言ったことは，ロシア民族の場合ということです．先述した「ここはちょっと要注意」と言った5番目のポイントと絡むのですけれども，ややこしいですが，ロシア民族としてのロシア人の出生率は低下しているのですけれども，例えばタタール人やブリヤート人など他の民族の出生率は上がっているのです．つまり，ロシア国民という視点だけではなくて，ロシア民族という視点からも見ると，さらに「やばい」という話になります．下手をすると，何十年後にはタタール人に人

口を抜かれてしまうという，かなりナショナリスト的な発言も出ています．このままいくと民族としてのロシア人自体が減ってきて，ロシア民族のアイデンティティがなくなってしまう……というような議論がかなり盛んになっています．

9　シベリア分割？

　その結果というのも何でしょうけれども，ある人口学者，経済学者の本の最後当たりのページに，けっこうびっくりさせる地図が載っていました．「ロシアのありうる未来」という形で，この図4は何を示しているかというと，ロシアが分割・縮小するかもしれないという話です．ウラル山脈から西のヨーロッパ部分，ここだけがロシアとして残るという話です．その真ん中の少し濃い目に印字されているところですけれども，上の方はシベリア共和国として独立してしまいます．極東の右側は，さらに極東共和国として独立してしまいます．

　二つとも独立してしまいますけれども，さらにややこしいことに，下の方，南は中国の勢力圏に入っていきます．さらに笑えるのは——というのも，日本の政治経済力を買いかぶりすぎているからですが——一番右側，ないしは東側は，日本の勢力圏に入ります．これを真面目に受け取る必要は本当はないのかもしれませんが，いわゆるナショナリズム的な議論は，どうしてもこのようなことを言いがちです．ロシア版黄禍論という形でよく議論されています．

　ただし，少し注意しなければならないことがあります．黄禍論ということは，あながち単なる宣伝文句などではなくて，近年，中国系労働者のシベリアないし極東への移住が非常に顕著なのも事実なのです．正確な統計データを行政でも把握できていないのですが，一説には最大数百万がシベリアにいるとも言われています．例えばシベリアや極東の市場では，売り子さんはロシア人だけれども，奥に座っているいかにもボスは，中国人であったりします．中国から安い物資を持って来て，要するに初めは担ぎ屋さんとしてロシアに来て，商才に長けていた結果，だんだんロシアで成功して，例えば建物などの事実上のオーナーになったというようなことがあるのです．こういう流れにクリティカルなロシア人，ないしはロシア国民

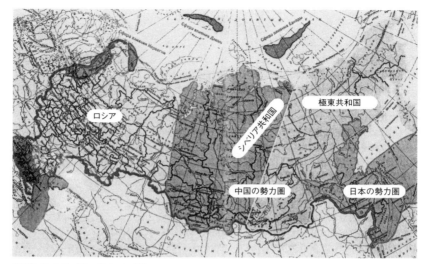

(出典) Roshchin, Ukaz. Soch. str. 281.

図4

はかなりいます．したがって，まさに黄禍論という言い方がロシア語でもしょっちゅう出てきているのです．

さらに，いわゆる3K的な仕事にはロシア人，ないしは先住民族もあまり就きたがらないということがあるなか中国系の人はよくやってきて，農場でも実際に働いているのは中国系のある種の不法かもしれない移民であったりします．これはよく問題になっているのですけれども，彼らはかなり大量に農薬を使うので，近隣住民に健康被害が出てきていて，そのようなこともあって，対中国観はかなり悪いものになっています．

ただし，これは単に黄禍論というだけではなくて，今ごらんになっている図4には，このままではロシアが領土縮小の憂き目に遭うという恐怖心には，もう一つの話があります．これは本当かどうかわからなくて，私はたぶん嘘だろうと思ってはいるのですけれども，当時のアメリカの国務長官オルブライトが，「シベリアをロシアが独占しているのは非合理的である」などと発言したらしいのです．そのように発言したという一種のデマが回って，それを聞いたプーチンが激怒して，「これはまるで政治的ポルノである」などと言ったらしいです．言ったことは本当です．ただし，当時のオルブライト国務長官がそのように言ったという記録はどこにもな

くて，最近ではロシアの論調でも，「さすがにあれはデマだったのか」と言っています．ただ少なくとも，下からは中国や日本，場合によってはアメリカ，ないしは西洋列強がロシアを分割しようとしているのではないだろうかということが，けっこうまことしやかに議論されていること自体は事実なので，この地図は，その表れであったりします．

　もう一つ言えることは資源ナショナリズムです．どこかで聞いたことがあるかもしれませんけれども，サハ・ヤクーチアは，金とダイヤモンドの宝庫です．1990年代にクレムリンと対立的な関係にあった共和国がロシアには少なくとも三つあって，一つはチェチェン，もう一つはタタールスタン，三つ目がサハ・ヤクーチアでした．シベリア独立とまでは言いませんけれども，自治の権限を拡大するという話が，1990年代にかなり強く出ていました．つまり，サハ・ヤクーチアの方からすると，われわれのところで金やダイヤモンドを採っているくせに，われわれのところに恩恵がぜんぜん返ってこないではないか．そうであれば，われわれが金とダイヤモンドを独占してもいいのではないかというような考えがあったのです．いわゆる，資源ナショナリズムです．

　ただし，結果的には彼らは和解します．当時のタタールスタンの大統領シャイミエフと，当時のサハ・ヤクーチアの大統領ニコラエフは，政治的手腕に長けていました．モスクワとの非常に微妙な駆け引きをする政治的手腕が高かった．それに対して，チェチェンの場合は真っ向から対立してしまった結果，戦争という事態になったわけです．つまり，シベリアの中からも自治を拡大するこのような動きがありました．最近は少し落ち目になりましたけれども，そんな動きがあったということで，逆に内部から壊れていくのではないかという論点が，とりわけ右派系のナショナリストによって議論されていました．逆の言い方をすると，そのような動きがあるがゆえに，プーチン大統領は中央集権の方向を強く進めたということがあります．

　最後に．APECがウラジオストックのルースキイ島で開かれて，そのときにメドヴェージェフ大統領（当時）が，非常に強い形で，「ロシアは，広大でかつ進歩しつつあるアジア太平洋の不可分の一部であるから，APECは重要なのだ．ロシアの社会・経済的発展にとって，何よりシベリ

アと極東地域にとって，その重要性は明らかだ」（堀内・齋藤・濱野 2012：2）と主張しました．これには一応裏付けがあって，プーチンが2期目に返り咲いたときに，まず何をやったかというと，極東発展省を立ち上げるのです．先ほど申し上げたように，今まで何回も，様々な地域開発プログラムを立てていたのですけれども，どうもうまくいきませんでした．「さすがにこれはやばいから，本腰を上げるぞ」というメッセージも含めて，2012年5月に彼が極東発展省というものを作って，2025年までの発展プログラムを練り上げていくのです．

10　これからのシベリア

　では，今後シベリアに何かポイントがあるのかということです．極東発展省までできたということは，逆にロシア，少なくともプーチン大統領の頭に中には，資源オンリーではまずいという意識が，かなり前からあるということです．しかしながら，実際には多くの事業体では，現時点で石油を主軸に収益を上げていますので，企業体質を変えようとしていません．つまり，一種の単一経済，モノカルチャー的な産業構造を変えようとしていません．それに対して，プーチンはかなり苛立っているというのが現状です．多角化しなければやっていけない，ロシアは今後やっていけないということが見えてきています．たぶん，大きなプロジェクトはそれほど出てこないでしょう．つまり，サハリン1，サハリン2のような大プロジェクトはそれほど出てこないかもしれませんけれども，中規模であると，恐らくシベリアは良いパートナーになりうるのではないか，と私個人としては考えています．もし私が何か起業しろと言われれば，考えられるのはメディカル・ツーリズムですね．沿海地域，ないしは極東のある種の中産階級以上を狙って，日本にメディカル・ツーリズムにいらっしゃい，と．実際に今，サハリンなどで，ロシアでは治療が無理だとなると，大抵は札幌や東京の病院に運ぶという，一種の人道的外交をしています．そのような意味で，恐らく需要が強いでしょう．

　最後です．もし，起業的な発想をすると，自分が死んだ後まで考える必要がありますので，100年後などを考えると，先ほど，川に注目してくださいと申し上げました．皆さんご存じのように，今，世界の人口は72億

ぐらいです．これが2050年では90ぐらい，下手をすると100億にいくという話があります．つまり，水というものが今後，恐らく今の石油どころではないぐらい大問題になり，水が希少資源となって，石油で戦争が起こったことと同じように，水で戦争が起こってもおかしくないと個人的には思っています（以前，NHKの英語講座でもこんな話がありました）．そうなると，河川を多く持ち，水量を多く蓄えていることは，それ自体が結構な輸出資源になるということがたぶん，近い将来出てくると思います．シベリアは先ほど申しましたように，大きな河川をいくつも抱えているので，そのような意味では，資源頼みという発想ないしは産業構造がたぶん，今後も持続するかもしれません．以上です．

Q&A　講義後の質疑応答

Q　ロシアの方では先住民といいますか，先にいた人たちとの間に摩擦があまりなかったけれども，アメリカはインディアン〔先住民──渡邊〕の虐殺のようなことがありました．そこの違いは何だったのでしょう．端的に言って，ロシアのシベリア開発やシベリア鉄道というものは，結局のところペイしたのか，ペイしなかったのかというところです．

A　アメリカに比べて先住民との衝突がどちらかというと少なかったと申し上げました．それは間違っていないのですが，もちろん比較の問題ですから，ひどいことはたくさんあったわけです．例えば，端的に言えば，最初に何をやったかというと，先住民族の長，代表とみなされる人の奥さんを拉致して，「奥さんを返してほしければクロテンを捕まえてこい」というようなことをやっていたわけです．このようにひどいことをたくさんしていたのですが，確かに北アメリカでの虐殺も含めて，中南米などとも比較したとき，どちらかというと相対的には平和裏であったということは，歴史的にも間違いはないだろうと，たぶん言っていいかと思います．

　それはなぜかということですけれども，これは単純です．敵の敵は味方という原理が働いたからです．つまり，シベリアには少数民族といっても，

大きな民族もいれば小さな民族もいました．例えば，私が長年フィールドワークをやってきたブリヤート民族というモンゴル系の民族が，シベリアの南の方にいます．ブリヤートもモンゴル系ですから羊を飼っていたのですけれども，北にはエベンキといって，トナカイによって何千kmも移動する遊牧民がいました．ロシア人が来る前にはブリヤートがどんどん北上していって，エベンキを攻めていく構図でした．ブリヤートがエベンキをどんどん同化していくというプロセスでもありました．そうなると，エベンキからすると，ブリヤートは戦う相手です．そこにロシア人がやってきたわけです．エベンキからすると，ブリヤートの力に負けないためには，やって来たロシア人と手を組もうというような形で，少数民族は少数民族内部での敵対関係がありました．もっと北に行くと，ヤクートという大きな民族がいるので，それこそ挟み撃ちで，エベンキはブリヤートとヤクート——今でいうサハです——サハ・ヤクートという大民族に囲まれているので，そうなると敵に囲まれているから強そうなロシア人と組もうではないかというようなことです．敵の敵は味方という判断で，ロシア帝国に入った方が得ではないだろうかという理由が一つです．

　もう一つは，これはブリヤート特有の話なのかもしれませんが，モンゴルに比べるとロシアの方が刑罰が緩かったという理由なんかもあります．つまり，同じ犯罪でもモンゴルであれば死刑だけれども，ロシア帝国であれば鞭打ちですむなどというように，非常に些細でありながら，しかし重要な実務的ないしは戦略的判断で，「ロシア帝国に入ってもいいですよ」というような判断も少なくなかった点で，どちらかというと，世界史的にはコンフリクトが少ない形で併合が進んでいったということになります．

　開発はペイしたのか，ペイしなかったのかということは大問題です．英語の本で『The Siberian Curse』(Fiona Hill & Clifford G. Gaddy, Washington D.C.: Brookings Institution Press, 2003) というものがあって，「シベリアの呪い」と訳せるものです．要するに，ロシアの今後の産業発展においてシベリアは重荷であり，足かせであり，いろいろな意味でシベリアがロシアの足を引っ張っているということです．したがって，そのシベリアの呪いをいかに解くかという発想で考えなければいけないという本があって，ちらちらと有名になっています（実際の議論はもう少し複雑なのですが）．

この議論でいくと，当然，シベリア開発はペイしない，少なくとも，失敗し続けているという立場です．ただ，ペイしないからといって，では捨てるのか．例えば最近，スペインのカタルーニャが独立するかもしれないと議論になっています．端的に，裕福なカタルーニャが他の貧乏なスペインの地域と一緒にやっているのがたまらないから，自分たちは抜け出します，ということです．そのように，ロシアがシベリアを切り捨てるということは，可能性としてはあるのですけれども，それはたぶんないだろうと，個人的には思っています．

Q　日本から見ていると，こちらは例えば，20世紀の頭には朝鮮半島だけが唯一の緩衝地域でした．こちらはもういつ攻められてもおかしくないという状況で，しかも，無理やり開国をさせられた，鎖国政策を捨てさせられたという，こちらの方が被害者で，それにひきかえロシアはあれだけ広い国土でほとんど人もいなくて，確かに資源は間に合ったのでしょうけれども，資源にさえ手がついていなかった時代に，なぜ東から攻められるというような被害者意識を持つのでしょうか．被害者意識を持っていながら，なおかつ親日的であるというところもまた，これは大きな矛盾があるような気がするのですが，そのあたりはどうなのでしょうか．先生のおっしゃる歴史的なDNAの部分と，国民の意識というのでしょうか，そのへんのギャップをもう少し，かいつまんで教えていただければと思います．

A　被害者意識に関する質問に答えることは，非常に難しいです．挟み撃ちの恐怖というときに，東側から挟み撃ちをしてくるのはもちろん日本だけではなくて，一番大きいのはやはり中国です．先ほどの話では，かなりかいつまんで日本とロシアの関係しか話しませんでしたけれども，19世紀後半においては，中国のプレゼンスは当然無視できませんので，それと併せて東からのアタックの恐怖を持っていたと言い換えておきます．

　その感情と親日的感情がどのように両立するのかということですが，そうですね，確かに親日的感情というものがいつから始まったのかを，きちんと調べなければいけないかもしれません．場合によっては，かなり20世紀のある時点からで，19世紀末などは，恐らく親日的な感情というものは，たぶんなかったと思われるのです．一つの例だけ言いますと，20

世紀初頭に，南シベリアにアルタイという民族がいるのですけれども，そこで千年王国運動という——これは歴史学の用語ですが——江戸時代の「ええじゃないか」のような一種の民衆運動が起こるのです．そのときのセリフに「ヤポンが来たり」というのがあって，「ヤポンという神様がやってくる．今のうちにロシア帝政に反旗を翻しておけ」という民衆運動でした．もちろん，ヤポンは日本のことです．つまり，今までは名前も知らないヤポンという国が，どうやらロシアと互角に戦っているらしいという噂がシベリアに流れます．これは衝撃的だったわけです．今まであれほど軍事力その他でシベリアを支配していたロシアが，名前も知らない小さなアジアの国に負けるかもしれない．そうなると，われわれが何か運動を起こしても実りがあるのではないだろうか，あるいは勝てるのではないだろうかという形で，民衆運動が起こるのです．このように，当時の日本がどこまで知られていたかということは，逆に言うと，かなり怪しいわけです．そうなると，当時親日という感情は恐らくあまりないだろうということで，少し時代を分けて考えなければいけないのだろうと思いました．

Q 講義の中で将来の水というお話もありましたけれども，確かに資源はあります．ただ，シベリア地域における人口というものが，今後減っていくでしょう．地域としての発展を支えていくだけの人口やインフラストラクチャーというものが，本当にその地域でこれから十分維持されるのでしょうか．また，コミュニティーが行政的なサービスを担っていた場合，今後の多角化が難しいのではないかと思うのですが，そのあたりはどのように考えればいいのでしょうか．

A 人口減少で人々は西を向いてしまっているが，今後，インフラの整備などを含めてどうなるのかということなのですけれども，正直申しまして，「難しいでしょうね」としか言えないです．日本も東京一極集中で問題になっていますけれども，そのような意味では，同じ問題を抱えているわけです．ある種のコミュニティー重視ということがあった場合に，産業構造の脱単一化，多角化が難しいのではないかという質問ですが，これはたぶん，少し別の話で，企業城下町という状態が良いかどうか，善し悪しは問題にしませんけれども，地域に利益を還元するという姿勢は，別に多角的な経営を持っていても可能ではないかと，個人的には思っています．

Q 移民政策などについて簡単に，何かお話ししていただけますでしょうか．また，自殺の割合について非常に問題になっているということですが，社会保障の問題などについて，何か簡単にお話ししていただければありがたいと思います．

A 移民政策に関してですね．これも一言で申し上げにくいのですけれども，1点だけ．ハバロフスクのある行政のところでインタビューしたとき，まさにこの話だったのです．中国人のみならず，移民問題はロシアにとって初めての経験です．つまりドイツのように，ガストアルバイターという形で，短期の労働者にやって来てもらって働いてもらうということが，今まで経験としてありませんでした．100年，200年かけて先住民族と付き合うという形で，別の異質な集団と付き合うということをロシアは確かにやってきたのですけれども，短期的にいきなり来て，それをどのようにさばくかという政策の蓄積が，ロシアはできてないのです．「こんな経験は初めてだから，モスクワの研究所にちょっとアイデアを請わなくては」と，ハバロフスクの行政官は言っていました．まさにそのとおりで，そのような新規の，いきなり来るニューカマーに対応するという移民政策は，ロシアにとっては初めてですので，たぶん，当分ゴタゴタが続くであろうと思っています．自殺と社会保障の関係ですけれども，社会保障は端的に言って，いわゆるセーフティーネットはかなり弱まっています．年金自体も減っています．病院関係のインフラの悪化もあるので，社会的セーフティーネットの悪化は，事実として存在しています．

Q 10年，20年後のシベリアの状況と，中国人たちとどのように対峙していこうなど，そのあたりのスタンスについて，ご意見をいただければと思います．

A 10年，20年後のシベリアということですけれども，新しい試み，ないしは新しい問題，今まで歴史的にやってきたことがない形で移民政策を考えなければいけないということは，今申し上げたとおりです．ただ，やはりそれは死活問題です．移民が来て働いてもらわなければ困るということもありますし，様々な形で移民の力を利用して，地域産業発展を行いたいということの，ある種の死活問題は変化なく厳としてあります．間抜け

な答えで申し訳ないのですけれども,恐らく試行錯誤してやっていくことになるのだろうと思っています.

渡邊先生のおすすめの本

雲和広『ロシア人口の歴史と現在』(岩波書店,2014 年)
堀内賢志・齋藤大輔・濱野剛編『ロシア極東ハンドブック』(東洋書店,2012)
渡邊日日『社会の探究としての民族誌:ポスト・ソヴィエト社会主義期南シベリア,セレンガ・ブリヤート人に於ける集団範疇と民族的知識の記述と解析,準拠概念に向けての試論』(三元社,2010 年)

第7講

都市

ロシアの都市インフラ・ビジネスの可能性

鳩山紀一郎
東京大学大学院工学系研究科専任講師

鳩山紀一郎(はとやま きいちろう)
1999年東京大学工学部都市工学科卒業．2001年東京大学大学院工学系研究科社会基盤工学専攻修士課程修了．03年東京大学大学院工学系研究科社会基盤工学専攻助手．08年モスクワ大学ビジネススクール客員講師．09年日露青年交流事業若手研究者等フェローシップ．2011年東北大学——ロシア交流推進室特任准教授（客員）．11年より現職．

はじめに

　私の専門分野は，社会基盤学の中でも交通計画や交通工学です．道路にしろ，鉄道にしろ，造る技術というよりは，それをどのように使っていくべきかを研究する分野です．他にも，空間と人の感じ方との相互関係のようなものを探る環境心理学や，都市計画も専門としています．2008年の2月から，モスクワ大学のビジネススクールで客員講師をさせてもらいました．なぜビジネススクールなのかというと，モスクワ大学の中に交通計画をやっているところがなく，一方で行くのであればモスクワ大学がいいだろうということで話が進んでいて，ではどこが受け入れるのだというときに手を挙げてくださったのがビジネススクールだったということです．モスクワは交通渋滞がひどいということで，その実務的な解決策を提案することが目的でした．モスクワにはそれ以来3年ちょっと住んでおりました．そのあと，東北大学ロシア交流推進室の特任准教授を2011年6月からさせてもらっています．そして，同時期の2011年6月，東京大学でも講師に採用されまして，今に至ります．

1　なぜロシアで都市インフラ・ビジネスか？

　さて，なぜ今，ロシアで都市インフラ・ビジネスなのかということですが，単純に言えば，私がそれが必要だと実感しているからの一言に尽きるのです．ロシアでお暮らしになってみると，本当に都市インフラが足りないということを感じられると思います．絶対量が足りない，あるいは，あるけれどもパフォーマンスが安定しない，あるいは，プロジェクトや建設がなかなか進まなくて，完成しないというところもあります．そのような状況を何とかしなければいけないだろうという考えを私は持っておりまして，そこに日本のノウハウが活かせるのではないかと強く感じているところから，都市インフラで，ぜひ日露のビジネスを深めていっていただきたいと思っているところであります．

　実際に日本政府の方針としても，インフラ・システムをどんどん輸出していこうという戦略が，2013年の5月に策定されています．日本のインフラ・システムの受注額は2014年で10兆円だそうですが，これを2020

年までに3倍の30兆円まで増やすと安倍首相はおっしゃっているそうです．首相クラスのトップセールスを積極的に行っていく，経済協力を戦略的に展開するなどがうたわれています．しかし，円借款の割合は明言されていません．債権放棄リスクや外交手段として債権免除が行われる可能性などを考慮すると，日本ももう少しきっちりと外貨を稼ぐ努力を，個々の企業がというよりは政府として，していかなければいけないと思っております．

さて，このインフラ・システム輸出戦略の中でも，ロシアは触れられています．ただ，CIS，インドなどの地域を合わせてひとくくりにされて書かれています．これを見ると，ロシアをやらないでインドへ行くのだなということが，何となく透けて見えます．当然ですが，西欧諸国で日本のインフラを売ろうとしてもなかなか売れないので，西欧諸国ではなくてニーズの高いような国，例えばロシアなど，そこにはインフラのニーズが確実にありますので，そこを対象としてビジネスをもっと展開すべきなのではないかと私は強く思っております．

遡りますと，まだ民主党政権の2012年11月に閣僚級の会議がありました．ロシアからは副首相が来て，玄葉外務大臣と会談をされたことがありました．そのときに，「日露都市環境作業部会」というものを作ろうという合意がなされ，その合意に基づき，第1回作業部会総括会合というものが，モスクワで2013年4月に行われました．ここでの結論としては，また引き続き検討しましょうということでした．ロシアが都市環境やインフラ分野でいろいろな課題があるので，それに対して日露双方の官民協力で議論していこう，そのような枠組みを作ろうということなのですが，実際に第1回がモスクワで開催され，第2回が2013年度内に行われる予定だったのですけれども，ロシア側が折り合いがつかなかったようで，2014年度以降に延期になっているそうです．また，実際の企業の方々を中心に議論をしていく「日露都市環境協議会」という場も，これに併せて作られました．その設立総会が2013年の10月に行われ，主には国交省の総合政策局が中心となって会を運営していくということが決まりました．その場にアファナーシエフ・ロシア大使もいらして，期待感を示されたそうです．ということで，一応，企業の方々と議論するような場や，あるい

は政府系でオーソライズされている場などが，特に都市環境というようなテーマで，整いつつあります．このような背景要因を踏まえ，ではロシアでインフラ・ビジネスをどのような分野でやっていけばいいのかということについて，私は交通の専門であったものですから，ロシアの特に都市交通の問題という観点からお話を申し上げたいと思います．

2 ロシアの都市交通問題の観点から

(1) ロシアの交通概況

ご承知のとおりロシアは，日本の40倍の面積を持っていまして，一方で人口は，日本と大体同じくらいの規模の人口を有しています．そして，2010年のデータによると，道路は約100万kmあり，そのうち舗装道路は，およそ8割となっています．日本はもっと多いですね．鉄道については，12万4,000kmです．これは，距離としては日本より圧倒的に長いです．それはそうですね．シベリア鉄道だけで相当な距離を有します．そして自動車保有台数は3,000万台となっています．

これは国土交通省の資料なのですが，「世界の道路延長と舗装率」（表1）を見ると，日本には，120万kmの道路延長があります．また，「道路密度」という，国土面積に対して何キロの道路が存在しているかを表す数字によると，平方キロ当たり3.2kmの道路があるという計算になります．この3.2kmという数字は，世界的に見ても，相当道路はある国だと言っていいと思います．一方で，ロシアを見てみると，道路延長は100万kmほどで，国土の面積は40倍なので，日本の40分の1ぐらいの道路密度しかないということになります．道路は圧倒的に足りないと言いますか，少ない国だということが，よくお分かりいただけると思います．

道路が少ないだけではなくて，道路の質も悪いというのが現状でして，実際に走ってみると路面がガタガタで，運転しにくいです．われわれが日本で運転するときは，大体教習でも，「1台先，2台先の動きを見ながら運転しなさい」と言われます．一方，これはロシアの交通の研究者から聞いたのですが，ロシアのドライバーは，すごく手前の部分しか見ていません．1台前の車よりも，さらに手前だそうです．それはなぜかというと，要するに路面がガタガタで，穴を見つけたら，それを避けなければいけな

国	道路延長（km） 合　計	主要幹線道路（含高速道路）	二級道路	その他	道路密度 (km/km²)	舗装率（％）
アジア						
09　日本	1,207,867	62,432	129,377	1,016,058	3.20	80.11
09　韓国	104,983	17,595	18,138	69,250	1.05	79.25
06　タイ	180,053	51,855	44,000	84,198	0.35	…
09　中国	3,860,823	124,517	300,686	3,435,620	0.40	08) 53.50
南北アメリカ						
09　アメリカ合衆国	6,545,839	95,500	1,930,104	4,520,235	0.67	08) 100.00
09　カナダ	2,129,000	103,000	115,000	1,911,000	0.14	04) 39.87
04　ブラジル	1,751,868	93,071	276,776	1,382,021	0.21	…
ヨーロッパ						
09　イギリス	419,665	52,706	122,543	244,416	1.72	05) 100.00
05　イタリア	487,700	28,200	147,440	312,100	03) 1.62	100.00
08　スイス	71,371	19,925	51,446	…	1.73	100.00
07　スペイン	667,064	25,846	140,165	501,053	03) 1.32	…
09　ドイツ	643,969	52,700	178,269	413,000	1.80	…
09　フランス	951,260	20,260	381,000	550,000	1.73	100.00
09　ロシア	982,000	…	…	…	0.06	07) 80.06
アフリカ						
01　南アフリカ	364,131	3,126	60,027	300,978	0.36	17.30
オセアニア						
09　オーストラリア	817,089	…	…	…	0.11	43.45
09　ニュージーランド	94,301	11,092	83,209	…	0.35	66.20

資料：総務省統計局「世界の統計 2012」より作成．
注1）国名の前にデータの年を附している．
　2）道路の区分は，日本については「主要幹線道路（含高速自動車国道）」は，高速道路及び一般国道，「二級道路」は都道府県道を指す．

表1　世界の道路延長と舗装率
（出典：国交省統計資料 http://www.mlit.go.jp/statistics/pdf/23000000x023.pdf）

いからなのだそうです．

　それから，図1はロシア全体の統計データですが，公共交通の利用は，特にバスを中心に，この10年で半減するほどにロシア全国で減ってきています．一方で，メトロの利用者は，安定しています．これは，メトロが導入されるような都市では渋滞があまりにも深刻なため，時間に正確なメトロを利用者は好むということだと思います．一方，自動車の保有台数は，乗用車を中心に，この10年で1.7倍に膨れ上がってきています．それに伴って，都市交通問題も起きているという状況です．車の台数の増加に対して，道路はこの10年で1.1倍ぐらいしか増えていません．道路インフラは完全に追いついていないのです．

　交通事故も深刻で（図2），死者数そのものは減ってきているとはいえ，交通事故死者数は年に2〜3万人と，日本と比べると6〜7倍の規模です．交通事故による年間の損失額はGDPの3％程度であるとか，交通渋滞による年間損失額はGDPの12％などと言われています．

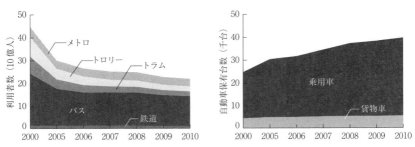

図1 公共交通機関利用者数(左)及び自動車保有台数(右)の推移
(ロシア連邦統計局資料より筆者作成)

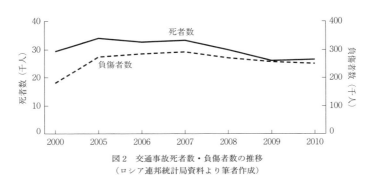

図2 交通事故死者数・負傷者数の推移
(ロシア連邦統計局資料より筆者作成)

	モスクワ市	東京都
人口	1211万人	1335万人
面積	2,511 km²	2,188 km²
人口密度	4,822人/km²	6,101人/km²

※モスクワ市の人口は2014年1月時点のもの、東京都は2014年5月の推計値を用いている。

表2 モスクワ市と東京都の人口・面積・人口密度

(2) モスクワの道路と公共交通

では首都モスクワはどうなのかというと、モスクワは大体東京と同じ人口規模です。1,000万人の都市です。面積は大体東京の半分だったのですが、2012年7月から南西方向に大きく拡大し、今は同程度になっています。ですから、当然ですが、人口密度も同程度ということになります(表2)。都市の骨格となる道路は環状+放射という形をしていて(図3)、中心から、ブールバール・リング、ガーデン・リング、第3環状、ムカッド

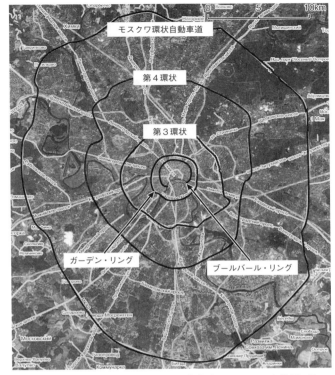

図3 モスクワ市中心部の骨格をなす道路構造（Яндекс карта より筆者作成）

と呼ばれるモスクワ環状自動車道というものが通っていて，第4環状が今，造られています．第4環状と平行するような形で，鉄道も通っています．貨物用の鉄道だったのですが，これをモスクワ市は旅客用に利用するという方針を決めたので，メトロに加え，地上の鉄道もできる予定です．2015年開業予定と書いておりましたが，多分，2017年ぐらいになるのではないかと思います．

写真1は，ガーデン・リングと第3環状の写真です．ガーデン・リングはとても広幅員の道路で，片側8車線の区間もあって，非常に道路の容量は多いと思いきや，その先にボトルネックがあるので，片側8車線の区間の容量はあまり活かせていないのが現状です．

公共交通機関としては，モスクワはメトロが発達しています．東京と比較すると，路線数は大体同じです（表3）．営業キロも，規模としては大

写真1　ガーデン・リングの片側8車線区間（左）及び第3環状の片側4車線区間（右）（筆者撮影）

諸元	東京	モスクワ
路線数	13	12
駅数	285	195
営業キロ	304.1	325.4
日平均旅客数（千人）	8,526	6,820
保有車両数	3,875	4,935
平均駅間隔（km）*	1.12	1.78

*駅数と営業キロから計算

出典：日本地下鉄協会（http://www.jametro.or.jp/）及びモスクワ地下鉄公社（http://www.mosmetro.ru/）.

表3　東京都とモスクワ市の地下鉄の比較

体同じくらいで，300 km 強です．1日の平均旅客数は，年間旅客数を単純に365で割った値なのですが，800万，700万ということですので，どちらもかなり使われています．実際にモスクワで7～8割の人はメトロで通勤しています．これも東京と同じ水準です．一方，駅の間隔は，東京の方が短くて，モスクワの方が平均で2 km 弱と長いです．平均駅間隔が長いので，実は速度調節ができます．これがモスクワの地下鉄がピーク時に90秒の運行時隔で運行できている1つの理由です．東京は駅間の距離が短いので，一度遅延などが生じると，埋め合わせができずに，どんどん後ろが詰まっていきます．また，日本は，ドアを強引に閉めないですが，モスクワは容赦なくバタンと閉めるので，それも，逆にモスクワの地下鉄の高頻度輸送が実現できる要因です．

写真2 モスクワ地下鉄の新型車両（筆者撮影）

写真3 マルシュルートカ（筆者撮影）

モスクワの地下鉄の車両は，今，新しいものに徐々に置き替わっています（写真2）．旧型の地下鉄は直流モーターだったので，やたらとうるさかったのに対して，新しいものは交流モーターで非常に静かになり，話が車内でできるように変わってきています．公共交通機関としてはほかに，トラムやバス，トロリーバス，いわゆるパラトランジットと呼ばれる，バスとタクシーの間のような交通手段マルシュルートカ（写真3）もあります．

写真4 モスクワ市の交通渋滞（筆者撮影）

皆さん，いらっしゃれば，「うわー，交通渋滞ひどいな」と思われると思うのです（写真4）．誰が見てもひどいのですが，ではどこに原因があるのか，ということまで考えてみたくなるのが交通研究者で，それを見ていくと，どのようなところにビジネスチャンスがあるかということが考えられたり，あるいは，もう少しうまくするだけで，お金もかけずに渋滞解消できるというようなアイデアが出てきたりします．そのようなことをやってみたくて，交通環境のどこに問題があるのかということを，私なりに分析してみたのです．その結果，モスクワの交通環境の問題点は，ドライバーの行動特性と，交通の処理における問題点と，社会的な問題点の，主に3つの側面に分けられると私は考えています．

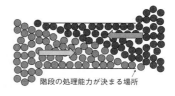

階段の処理能力が決まる場所

写真5　ある日の地下鉄駅付近の状況（筆者撮影）

(3) モスクワの交通環境の問題点

1つめは，ドライバーの行動特性です．ご存じのとおりロシアのドライバーは，交差点だけではないのですが，押し寄せるという習性がありまして，信号が青であれば，そのあと信号が赤になるということや，この先は1車線しかなくて交通容量が少ないということをあまり考えずに，どんどん押し寄せてきてしまいます．その結果，交差道路の信号が青になっても，その車が通れないという状態がよく起こります．モスクワでもウラジオストクでも同じような状況が起きていました．車の場合もそうだったのですが，人の場合もそうで，写真5は，ある地下鉄の駅の地下に下りる階段の手前の部分で撮った写真です．この先に階段があって，夕方のラッシュの時間帯で，帰る人たちが，階段を下りようと押し寄せています．そして，地下鉄を降りて，階段を下から上がってくる人たちもいるのです．その2つの集団が押し寄せた結果，このような状態が起きています．この場合，階段の処理能力はどこで決まるかというと，押し寄せた集団で幅が一番狭まっている両端で決まります．真ん中にロープの1本でも張るだけで，これは流れるのです．こちらが下り，こちらが上りという簡単なルールを設けるだけで，この状況は解決しますが，管理者はそのようなことを特にはしないために，このような状況が起きるという例です．放っておくとどんどん押し寄せてしまって，自ら交通容量なり，効率を落としてしまうところがあると感じています．

次は，割り込みです．Google Mapsは，空撮の画像を撮ってくれていて，分析すると結構面白いことがいろいろと分かるのですが，写真6はモス

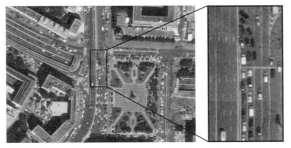

写真6　主要交差点における割り込みの状況
（Google Maps より）

クワのオクチャーブリスカヤという駅の前にある，レーニンスキープロスペクトという幹線道路上の交差点で，ガーデン・リングと交差していて，左折するとガーデン・リングの側道に入れます．左折車線は1車線なのですが，写真をごらんいただくと，4列できています．日本であれば，割り込みをするにしても，少し後ろに割り込みますが，ロシアでは一番前に割り込むのです．どんどん前に割り込んでいった結果，実際は1車線しか左折車線ではないのですが，このような状況になってしまって，渋滞が起きてしまっています．割合にしたら，実に5割以上の車が，他の車線から左折しようとしている状況でした．

先日モスクワに行ったときに，この交差点がどうなっているかと思って見に行ったら，左折車線が2車線になっていて，増えていました．最初から2車線作ればいいのにな，というところですね．車線の数が，需要に合っていないのです．需要に合っていないから，このような現象が起こるのですが，一方でドライバーがルールを守らないという面もあるということです．

更に，路上駐車も多発しており，2車線あるところが路上駐車で1車線になってしまうことがよくありました．交通工学的には，2車線が1車線になると，交通容量は3分の1ぐらいになると言われています．これは，追い越せないからです．2車線あれば追い越しができますが，1車線だと追い越しができず，交通容量は単純に半分ではなく，もう少し減ることになるのです．しかし，ドライバーはそこまで考えずに駐車してしまう．今，少しずつ改善されていますが，依然として路上駐車も大きな問題です．

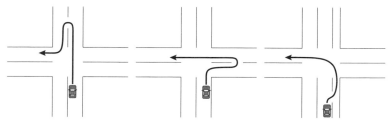

図4　幹線道路によく見られる分かりにくい左折の方法

図5　急激に変化する車線の数（Google Maps より筆者作成）

　2つめの交通システムにおける問題としては，まず，信号の現示設計が合理的ではありません．つまり，青の時間が合理的な長さになっていないから，時間内に車が捌けないという問題があるところが多いのです．「え，もう赤になるの!?」というところが多いです．

　また，左折のしかたが，極めて分かりにくいです（図4）．単純に左に曲がらせてくれればいいのに，少し行ってUターンしてから右に曲がれというところや，少し右に行ってからUターンして左に行けというところ，極めつきは側道にいったん入ってから左に曲がれというところがあります．最後のケースは，交差道路が渋滞していたら，押し寄せた左折車も溜まってしまって結局本線も渋滞してしまいます．このパターンが結構モスクワにはあって，初心者のドライバーには運転しにくい．上級者でないとロシアの道路は分かりにくいです．

　それから，先ほど8車線あると言ったガーデン・リングですが，8車線あると思いきや，急に4車線になり，更にはアンダーパスがあるために3車線に挟まるような場所があります（図5）．8車線が急に3車線になるのです．急激に車線が変化するということは，そこで車線を変更してくる車

が増えるということで，そこでブレーキを踏む車が増えて，簡単に渋滞に発展するということなのです．こうするぐらいならば，ずっと3車線のままにしておいた方がまだいいということが，シミュレーションをしてみると分かります．急に車線を減らすよりは，ブレーキを踏む車の数が減るので，渋滞に発展しにくくなるということです．

写真7　自動車事故で止まってしまったトラムの列（筆者撮影）

そして，3つめの社会システムにおける問題をいくつかご紹介しますと，まず事故を起こすとなかなか大変で，警察が来るまで待たなければいけないというルールがあります．日本では，交通の支障になるような場合には，事故車を動かして空間を作ることになっています．実はロシアでも道路交通法を読んでみるとそのようなルールになってはいるのですが，ここで動かしてしまうと証拠がなくなってしまって，うまく警察官を言いくるめた方が得をするということになってしまって，保険での補償にも影響があるそうで，慣例的に動かさないことになってしまっているようです．最近はドライブレコーダーがだいぶはやってきているので，それを証拠にすることによって，少しずつ改善しているような話も聞きましたが，なかなか事故車がいなくならないので，渋滞がどんどんひどくなります．

大変なのは，トラムの軌道敷の上で自動車同士がぶつかってしまったときで，自動車が動かないとトラムも通れなくなってしまうことがよくあります（写真7）．公共交通がよく止まるのです．このようなシステムの不安定性も，1つロシアの特徴的なところであり，問題と感じたところでした．

他にも，道路封鎖が予期せず起こったり，故障車がたくさんいたり，いろいろな問題があります．特に，何だか理由も分からずに渋滞しているという場合，その先の信号を警察官が操作していたりします．そして，待っていると，青色灯を点けたVIPの車がさっそうと通り過ぎていくというような光景がよく見られます．これも，最近はだいぶ減ってきたそうです．NPO団体が，この人たちの態度があまりにもひどいので，見張って報告

1. 交通流動の適正化事業
・交通流動調査（大都市交通センサスなど） ・交通管制システムによる信号の中央制御 ・右左折車の動線設計のコンサルティング
2. 交通インフラ改善事業
・駐車場の整備と運用 ・織り込み区間の改良
3. ユーザーの啓発と取り締まり補助
・停止禁止箇所の取り締まり ・「渋滞改善隊（交通監視員）」の設置と運営 ・ITSによるドライバーへの情報提供 ・事故処理・故障車処理のスピードアップ

表4 交通環境改善ビジネスの可能性

する仕組みを作ったようで，このようなことも少しずつやりにくくはなっているようですが，市民が頑張らないとこのようなことがなかなか改善しないというところも，ロシアの特徴かもしれません．

(4) 交通環境改善ビジネスの可能性

　以上のような問題点があるので，交通環境という意味でどのようなビジネスがありうるかということを少し考えてみました（表4）．日本には，交通流動を適正化するためのいろいろなノウハウがすでにあります．例えば，一番根本的には，交通流動調査です．東京圏では，10年に1度，パーソントリップ調査というものをやっています．全人口の2％ぐらいを対象に，それでも何十万なのですが，その人たちのある1日の交通動態を調査して，どこからどこに，どのような目的で行ったというような調査をやっています．ロシアでは，このような調査はほとんどしていません．そのため，合理的な計画を立てにくいのです．単発的に行う調査はあるようなのですが，きちんと何年かおきに定期的に行う調査はなされていません．人々の動きを管理する目的でソ連時代には行われていたようなのですが，ロシアになってからはありません．また，日本には交通管制システムが警察の交通管制センターというところにありますが，集中的に中央で信

号を制御しようというような仕組みが，モスクワに限らず，ロシアにはまだありません．ですから，地点ごとに制御しているケースが多くて，信号と信号の関係性を考えて最適化するようなことは行われていないので，これもビジネスにつながると思っています．他には，交差点の形状などをどのように作ったらいいかコンサルティングするというのも，日本の得意とするところでしょう．

　交通インフラそのものの改善にもチャンスがあると思っています．まず，駐車場整備に可能性があります．駐車場がないから，しかたがないから路上駐車するので，路上駐車をいきなり禁止したところで，「じゃあ，どこに止めろというのか」という話になるので，駐車場を整備していかなければいけません．その駐車場をどう建設しどのように運用していくか，どのくらいのお金を取っていくのか，どのように効率的にお金を取るかというところも含めて，日本のノウハウは役に立つ可能性があります．

　そして，高速道路の出口などで，乗る車と降りる車が交錯して，渋滞が起きるということがよくあります．そのような区間のことを「織り込み区間」というのですが，これを改良するのも1つの方法だろうと思います．

　あとは，ユーザー啓発や取り締まりの技術です．例えば交通監視員を導入して，違法駐車を民間でも取り締まれるようにしたというのは，日本の大きな成果だろうと思っています．あるいは，ITS（Intelligent Transport System）技術，情報通信技術で道路と人に情報を提供して，ドライバーに最適な行動を促す仕組みですが，これも日本は進んでいる方なので，可能性があります．

　私はこれらをまとめて，モスクワ市に提言書のような形で出しましたし，2010年の夏には書籍という形で出版したりもしたのですが，ちょうどこの提言書をどう具体化するか，モスクワ市とやり取りをしていたときに，当時の市長であったルシコフ氏が，メドベージェフ大統領に更迭されて，新しい市長が着任するという話になりました．新市長は，交通問題の解決という特命を受けて就任した，ソビャーニン氏といいますが，その一連のドタバタの中で，モスクワ市の交通局長も代わってしまい，それ以降は関わりを持ちにくくなってしまいました．

　とはいえ，最近色々な動きもありました．まず，バス専用レーンが導入

写真 8 変化しつつある路上駐車の状況（筆者撮影）

されました．それに伴う取り締まり強化や，路上駐車の有料化と取り締まり強化，速度超過車の取り締まり強化，歩行者空間の充実，シェアサイクルの導入など，いろいろなことがなされてきています．しかし，お分かりのとおり，取り締まり強化が中心です．それもロシアらしいところだと思っていますが，ロシアは，取り締まり強化から始めることが多いのです．

まず，幹線道路の一番歩道寄りの車線がバス専用車線となっており，ビデオカメラによって違反車の取り締まりが行われています．

写真 8 は路上駐車の状況です．一見改善されていないように見えますが，よく見ると道路際に掲示がされていて，1 時間 40 ルーブル，違反車の罰金は 2,500 ルーブルなどと書いてあります．区画の番号も書いてあり，ここの区画に止めるときに，お金を振り込みます．携帯端末などでできるので，簡単に振り込めるようです．このようなものを，至るところに導入し始めています．そのスピードはすごいなと思いましたが，今まで路上駐車が野放図だったところに，駐車料金がかかるような状況に変え始めたというところです．路上駐車違反をして，お金を支払わないと車の所有者のもとに書面が送られてきます．このチェックはパトカーのパトロールで行っているようです．

また，歩行者空間の充実ということで，あるときまでは普通の自動車道路だったところを，最近は歩行者空間に変えているという事例もところどころで見られます．

それから，シェアサイクルです．先日モスクワへ行ったときに，たまたまノーヴイ・アルバート通りのところで見つけたのですが，お金を払って自転車を借りて，その辺を乗り回して，スタンドがあるところに乗り捨て

るというような仕組みです（写真9）．まとめますと，全体的にいよいよヨーロッパ風になってきた感じもする一方で，どうも取り締まりが多いというところです．

（5） モスクワから見たロシアの共通性

写真9　シェアサイクルシステム（筆者撮影）

ここで，モスクワでの経験からロシアに共通すると思われるポイントをまとめておくと，ロシアでは，インフラを作るよりも先に規制してしまうのです．先に規制をすると，利用者の納得を得る前に規制が入ってくるので，利用者と管理者の戦いが始まってしまうのです．それよりは，管理者も頑張ってモノを作る方がいいと思っているのですが，そのようなことをする前に規制から入ってしまうので，ドライバーと警察の間でトラブルがよく起こります．

それから，インフラ整備事業の時間管理が下手で，簡単な工事に何ヶ月かけるのか，といったことがよくあります．道路の通行止めが，日本だと1週間もかからないものが何ヶ月もかかることが，よく見受けられます．また，ドライバーに事前に情報が伝わらないので，ドライバーのマナーの悪さも合俟って不必要な交通渋滞が起きています．

また，自動車依存社会で，特に路上の公共交通の運営が，なかなか厳しいです．

最後に，ロシアでは産官学の連携があまり活発ではなくて，管理者は管理者で，勘と経験に基づく職人芸のような形で実際の交通を管理しているという面があります．一方，学者は学者で「こうやるともっといい」というようなことを主張はしますが，連携がないので，なかなか社会的には反映されないようでした．以上が私が3年モスクワに住んで感じたことです．

3 都市インフラ・ビジネスの可能性

（1） APECへのインフラ整備の実態から

つぎに都市のインフラを見たときにどのようなビジネスの可能性がある

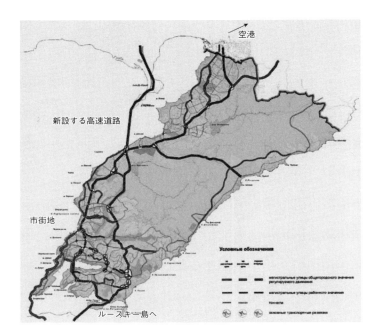

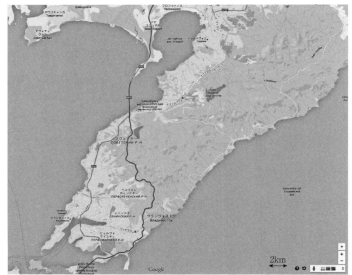

図6　ウラジオストクの道路計画（上）と実際（下）（出典：ウラジオストク市資料及び Google Maps）

かということを，主にウラジオストクの事例を中心にお話することで，論じてみたいと思います．APECが2012年9月にウラジオストクで開催されたことはご存知だと思います．それに向けて整備される予定だったインフラがどのようになっているのかということを，少しお見せします．

　図6は，ウラジオストクのAPECに向けた総合計画から見つけた図面です．ウラジオストクでは，隣の市の空港と市街をつないでいる従来の高速道路に対して，もう1本高速道路を海側から建設するという計画がなされました．また，金角湾に1本の橋が架けられ，さらに，APECの会場となるルースキー島と，ウラジオストクの中心部とを結ぶ橋も建設されました．この2つの橋と2本目の高速道路の建設が主な道路インフラの計画でした．なお，ルースキー島への横断橋は斜張橋で，1,104 mの主径間長を有する世界一の斜張橋です．

　さてここで，Google Mapsを重ねてみると，計画時のものと現状とでルートがかなり変わっていることが分かりました．「計画とは何なのか？」と感じてしまいます．高速道路と橋については，かろうじて何とか完成させたというのが実態だったのでしょう．

　この新設された高速道路について，もう少しお話をさせていただきます．詳しく見てみないと分からないのですが，私がウラジオストク市政府の人から聞いたのは，4つ造るはずだったインターチェンジが3つしかできなくて，利用者たちは大変怒ったのだそうです．そして，どうしたかというと，ガードレールを自分たちで破ってインターチェンジを造ってしまったのですね．結構たくさんの車が通っていました（写真10）．4つのインターチェンジが3つになって，実際にお金が余ったのかといえばそうではなくて，建設予算はどこかに消えてしまったのだそうです．実際，APECのインフラ建設絡みで逮捕された人もいたと聞きます．インターチェンジを造ろうと思ったら，お金が足りなくなったので造れなくなり，怒った利用者たちが，自分でインターチェンジをこじ開けてしまったという例です．

　加えて，私が驚いたのは，その高速道路の仕上がり具合です（写真11）．私が行ったのは2013年7月ですから，APECが終わってわずか10ヶ月ですが，高速道路の脇の土を盛っている部分が崩れ始めていました．さらに，山を切って高速道路を造った区間では，法面の土がむき出しで，雨が降っ

写真10 利用者が自分たちで造ったというインターチェンジ（筆者撮影）

写真11 劣化の進む高速道路と未保護の法面（筆者撮影）

た直後には，法面に地表水の滝がいくつもできていました．日本で，高速道路を造るときには，法面をしっかり保護するのに対して，このような状況だけれども造ってしまう．このような状態でも「高速道路はできた」と言うのです．あまりにも突貫工事で造られたものだったのだということがよく分かりました．

　実際に新聞記事などを見てみると，APEC前の4月か5月に高速道路は開業しましたが，6月に大規模な崩落事故を起こしています．また，APECが終わった直後の9月にも，崩落事故が起きているのです．APECの最中に起きなくて良かったですが，メンテナンスのことをあまりにも考えていない．とりあえずモノを造ればいいという感じで造ってしまったがために，このような構造になってしまっていて，そのあと維持管理にどれだけお金がかかるのかということまで気が回っていないということが，よく分かりました．

　私がモスクワ大学にいたときに，インフラマネジメントという授業を3

写真12 金角湾の全景(筆者撮影)と劣化する構造物(IHI 高橋信康氏撮影)

年間やっていました.「インフラを造るときは,メンテナンスのしやすさも考えて造るべきだ」というようなことを主に教え込む授業だったのですが,正直に言って,そこまで響いている感じはしませんでした.プロジェクトを完成させるというところだけに集中してしまうところがあるようで,メンテナンスがこれだけ大変なのだということが,なかなか思い至らないようです.それは非常に残念ですが,逆にそこにこそビジネスチャンスがあると思います.

もう1つ,写真12は金角湾横断橋です.2013年7月に行った際に同行してくださったIHIの方が撮ってくださった写真なのですが,1年もたたずに,橋の裏の面が傷んできていて,クラックも見られます.何か起きるのではないか,「結構怖い状態になりつつあるな」と感じました.

それからもう1つ,金角湾横断橋は当初は車道でした.歩道として使われることは,想定していなかったのです.ただ,地域の人にとってみれば,今まで遠くを回っていたところを,近くに短絡ルートで渡れる橋ができたのですから,歩いても渡りたいと思うのは自然です.歩いて渡りたいというニーズが高まったので,「じゃあ,歩行者の利用も認めよう」ということで,認めたのです.その歩行者が通れる道というのが,道路の脇に設けられた,わずか50 cmの幅もないような区域です.元々は作業員用のスペースしか取っていなかったところを「歩行者利用可」としたものだから,結構通行は大変で,1人渡るのがぎりぎりなのですが,そのような利用がされています.元々歩行者の利用も想定して,APECが終わったあとにインフラをどのように使うかというところまでよく考えていれば,恐らくこのような状況にはならなかったでしょう.終わったあとには,生活

道路として，歩行者や自動車が使う道として使いたいというニーズが高まるだろうことは容易に予測ができたはずだし，それが予測されていれば，このような断面構造にはしなかったはずだと思うわけです．恐らく車道に3車線は要りませんから．

その他にも，APEC関連施設を67造る予定だったのが，APECが行われる9月1日時点で，わずか23施設しか完成しなかったという記事もありました．しかも，まともに見積もりを取ったプロジェクトがなかったそうで，よほど突貫工事だったのでしょう．プロジェクトを承認する側も，焦ってどんどん承認していった結果，このような状況が起きてしまっていたということが記事になっていました．

(2) マネジメント分野がビジネスの鍵

ロシア人は，非常にアイデア豊富な人々です．その意味では，大変面白い．計画も得意です．そのような素晴らしい能力がある反面で，2種類のマネジメント，すなわち工程管理，プロジェクト・マネジメントと，維持管理，メンテナンスが，とにかくできません．夢を描けるけれども，実行することが苦手です．アイデアは素晴らしいが，実行する，あるいは，そのあとどのように使うかというところまでなかなか考えが及ばないと改めて感じたのが，この事例でした．

その辺りのことを図で表現してみたものが，図7です．プロジェクト達成度曲線という，これは私が勝手に作ったコンセプト図です．横軸に時間軸を取って，縦軸に達成度を取ります．ある時期までにある達成目標を達成しなければいけないということを示すものです．ここで，工事が遅々として進まなくて，「このままだと終わらない」というときに，人海戦術などのいろいろな方法でピッチを急激に上げて，達成目標に何とか近づけてしまうのが，中国タイプだと思っているのです．これをC型曲線としましょう．では，ロシアはいかがでしょうか．同じく遅々として進まないのですが，あるところで「このままだと終わらない」となったときに，達成目標を下げる．これがロシアです．私はこれをR型曲線と言っています．

どちらがいいとは言いません．どちらも良くはないです．C型曲線で，

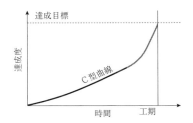 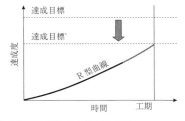

図7　プロジェクトの達成度曲線におけるC型曲線（左）とR型曲線（右）

このように急ピッチで達成目標を達成したとしても，そのあと，やはり質が悪かったりすると，恐らく劣化速度が速くなり，メンテナンスに大きなコストがかかることになるでしょう．R型曲線でも同じです．目標を下げているのだから，メンテナンスをするにも，十分なものができているとはとても思えません．

　今，都市機能を向上させるためにインフラが要るということは，ロシア人も大体分かってきています．しかし，政府の立場からしたときに，「公共投資をして，必要なものだから造っていきましょう」という意思があまり感じられず，「どんどん投資してくれ．うちは儲かるから」という形で，民間や海外の投資を希望しがちなところがあります．ですから，なかなか公共ベースでインフラができてきません．APECはそれなりに公共投資でやっているところがありますが，あのような状況になってしまいますし，リスクがあまりにも大きいです．工事を完了できない可能性（完工リスク）があるなど，いろいろなリスクが大きいために，特に日本は，なかなか手が挙げられない状況があると感じています．特に大規模なインフラ事業になればなるほど，手を挙げられません．ですから，ある大規模なインフラ事業の要素部分については，日本企業も取れるのです．しかし，その大もとの，いわゆる川上や川中といった，より上位レベルの事業を取ることは，なかなか難しいと思います．

　それから，あまり言えないですが，キックバック文化が残っていたりもするので，そこをどのように乗り切るかということも，結構深刻な問題です．ヨーロッパの国は結構頑張って何とかしているようなのですが，日本にとって単純にはなかなか厳しいところがあります．

　都市インフラ・ビジネスの可能性としては，インフラ・マーケットはあ

ります．これは，道路インフラ，高速鉄道でもいいです．ロシアには相当長い鉄道路線がありますので，そこの高速化をするという話は，あってもいいと思います．それから，最近話題になっている北極海航路やエネルギー分野などにも，もちろんマーケットはあると思っています．特に道路に関しては，マーケットは大きいと私は感じています．また，先ほど言いましたけれども，ITSの分野で，道路をどのように使わせるかに関する技術も，大きなマーケットだと思っています．

(3) 外交としてのインフラ・ビジネスへ

　日本政府も，本格的にインフラ・ビジネスを推し進めようとしているようですが，一方で，ヨーロッパ諸国のように，あるいは韓国のようにロシアのマーケットに食い込めていないのが現状で，このままでは，日本の企業がロシアで大型プロジェクトを取ることは難しいと思っています．一方で，ロシアは想像以上にアジア気質なものですから，日本のインフラ技術，特にマネジメント技術は，活かせる可能性は高いと思っています．

　日本が大きな事業を取っていこうとしても，それにはやはりリスクを伴うので，国がある程度リスクを担保するという仕組みが必要でしょう．「ロシアのビジネス，どんどん進めてください．でも，民間ベースだから，政府としては特にサポートしません」というようなことではなく，リスクのある国だけれども外交上とても重要な国なので，リスクはある程度国が担保しつつ，大きな事業に民間が手を挙げやすくするような仕組みも必要なのではないかと感じています．「外交としてのインフラ・ビジネス」と私は言ったりします．インフラ・ビジネスは民間の経済的活動というだけでなく，外交としても使えるはずで，そのように考えたときに，国がある程度それを後押しして，リスクを一緒に担保するようなことを考えていくのも必要なことだと思っています．何度も申し上げますが，特にマネジメント技術は，日本の売りだと思います．

　今回，私も含めて，理学部と工学部社会基盤学科で「大学の世界展開力強化事業」という学術振興会の公募にアプライしたところ，「自然科学と社会基盤学の連携による日露学生交流プログラム」として補助金を頂けることになりました．ここで目指していることは，自然科学ですから，発想

の素晴らしいロシア人の人たちとの交流をする．そして，社会基盤学，メインにはマネジメントです．マネジメントとロシアの発想力を組み合わせることによって，お互いに高めていこうということを意図したものです．中でいろいろな教育体系を作ったりもしつつ，交流をしていったり，あるいは，大規模な実験施設も造っていったりしましょうということを構想しています．マネジメントなどを勉強するために，ロシアからの留学生を日本企業にインターンに呼びたいとも考えていますので，そのときはぜひご協力ください．特にロシアの発想力と日本のマネジメント能力を掛け合わせて，日露関係が向上するような高度人材を作っていこうというのが一つの大きな目標ですので，ぜひ皆さんも応援いただければと思います．これで今日の私の講義を終わりにさせていただきます．どうもありがとうございました．

Q&A　講義後の質疑応答

Q　やはり冬が厳しいところなので，冬はどうなのでしょうか．例えば**自転車**なども，冬はほとんど使えないのではないでしょうか．

A　モスクワはそこまで雪が降る場所ではないのですけれども，それでも12月に入ると根雪になって，解けなくなりますから，降ったら降っただけ溜まります．もちろん溜めるだけではいけないので，除雪をします．除雪車が，毎日行ったり来たりしています．何台もの除雪車が編隊を組んで，前の車が雪を右に掻き，その後ろの車がその雪をさらに右に掻きという光景が見られるのですが，除雪車が入ると必ず渋滞が起きます．日本であれば，基本的に幹線道路の除雪は夜に終わらせるものだと思いますが，ロシアでは大幹線道路の除雪を真っ昼間にやることも多く，除雪による渋滞がよく見られました．なお，冬があるためか自転車は夏場もあまり見ませんでしたが，最近は増えてきているようです．

Q 元々われわれのイメージとしては，ロシアは都市計画などの計画を立てることが得意といいますか，好きなイメージがあるので，そのような特性があるにもかかわらず，なぜ車線数が急激に変化したりするのか，何かお考えがあれば教えていただきたいと思います．

A 確かに彼らは，計画を立てるのは好きです．得意としていますが，計画を遂行することは苦手です．ですから，その計画が完全に実を結ぶことが，なかなか少ないのです．先ほど側道に出てから左折しなければいけないという話を申し上げたと思います．あの例も，車が少なければ全く問題ないので，特に直進の車の速達性を高めることに特化すると，あのような作り方になるのでしょう．車線数がなぜ変化するのか．私も聞いてみたいものですが，基本的にこの10年，20年の間でできた道路はたかが知れているのです．逆に言うと，まだ車の少なかった時代に造られた道路が，そのままいまだに使われているという面があって，車の台数が少なければ車線数が急に減ろうが何しようが，関係なく捌けます．そのような時期に造ったものですから，大してそのようなことを考えずに計画を立てたのではないでしょうか．スペースを取れるところは広くしておいて，取れないところは狭くしておけばいいというぐらいのことで，設計してしまったのではないかと私は思っています．

Q インフラ整備よりも規制することを先に考えがちだと最後におっしゃられました．規制する方がお金はかからないだろうなというところまでは想像できるのですが，なぜ規制が先になるのかという他の理由があれば，教えていただければと思います．それから，インフラ整備そのものに目標を立てているのかどうか．いつまでにどのようなところまでやろうという，そのようなことが果してあるのかどうかという疑問も出てきました．

A インフラを造るよりも規制をするのはなぜかについてですが，1つには，公共セクターがお金を出してインフラ整備をするというマインドが，あまりない国なのです．インフラを造るためにはお金がかかるのだけれども，自分で公的な資金を出して造ろうとするよりは，海外などの投資を目当てにするという傾向があります．自分たちでお金を出して「必要なインフラだから，造る」ということももちろんあるのですが，それよりは，お

金のかからない，しかも，割と得意とする取り締まりというところから入っていくのでしょう．

インフラの整備に目標を立てるのかという意味では，目標は立てていることが多いです．どこでもそうだと思うのですが，特にモスクワ市においては，ゲンプラン（Genplan）という，都市の総合計画を立てる研究所があります．ゲンプランが立てた計画があって，それに基づくのかどうか，そこの部分があまりはっきり分からないのですが，いつまでにどのようなものを造るということを計画したり，道路に関しては，連邦交通省が2030年までの道路インフラ計画のようなものを立てたりしているので，目標は立てていることが多いというのが答えだと思います．

Q　独・仏などのヨーロッパ諸国や韓国がインフラ・マーケットに食い込めている秘訣や，逆に日本がなぜなかなか食い込めないのかというところの対照も含めて，お答えいただければと思います．また，マネジメント能力は，確かに日本の企業は高いと思うのですが，現実問題として，価格競争力という面で中国などの他のところに負けてしまうのではないでしょうか．そうだとすれば，どのようなところを売りにして競争力を上げていくのか，知りたいです．それから，それに少し関連するのですけれども，PFIのような制度は，ロシアにはないのでしょうか．

A　まず，ヨーロッパや韓国が食い込める秘訣ですけれども，どこまで深くロシアの文化を理解している人材を育てているかというところだと思っています．私はモスクワに住み始めてから，ロシア語の学校に通ったのですが，韓国人がたくさんいまして，彼らに「何しに来てるの？」と尋ねたら，ロシアの大学に入って，勉強して帰るのだと言っていて，それを国としても後押ししていると言うのですね．つまり，若いうちから対象とする国に人を送り込んで，その地域の文化を理解させ，同時にネットワークも作らせます．どのぐらいお金を出しているか知りませんけれども，国が後押しして，結構長い目で見てそのような人材を育てようとしていることを強く感じました．ヨーロッパに関して言うと，ロシア人はフランスに対する憧れが強いので，フランスとは仲良くするだろうというのは，何となく分かります．ですから，本当にその国のことが分かる人をどこまで育てる

かに尽きるのではないかと，私は思っています．

　価格競争力をどのようにつけるかに関しては，日本のやり方では，安全面の配慮などで，やたらとお金がかかるとよく言われます．逆に中国式でやると，その辺が安く上がると言われますね．ただ，やはり安いお金で作り上げたものは，維持管理コストも含めて考えると結局高くつくのだというところを，いかに理解してもらうか．難しいですけれども，そこに価値を見いだしてくれるように教育することが大切だと思っています．つまり，難しいかもしれませんが，維持管理コストを下げることの価値を高めることによって，相対的に価格競争力をつけるというようなやり方がありうると思っています．PFIはあるかというご指摘ですけれども，ロシアにおいては，そのような方式はそこまで発達していないように見受けられます．

Q　最後の「外交としてのインフラ・ビジネスへ」というご提言が大変印象深いのですけれども，日本がロシアという国に外交としてのインフラ・ビジネスを展開するときのバリアというものが，やはりかなり高いのではないでしょうか．
A　日本から見ると，なかなかハードルが高いのではないかとのことですが，実際高いのですね．ですから，純粋な意味でビジネスとして，相手国として適切かどうか考えると，「うーん」と思わざるを得ない．普通に考えると，「こんなところと何でビジネスしなきゃいけないんだ」と思うかもしれません．ですが，日露のさまざまな懸案事項のことを考えると，このような分野から親交を深めていかなければいけないと思うので，あえて外交という言葉を使っています．簡単に言うと，日露の都市環境協議会を国交省の総合政策局が運営していくと紹介しましたが，国交省の総政局だけではだめで，外務省も積極的に関わった方がいいのではないかという意味です．

　単純にビジネスとして見たときに，このような大型のビジネスに取りかかろうとするのはなかなか難しいだろうと私も思います．失敗したら責任を問われるわけです．しかし，外交といいますか，二国間関係という意味で考えたときに，このような分野が有効だということが明らかな以上は，そこに国も総力戦で関与していくべきなのではないかというのが私の意見です．社会基盤学の人間が，そのようなことを言っていいのかというとこ

ろもありますが，そのようなことを感じています．なお，国がリスクを担保する仕組みについては，2014年10月に国と民間の共同出資による株式会社海外交通・都市開発事業支援機構（JOIN）が設立されました．これによって，投資の回収に不確実な要素を有する海外事業に対して資金の供給や専門家の派遣などの支援が行えるようになりました．ロシアにおいて，同機構の支援する案件が増えるものと期待しています．

鳩山先生のおすすめの本

Vasiliy KICHEJI and Kiichiro HATOYAMA "Москва: транспортные проблемы мегаполиса（モスクワ：巨大都市の交通問題）"（DPK Press，2010年）

西成活裕『渋滞学』（新潮選書，2006年）

W. Ronald Hudsonほか原著・笠原篤ほか翻訳『社会資本マネジメント：維持管理・更新時代の新戦略』（森北出版，2001年）

第8講

エネルギー
ロシアの資源・エネルギー戦略

本村眞澄

独立行政法人　石油天然ガス・金属鉱物資源機構　調査部主席研究員

本村眞澄（もとむら　ますみ）

1977年　東京大学大学院理学系研究科地質学専門課程修士卒．現在（独）石油天然ガス・金属鉱物資源機構調査部主席研究員．博士（工学）

著書に『ガイドブック　世界の大油田』（共著，技報堂出版，1984年），『石油大国ロシアの復活』（アジア経済研究所，2005年），『石油・ガスとロシア経済』（共著，北海道大学出版会，2008年）

1　ロシアの石油——開発の歴史

　今日の講義は，前半は，どちらかといえば具体的な事例を追いかけていきたいと思います．そして，後半は，パイプラインをめぐる，より普遍性のある議論へ展開していきたいと思っています．前半では，石油開発，石油ガス開発の歴史，特に近いところではサハリンでの石油開発，そして，北極海での今の取り組みといったところを中心に，進めてまいりたいと思います．

　まず，プロメテウスの像を示しました．コーカサスの峰に結びつけられて，人間に火を教えたがゆえに神から罰せられているということですが，当時のギリシャ人から見ると，「コーカサスといえば火だ」というイメージがあったようですね．実際，コーカサス山脈の南にあるアゼルバイジャンのバクー周辺が，アメリカのペンシルヴェニアと並んで，石油の始まりの地といってよろしいかと思います．

　バクー市街から少し北に行ったところに，「永遠の火」といわれている場所があります．ちょうど断層が走っていまして，地下にある油田の中のガスが，断層を伝わって地表にまでやって来ます．夏は気温が50℃以上で，非常に暑いです．直射日光が当たりますと発火するくらいの温度まで来てしまうので，火がついて，ここにいる人は，「おじいさんの代から火がついていた」といっています．これが何千年も前からあったかどうかは，わかりませんが，このような場所がかなりたくさんありました．このような場所は本来石油の賦存する場所なのです．火がある場所と非常に関係があるということで，実はこれが，ゾロアスター教の大もとの場所です．拝火教とも訳されるゾロアスター教は，では，ろうそくの火なども拝むのかというと，やはりそのような気にはならないと思うのですね．このような天然ガスの自然発火によるごうごうたる火に対して，人間が畏怖の念を持ったのではないでしょうか．ちょうどこの真向かいにカフェがありまして，プラスチックの椅子があってお茶を飲めるのですけれども，この前にいますと，とてもお茶などを飲んでいる気になりません．圧倒的な迫力です．ごうごうと燃えて，非常に熱いのですが，地面に1cm，2cmという小さい炎が走り回るのですね．見ていると，一種の宗教的な陶酔感というもの

を感じます．やはりこのような場所こそがゾロアスター教の大もとの場所で，これこそが善の場所で，真っ暗な闇こそが悪であるということですね．NHK 出版から出ている，松本清張の『ペルセポリスから飛鳥へ』というイランのゾロアスター教を調べている本がありますけれども，清張は「地下にある石油とゾロアスター教とは，何の関係もないのだ」と簡単に言い切っているのですが，そのようなことはなくて，むしろ一番関係があると言ってよろしいかと思います．

　バクーが本格的な石油の開発の場になるのが，19 世紀の後半です．武器商人の息子で，ロベルト・ノーベルという人が，バクーを訪問しました．銃の台座になるクルミの木を買い付けに来たのですが，ここで初めて石油開発の現場を見て非常に驚いて，これからは石油の時代だと感じて，持っていた資金でビビ＝エイバート油田，バラハニ油田を買収しました．この人は武器商人ですから，化学の知識が非常にありました．すぐにピンときたのだと思います．

　そして，そのあと弟のルートビッヒが参加しまして，1879 年に「ノーベル兄弟石油会社」を作りました．石油事業には参加していませんが，3 男がダイナマイトの発明で有名なアルフレッド・ノーベルです．ここで石油産業の新しい形を模索していきました．例えば，タンカー．当時は，もちろんタンカーなどはないわけですね．船の中に石油を積んで走らせると，中で液体が前後に行ったり来たりします．いろいろな試行錯誤で，船内を小さい部屋に分けて運ぶことができるようになり，そのような形の改良をしていきました．これでヴォルガ川を経由して，欧州市場へ石油を売ったということです．ところが，冬は，ヴォルガ川の河口から北がすべて凍ってしまうので，夏の間しか石油が生産できないという問題がありました．それで鉄道資本のロスチャイルドが参入しまして，黒海は 1 年中船が通りますので，黒海へ鉄道を建設して通年の石油の開発をするというように，次々と開発が進捗して，ペンシルヴェニアに対抗するような形になりました．007 が好きな人は，『ザ・ワールド・イズ・ノット・イナフ』というタイトルの映画をご存知かも知れません．これはバクーが舞台になっていまして，バクーの油田のやぐら群が出てきます．

　一番ロシアのシェアが多かったのは，1901 年に全世界の 51.1％．アメ

リカのペンシルヴェニアでロックフェラーなどがやっていた油田は，全世界の 41.4% です．つまり世界の過半を，このバクーが占めていました．ですが 1905 年になると，バクーの生産量はがた落ちです．労働騒動が起こったり，油田火事が起こったりしました．労働争議を指導していた若者が，ヨシフ・ジュガシビリというジョージア人ですが，後のスターリンですね．彼は，ここで頭角を現したということです．そして，1917 年，ペトログラードで十月革命が起こります．

バクーはこれに対抗して 1918 年 8 月にムサヴァト政権，イギリスとトルコによる民主イスラム政権が発足します．ところが，これは 2 年くらいしかもたずに，1920 年にはまた北からボリシェビキが攻めてきて，バクー・ソビエト政権が成立します．こうして，バクーの油田が国有化されることになります．

第二次大戦中になるとドイツがドネックの工業地帯と北コーカサス・バクーの油田地帯を攻撃しようという作戦を練りました．これは結局失敗して，バクーの油田は守られることになったわけですが，ロシアの石油は外国の干渉にさらされ易く，極めて不安定でした．この状態を嘆いたのが地質学者のグープキンという人で，もっと内陸に石油があるはずだということで，ヴォルガ＝ウラルでの探鉱を推奨しました．その予言どおり，1943 年に大きい油田が見つかり，さらに 48 年，当時のソ連で最大のロマシュキノ油田が見つかっています．これで一応，石油生産は軌道に乗ったのですが，さらに東にある西シベリアのオビ川とエニセイ川の間の低地での石油探鉱もするべきであると言っておりました．ここは 1950 年代から，少しずつ石油が発見され始めます．最大の出来事は，1965 年のサモトロール油田の発見です（図 1）．

ロシアの石油生産の推移は，1950 年代，60 年代，70 年代，ずっと一気に増産を続けてきました．ピークは 1988 年です．ソビエト連邦の崩壊とともに，経済の崩壊で石油の生産が減りました．油田というものは，常にメンテナンスをしなければいけないのですね．ですから，経済に問題があると油田が維持できなくなってきますので，生産量が 3 分の 2 ぐらいまで減りました．それでも今日，カザフスタンとアゼルバイジャンも合わせますと，ソ連時代の最大のレベルより多いところまで復活してきています．

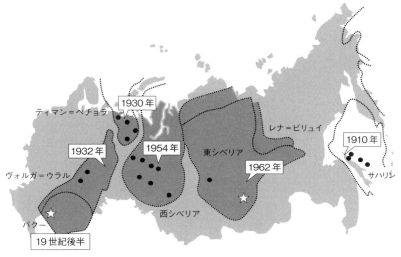

図1 ロシアの石油地帯と最初の油発見年（筆者作成）

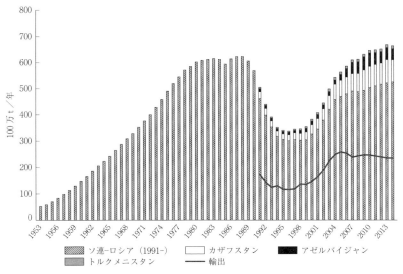

図2 ソ連・ロシアの石油生産量（1950-2014）（諸統計から筆者作成）

ロシア自身も，ソ連時代のロシア共和国より多くなっていまして，油田開発が再びうまくいっているということです（図2）．

ロシアの石油産業は，ソ連時代は，地質省，石油工業省，そしてガス工

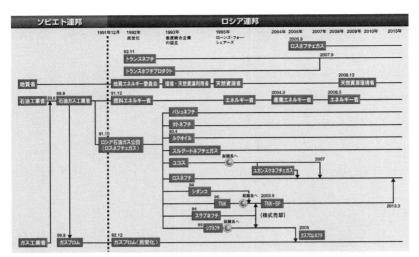

図3 ソ連・ロシアの石油・ガス関連機関の変遷（筆者作成）

業省，この三本柱でやっていました．地質省は，天然資源環境省として今もずっと続いているのですが，残り二つは，一時期，石油ガス工業省という形で統合されそうになりました．ガス工業省側は「われわれは役所ではないんだ」と．天然ガス生産とパイプライン操業と一体となった事業体であるということで，ガスプロムという形に分かれました．それが，その後民営化し，今日まで続いているわけです．

一方，石油工業省は，ソビエト連邦の崩壊とともに，ロシア石油ガス公団（ロスネフチェガス）というグループになりました．それが，1993年から2年ぐらいかけて，ロスネフチやルクオイルなど，10の垂直統合型石油企業（探鉱から精製販売までを扱う）になっています．その頃のロスネフチは非常に生産量が少ないところだったのですが，倒産に追い込まれたユコスと，それにTNK-BPの資産を買い取りまして，今，ロスネフチが，まさにチャンピオン企業となって活動しています（図3）．

2030年までのロシアの石油生産の予測を，国が立てています．西シベリアは，2008年までがロシア全体の65%．これが，近々では55%くらいまで減ります．この分を補ってくれるのが，東シベリアです．東シベリアでの石油の生産を活発化させることで，ロシアとしては，生産減を免れたいということです．

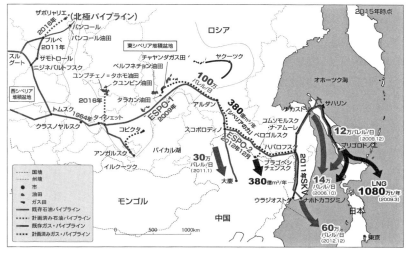

図4 北東アジアでの石油・ガス輸出とパイプライン（筆者作成）

ただ，生産するといっても，同時に必要なものは輸送インフラであるパイプラインです．東シベリアから太平洋側に出すパイプラインが，ESPO（East Siberia-Pacific Ocean）パイプライン，というもので，1964年にはアンガルスクまで延びていました．途中のタイシェットからパイプラインを延ばして，スコポロディノまで延ばしたのが2009年です．それからさらに延ばして，ナホトカのコジミノまで延ばしたのが2012年ということで，今，パイプラインが完全につながっています．当初は日量30万バレル，2015年には60万バレルまで拡大します．あとでまた触れたいと思いますが，この東方シフトは2004年のプーチン大統領の2期目の教書演説から言われていることで，きちんと10年近くかけて実現したということです（図4）．

ロシアの天然ガスですけれども，石油と同じような形で，60年代，70年代に一気に生産量が増えています．ソ連崩壊時も石油ほどは，あまり減っていません．ガスプロムという事業体が，比較的しっかりしていたということが言えるかと思います．ですから，政治的混乱での減少は，最小限にとどまっています．ところが，1年だけ随分減っていますね．2009年，つまりリーマン・ショックの翌年です．ロシア自体の国内経済もガタガタになりましたし，ヨーロッパへの輸出も大きく減少しました．ですから，

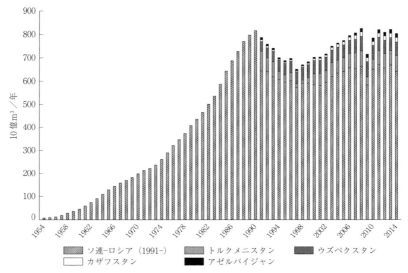

図5 ソ連・ロシアのガス生産量（1950–2014）（諸統計から筆者作成）

政治よりも，むしろこのような経済的な条件の方が，はるかに影響が大きいということが言えるかと思います（図5）．

2030年までの天然ガスの生産の見込みを見ると，かなり強気です．西シベリアはどんどん減っていきます．これを補うために，北極海に面したヤマル半島での生産によって，天然ガス全体を引き上げていこうとしています．

2 サハリンの石油・ガス開発

これまで述べたのはロシア全体の石油開発の状況ですが，今度はわれわれに近いところで，サハリンを見てみたいと思います．サハリンは，日露戦争のあとのポーツマス条約で，北緯50度以南が日本領になりました．そして，1910年，最初の石油の発見．そうしたら，1918年，当時の鉱山王と言われた久原房之介が，「北辰会」というコンソーシアムを作りまして，石油の探鉱を始めました．そして，1925年，日本がソ連を承認して国交が樹立されますと，「北樺太石油」という会社になりまして，事業を展開しました．

このような形で，日本も戦前からサハリンの開発に参加していました．

残念ながら1944年，第二次世界大戦の途中でここを放棄しましたけれども，当時から日本はサハリンに着目して，戦後はサハリン石油開発協力（SODECO）という形で，お金を貸すローン・プロジェクトでオドプト，チャイボといった油田を発見しました．それもソ連の崩壊でなかなかうまくいかなくなりました．そのあとロシアになってから，新しくPS契約（生産物分与契約）を組み直しまして，サハリン-1，サハリン-2という形で事業を継続したわけです．

サハリン-2は，ガスプロムが50％，シェルが27.5％，三井12.5％，三菱10％と参加しています．油田そのものはサハリン-1より小さいですが，天然ガスをLNGにして生産します．シェルは，特に東アジアではLNGの最も活発な活動をしている会社です．

現在，日本が輸入するLNGの大体1割を，サハリン-2のプリゴロドノエの基地で賄っているのですが，東日本大震災でかなり状況が変わりました．今までは，日本全体で通常7,000万トンくらいの輸入規模で，サハリン-2は日本全体の9％を入れていました．ところが，2011年3月11日の東日本大震災がありまして，原子力発電所を止めざるをえないことになって，それをすべてLNGで賄いました．全体でLNGの輸入は25％増となり，LNG火力で電力を賄うということになりました．

日本のLNG需要の急増に対して一番大きく対応したのは，実はカタールです．カタール自身には非常に大規模な生産能力がありますし，ヨーロッパにスポットで売っていたものを，もっと高い値段で売れるアジア向けに振り向けるということで対応しまして，非常に大きなシェアを取りました．ロシアも契約をさらに上乗せして，サハリン-2のLNGは960万トンの生産能力ですが，実際には1,070万トンくらい，1割方多くフル生産しました．ロシアのシェアも，日本の1割を賄えるようになりました．

ちょうど震災があった3月11日の翌日，僕たちは職場に泊まっていましたけれども，プーチン大統領は，「日本は隣人であり，また友人である．ロシアは，エネルギーの安定的な供給元であるということを示さなければならない．LNGの対日輸出を拡大せよ」という指示を，すぐに出しました．ですから，プーチン大統領は，モスクワにいて，「日本は震災で原発を止めざるをえない．これからはLNGの輸出の時代だ」ということをす

ぐに読み切ったということで，エネルギー状況については，極めて的確な目を持った人だと思います．惜しむらくは，ロシアではサハリン-2しかLNGは動いていませんでした．他には計画はあったのですが，まだスタートするところまでいっていなかったということが，ロシアとしては大変悔しいところで，ほとんどのシェアをカタールに持っていかれてしまいました．

3 北極海の資源開発

　最後に北極海を見てみたいと思いますが，北極海の大陸棚の6割を，ロシアが占めています．特にバレンツ海には，非常に広い大陸棚があります．それから，その東隣のカラ海ですね．北極海にどのくらい石油があるのかということは，アメリカ地質調査所が2008年に報告を出しています．世界の未発見の石油の13％，天然ガスの30％があるということです．そして，最近，非常に重要な動きがありました．バレンツ海は，昔からシュトックマン・ガス田というところでずっと開発していて，LNGを作ってアメリカに輸出しようとしていたのですが，アメリカがシェールガスを増産しており「ガスはもう要らない」ということで，今，開発がストップしています．そのあと，カラ海ですが，EPNZ（East Prinovozemelsk）という鉱区，ノヴァヤゼムリャの手前という意味ですが，ここで米国のエクソンモービルがロスネフチと一緒に井戸を掘りました（図6）．それが2014年の夏です．

　2014年8月6日，アメリカによる対ロ経済制裁がなされたのですけれども，そのあと8月9日，予定どおり井戸を掘り始めたわけですが，このときアメリカ政府に，非難声明などの反応は特段ありませんでした．そして，9月12日に経済制裁が出たということで，エクソンモービルとしては，アメリカのレギュレーションには従うということで，9月19日に掘削を停止しました．これで終わったのかと思ったら，9月27日になってパートナーのロスネフチが，実は石油を発見したという発表を行いました．エクソンモービルも，「そのとおりだ」とこれを追認しました．結局石油が1億トン以上ということで，非常に軽い，性状の良い原油が見つかりました．エクソンは，初めから石油を狙うのだと言って井戸を掘りま

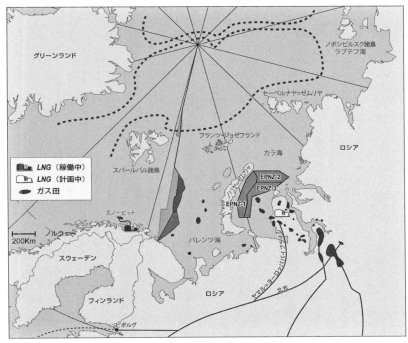

図6 ロシア北極, 圏カラ海の EPNZ 鉱区と近隣のガス田（筆者作成）

した. 他にも 10 ぐらい, まだ掘っていない背斜構造があります. 従来, 知られていたガス層の下に石油があるだろうと予測して掘ったのですが, そのとおりにありました. ですから, この地域全体はガス田地帯だけれども, その下には石油地帯が広がっていることが認識されたということで, 大変大きな意義があるということです.

これがこれからは, ウクライナ問題に端を発する対ロ経済制裁の影響で, 全く手つかずでやっていかざるをえません. 米国も当面, 制裁を撤回することはないでしょう. そうすると, 資源を発見していながらロスネフチもエクソンモービルも動けません. BP の前の会長のトニー・ヘイワードは,「世界全体の資源状況に悪影響を与える」というような批判をしています. せっかく見つけて, ずっと指をくわえて見ているのかということで, つらいところです.

次にヤマル LNG ですが, 北極のヤマル半島で LNG を作る意味は, カ

タールだと平均気温 30℃ くらいのところでメタンガスを $-162℃$ まで下げますが，ヤマルだと平均気温が $-2℃$ です．$-2℃$ から $-162℃$ に下げることは，かなり楽ですね．つまり冷却装置のスペックが，かなり節約できます．それから，ヨーロッパ市場に対して LNG を売ろうという場合，特に北ヨーロッパは，夏は需要があまりありません．そうすると，夏は生産を減らさなければいけません．ところが，アジアは夏は非常に暑いですから，冷房用電力のために高いガス需要があるということで，夏は北極海航路を通ってアジアに，冬はヨーロッパやスエズ運河経由でアジアにも売るということで，ヤマル LNG としてスタートした計画です．

問題は，この対ロ経済制裁で資金調達になかなか時間がかかっていることです．ただ，プーチン大統領は「全力を挙げて応援する」と言っている計画ですから，ロシアとしては，威信を懸けて行うでしょう．また，天然ガス事業に関する制裁は特にありません．ですから，LNG 技術もアメリカの技術を使うわけですが，恐らくそこのところは，問題なく動いていけるだろうと思います．

4　ロシアのパイプライン地政学

後半は，ロシアのパイプライン地政学，ウクライナ問題それから，北東アジア向けの石油ガスパイプラインの話と，それが日本に与える影響というところを見ていきたいと思います．

マッキンダーの地政学の本に必ず出てくるもので，「ハートランドを制する者が世界を制する」という言葉があります．パイプラインでも，同じようなことを言う人がいるのですね．われわれは，「パイプラインはあくまでも純粋な輸送手段にすぎない」と言っています．

「パイプラインは，資源国が消費国を支配する手段だ」と，特にアメリカでこのような意見が多いのですが，パイプライン地政学というわれわれの分野の専門家の本を読みますと，まるで逆のことが書いてあります．需要側が，大規模な，特にガスの輸入を確約するということは，確かにエネルギーの安全保障を供給側に委ねることにはなります．しかし，これによって，供給側も安定的な利益が約束されますから，需要側・供給側にとっては双方の利得が重要なことから，パイプラインは互恵的・双務的な性格

を持つようになり，片方が特に強い立場を取るようなことはないのだと．また，パイプライン自体が高価なインフラですから，政治のために作って赤字を積み上げるようなことはありえません．また，政治の役割というのは，自国の資源を経済合理性に沿って最も利益の出る態勢にすることであって，パイプラインを含め企業の経済活動に介入することが政治の役割ではないだろうということです．

　その例として私が挙げたいのは，東西冷戦期の西ドイツの動きなのです．1969年10月，西ドイツの総選挙で社民党が勝ちまして，ヴィリー・ブラントの政権が発足しました．1960年代の後半，ロシアの方では，ヤンブルグやウレンゴイ，メドヴェージェといった巨大ガス田が，西シベリアで次々と発見されていました．もちろん国内にそれを供給するわけですが，石油と同様に輸出してドルを稼ぎたいというのが，ソ連の考えていたことです．そこでヴィリー・ブラントは，新しい政策としてオストポリティーク（東方外交）すなわち共産圏側としっかり対話していこうということで，デタント（緊張緩和）を目指しました．そして，ソ連へ，大口径管を輸出する，一方天然ガスを輸入することで合意しました．ソ連の方は，56インチという大口径のパイプを作る能力はありませんでした．一方西ドイツは，隣のオランダにフローニンゲンというガス田があったのですが，だんだん減退している状況で，ほかからガスを調達しなければいけませんので，大体4,000kmくらいのパイプラインを西シベリアから西ドイツまで引き，その代わり，鉄のパイプやコンプレッサーを輸出するという形の契約を結びました．そして，1973年10月，「北光」という，オーストリアに入って，それから西ドイツに入っていくパイプラインが完成し，動き始めました．イタリアも翌年に入り，その後はヨーロッパ大陸全体を覆い尽くすような，非常に広域なパイプライン・システムが次々と作られていきました．もちろんそれはロシアだけのものではなく，北海でのガス田開発もありますし，アルジェリアからのパイプラインもできました．ただ，量的に圧倒的に大きいのはロシアです．今日でも，ヨーロッパの消費するガスのうちロシアからが30％から35％くらいを占めており，アルジェリアからは10％を切りました．北海も生産力がだんだん衰えています．このようなパイプライン・システムが発達したことは，市場から歓迎された

ヨーロッパの幹線パイプライン網（1970年）

ヨーロッパの幹線パイプライン網（2002年）

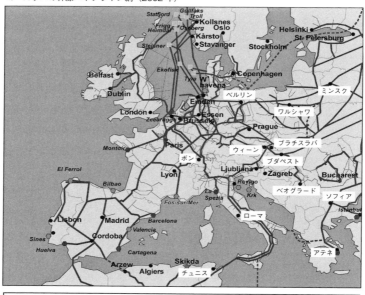

図7　欧州の幹線ガスパイプライン網（1970年と2002年）　石田（2005）による

と言ってよろしいかと思いますし，それによって欧州のエネルギー事情の安定に寄与したということです（図7）.

　欧州向けパイプラインは，しばらくは問題なく動いていたのですが，1981年にアメリカではレーガン政権になりまして，「このパイプラインは問題だ」と，アメリカからクレームがついてきました．事業のスタート時はニクソン政権で，ニクソン自身もデタントを推進する側の人でしたから，問題にしなかったのですが，同じ共和党でもレーガン政権では対ソ連政策が変わりました．特にリチャード・パールという国防次官補が議会の証言で，「欧州がソ連産ガスに依存するのは，その影響下に入ることである．日々ソ連から天然ガスが欧州に入ってくるということは，欧州がソ連に依存することで，米欧の連携の弱体化につながる」と述べました．このときのアメリカの認識は，先ほど言いましたような武器としてのパイプライン，輸送手段であるだけではなく，政治の手段だということです．

　そして，1991年にソ連が崩壊したわけですが，ヨーロッパにソ連の影響の痕跡はないですね．欧米連携の弱体化につながると言っても，そのような実態は別にありません．もっと大事なことは，ソ連という政治の中心が崩壊しても，天然ガスは毎日欧州に送られていたということです．ガス田からガスは出ますし，止めるわけにはいかないということもあるけれども，ガスプロムは営業体ですから，「国家が潰れようが，お金をかけて造った生産設備はちゃんとお金を生むんだから，商売だけは続けます」ということで，「国破れてガス田あり」という状況が，崩壊時のソ連だったということです．ですから，政治とは関係なく，一線を画した経済活動だったと言ってよろしいかと思うのですね．今日まで40年間，このパイプラインは安定的に操業されて，ソ連・欧州ともに利益をもたらしたということで，天然ガスビジネスはあくまで双務的・互恵的で，ハルフォード・マッキンダーの言うような支配・被支配という関係はないということです．

　それから，ロシアが天然ガスを止めるのではないかという議論が，しょっちゅうあります．これについては，「相互確証抑制」という考え方で解釈したいと思います．この言葉はあまり一般には言われていないのですが，マーシャル・ゴールドマンというアメリカのロシアエネルギーの専門家が名づけた言い方です．軍事用語の「相互確証破壊」（MAD）をもじったも

のですが，核ミサイルを相手国に撃ってしまえば，必ず相手国から仕返しがきます．破滅的なことになるのがあらかじめ予見されることから，そのようなことはしないのだというのが，相互確証破壊の考えです．

供給国側が天然ガスを止めてしまえば，どのようになるでしょうか．天然ガスは，他の燃料との間の燃料間競争の下で供給されています．「天然ガスを止めるぞ」と言ったら，相手は「ああ，そうですか」と言うだけで，発電であれば，石炭火力を増やします．中長期的には原子力を増やします．いくらでも対応可能なのです．それが分かっているから，天然ガスを止めることは需要先を失うことでしかないのだということで，そのような一方的で破滅的な行動は，結局はしません．自制的に回避される機能があるということです．結局，お互いに義務を持っているわけですね．消費国側は，買い取る義務，「Take or Pay 条項」というものがあります．供給側は，必ず安定的に供給する供給義務と言ってもいいですし，収入源を維持するという必然性がある．この双務性により，必ず安定的な供給が志向され，破滅的なことはないのだと．

5 ウクライナとのガス紛争

しかし，ロシアはウクライナでガスを止めたではないか，2006 年と 2009 年のガス紛争はウクライナをいじめるためではなかったのかという疑問がわくでしょうから，ウクライナとのガス紛争を見てみたいと思います．2006 年 1 月 1 日，ロシアはウクライナとのガス販売契約ができなかったということで，ガスが供給停止になりました．重要なのは，このとき，両者の間で商業契約が結ばれていなかったことです．商業契約を結んでおいて政治的に止めたら，極めてけしからんことですが，契約がなければ供給することはできません．ウクライナ側は，ガスがどうしてもほしければ，暫定的な契約でもいいから結べばよかったのですが，それをしていません．なぜかというと，ユーシェンコ政権でした．極めて親欧米ということで，ロシアに対して強硬に当たったということです．

結局，ガスの価格を 1,000 m^3 当たり前年は 50 ドルだったのを 95 ドルに引き上げることで合意したのですが，アメリカのディック・チェイニー副大統領は，「ロシアによるエネルギーの政治利用である」と非難をしま

した．ですが，他の国に対してもみんなガス価格を引き上げているわけですね．つまりこの頃は，油価がどんどん上がっています．ロシア国内もインフレになっています．ですから，ガス価格を上げないとやっていけないということで，バルト3国も，ジョージア，アゼルバイジャンに対しても，全部ガスの値段を引き上げています．ベラルーシという親露政権に対してだけは据え置きではないかという反論があるのですが，2005年にベラルーシは国内のパイプライン権益の50%をロシアに売っています．それによってガスの値段を据え置かれたのですね．ですから，ウクライナ一国を狙い撃ちにして天然ガス価格を引き上げたのではなく，もっと大きく見れば，ヨーロッパ全体に対して引き上げたということです．

　それから，今まではガスが不当に安かった．市場価格に比べて不当に安かったということは，要するに補助金付与と同じだということです．ですから，ロシア側の反論は，貿易に影響を与える補助金を廃止して，物品の価格を市場価格に近づけなさいというのがかねがねWTOの主張だから，「われわれは，WTOが言っているとおりのことを実行したまでのことだ」ということです．これは，2006年1月6日の『フィナンシャル・タイムズ』紙にフリステンコ産業エネルギー相（当時）の談話として載っています．今までの安くすることが「政治」で，高くすることは「経済」への移行であり，アメリカの言っていることはまるで逆で，政治の利用ではないのだと．今までは政治的意向で一生懸命ウクライナを手懐けようとしたけれども，オレンジ革命などがあって，金をかけて手懐けようとしても意味がないから，そのようなことはもうしないというのがロシア側の言い方です．「これからはドライにつきあいましょう」という，政治から経済に移行するのだということですね．

　それからもう一つ，天然ガスを止めたということは，実はその前のクチマ政権の時にも4回止めているのですね．そのときは，クチマ政権はほぼ親露政権と言われていて，そのようなことをニュースにしても面白くないから，全然ニュースになっていません．ところが，親米政権であるユーシェンコになってから，初めてニュースになったということが実態です．

　2009年も，やはりガス供給が止まりました．ロシア側の主張は，1,000 m^{3}当たり250ドルと，この頃の油価の上昇を反映してだいぶ高く

なりました．ウクライナの主張は235ドルです．なぜこれで決裂したのか，わけがわからないと『日本経済新聞』のコラムにも書いてありました．実は当時の首相のティモシェンコ首相も，「大体妥結ね」ということで，キエフの空港に自分の車を走らせて，契約調印のためにすぐにモスクワに飛ぼうとしました．そうしたら，すぐにユーシェンコ大統領が現地の交渉団に電話をして，「すぐ引き上げろ」と．普通は，12月31日の夜中まで協議して決めるのです．その前の年のベラルーシとの交渉では，2007年12月31日の午後11時58分に妥結しました．もっと早く合意してもいいのだけれども，国民に見せるために，「ぎりぎりまで交渉しました」と言うのですね．ところが，今回はその6時間も前に打ち切って，「この話は，なしだ」ということになりました．要するに，ウクライナ側の国内問題で，ユーシェンコ大統領とティモシェンコ首相の対立が原因で潰れたわけです．

結局，1月19日まで，大もめにもめました．実に迷惑な話です．2006年のときは，ヨーロッパにはガスは流れていました．ただ，ウクライナがガスを抜き取ったので圧力が下がってしまい，大問題になりました．2009年にもウクライナがガスを抜いたので，ロシア側が怒ってしまって，1月7日に完全に止めました．それで大変問題になったのですが，止めたといっても，備蓄ガスが本来はあるのです．ですから，それを使えばいいではないかということが，ロシアの言い分だったということです．

2009年1月19日に結局ガス価格を油価連動とすることで合意したのですが，その後のガスの価格の推移では油価の高騰で1,000 m^3で485ドルまで上ってしまうので，これは高すぎるだろうと．翌年は，ヤヌコビッチの政権になりましたが，早速行ったのが「ハリコフの合意」ということで，黒海のセバストポリの軍港の租借の25年間の延長を決めて，見返りに天然ガスの値段を100ドル下げて合意しました．そして，2013年の12月には，ウクライナは，EUとの連合協定を見送るということで，天然ガスの価格を3分の2の268.5ドルに下げてもらいました．これは，恐らく裏に密約があっただろうと思います．何らかの対価がなければ，下げることはありません．

ところが，2014年の2月22日，マイダン革命でキエフで政権が転覆しました．このあと2月28日，ロシアのメドベージェフ首相が，ガス価格

を268.5ドルにした契約はお互いが法的に拘束される契約であるから「それは守れ」とウクライナ側に対して言っているのですね．ですが，ロシアが安くしてあげたものをウクライナ側の新しい政権も守れと，大サービスした側がそのようなことを言うでしょうか．ということは，裏にある密約の方も，きちんと守れという意味でしょう．ですから，この裏にある密約というものは，ロシアにとっては大変メリットがあり，キエフの新しい政権にとってはぜひ捨てたいものです．結局そのあと，4月3日にロシアは，485ドルというもとの値段に戻すと通告したということですから，恐らく新政権が密約を断ったということですね．私は，この密約とはウクライナ国内のパイプライン権益の売却ではないかと想像しています．

その後の議論は，ニュースで聞いていらっしゃるとおりです．10月30日，ようやく378ドルで合意して，ガスの未払金である14.5億ドルが翌日の31日に送金されたということで，しばらくガスの供給を受けることができる状況に，現在に至っています．

ですから，クリミア半島の人々が平和に暮らしているのに，ロシアが急にクリミア半島を占領したから問題だということではないわけです．一番重要な発端のところは，2月22日のクーデターです．ここでウクライナ側は，暫定政権がNATOへの志向を表明しました．セバストポリの軍港は，ロシアが借りているのですけれども，いずれNATOの軍港になってしまう可能性があります．そうなるとロシアは，自動的に黒海での制海権を失うことになります．リアルポリティクスからの考えで，ロシア側は，ウクライナ側に渡すことはできないということでクリミア半島を占領しました．もちろんこれは，リーガルには許せないことだと西側が言うのは当然で，これを日本も認めてしまえば竹島や北方領土の主張の根拠を失うわけですから，当然日本も制裁に加わらざるをえないのですが，ただ，オバマ大統領が言っている法律家のような発言だけで，問題が解決できるだろうか，リアルポリティクスからの動きが，一方で厳然とあるということです．

ロシアからのヨーロッパへのガス輸出は，一部はベラルーシ―ポーランド―ドイツのルートがありましたけれども，それ以外は，ウシュゴロドという，ウクライナ西部のターミナルを通ってヨーロッパに行くということ

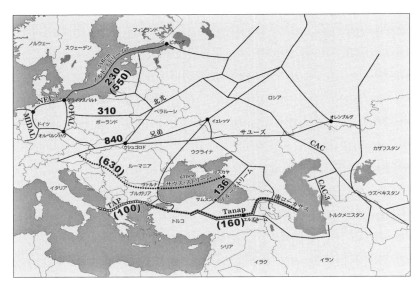

図8 ロシアから欧州へのガス輸出量（2013年）（筆者作成） 図の単位は億m³/年

でした．約80％は，ウクライナ経由で行かなければいけませんでした．これが2011年までの状況でした．その後，ノルド・ストリームという，バルト海からドイツのグライフスヴァルトまで行くパイプラインが完成しました．能力は年間550億m³あるのですが，EUのいろいろな規制があって，今のところ230億m³しか流れていませんけれども，これと先ほど言ったベラルーシ経由を入れまして，840億m³が，昨年のヨーロッパにウクライナ経由で行く量でした．ですから，大体6割くらいになってしまって，どんどんウクライナの比重が減っているのですね（図8）．

この時，別途計画されていたサウス・ストリームは，黒海を通って，ブルガリアに入って，オーストリアに行くというものです．能力が630億m³ありますから，これができて，そして，ノルド・ストリームがフルキャパシティーで活動すれば，ウクライナ通過分をゼロにすることができます．ロシアはそれをもくろんでいます．ヨーロッパは，ウクライナを何とか支えたいということですので，サウス・ストリームは造らせないというのがEUの方針です．しかし，EUの中にいるオーストリアは，「いや，造ってくれ．中欧はもっとガスが必要なんだ」と．他に東欧ではセルビアやブルガリアもガスが必要だということで，今，そのようなせめぎ合いを

やっています．

6 対ロシアの経済制裁

　ウクライナ問題に端を発する対ロ経済制裁の内容を見ると，2014年前半の1次，2次は資産凍結・渡航禁止と，少し弱いものでした．しかし，7月16日にアメリカの方が踏み込んで，90日を超える資金の調達を禁止するということを，ガスプロムバンク，ヴネシュエコノムバンク，ロスネフチ，ヤマルLNGをやっているノバテクの4社に対して行いました．ヨーロッパの方も同じく踏み込んでもらいたいということを，アメリカが強く言いました．ところが，この翌日ですね．7月17日にマレーシア航空機の撃墜事件があったということで，がらりと局面が変わりました．ヨーロッパの側は，大水深・北極・シェールオイル用の機材の輸出は，事前認可が必要だと．アメリカの方は，同じ3分野に関してライセンス付与を義務付けて，そのライセンスは原則拒絶であるという，少し複雑な言い方をしていますが，実質上の輸出禁止という形になりました．

　しかし，例えば北極のカラ海で，エクソンモービルが井戸を掘ったりしているわけですね．この制裁だけだと，十分規制できませんでした．エクソンモービルは，井戸の掘削装置をヨーロッパから調達しましたから，例えば制裁の規定では8月1日以前の契約は不問にする，エクソンモービルは7月30日の契約だったから大丈夫だという，いろいろな抜け道があったわけです．それで，さらに規制を強化して，9月12日に強い制裁になりました．EUの方では，サービスを禁止する，はっきりprohibitedという言い方になりました．対象は，深海，北極圏，それから，ロシア国内でのシェールオイル事業です．

　この時のアメリカの制裁ですが，はっきりエネルギー関連5社を名指しにしました．ロスネフチ，ガスプロム，ガスプロムネフチ，ルクオイル，スルグートネフチェガスに対して，大水深・北極海・シェール事業での探鉱・生産を支援する機器類，サービス，技術のアメリカからの提供，輸出，再輸出を禁止するとかなり明確に書いたので，これでエクソンモービルは，北極海での井戸の掘削ができなくなりました．掘削作業で「ここは，こうした方がいい」などといったいろいろな助言は，全てサービスに抵触しま

す．これで米政府は完全に抜け道を塞いだことになります．また，銀行などに対して，債券・株式などによる30日間以上の期間の資金調達を禁止しました．これが，かなりヤマルLNGでの資金調達などには影響していることになります．ただし，中国もありますし，ロシア国内のファンドもありますので，ロシア側は，何とか新しい資金調達の対応をしようとしています．特にヤマルLNGは，ロシア政府は全力を挙げて遂行すると言っています．

7　ロシアからの原油輸入

　北東アジア市場をロシアがどのように認識しているかということですが，2000年の例を見ると，ロシアからの原油の積み出し能力は，東へはなかったのですね．ところが，2010年にはアジア向けに，大ざっぱに言って100万バレルの新しい輸出能力が付け加わりました．この東方シフトは，2004年のプーチン大統領の2期目の就任演説で，明確に政策としてうたっており，そのためのパイプライン・インフラを造るのだと言っています．それが，先ほど言いました東アジア・太平洋（ESPO）パイプラインです．そして，それを，宣言したとおり8年で実行に移したということです．

　この計画は，2001年のトランスネフチ（ロシアの石油パイプライン会社）の計画に大もとがあります．一方，2001年，ロシアは中国向けのルートで江沢民国家主席と基本合意をしています．そして，2003年1月7日，小泉総理がロシアへ行った時も，「日本も太平洋向けルートを支持します」と宣言しました．太平洋に先に来るのか，中国に先に来るのかということで，非常に話題になりました．結局，中国の方に行くよりも前に，鉄道も利用しながら，2009年12月に太平洋向けにナホトカに近いコジミノ・ターミナルから原油輸出が開始されました．全線開通は2012年10月です．

　エネルギーの3原則として，Security, Flexibility, Economicsの3つがあります．セキュリティ（安全保障）という観点から言いますと，ESPO原油は，ホルムズ，マラッカの両海峡を通らないので，圧倒的に安全なことは事実です．次にフレキシビリティ（柔軟性）ということで，コジミノから日本市場まで大体3日で来ます．中東からは大体20日かかるということですから，例えば，急に寒くなった，灯油の供給を急ぎたい，

精製を増やしたいなど，気候などによる短期の市場変動にも対応が容易です．それから，中東からですと，買ってしまってから3週間，原油は船の中で寝ているわけです．3日で来るならば，すぐ精製して市場に出して，利益になります．購入してすぐに製品化できるということは，在庫コストを圧縮する上で大変有利だと，会計上言えます．2週間，3週間かかるのは，相当負担が大きいことです．

それから，中東原油は，仕向け地条項，デスティネーション・クローズと言いますが，ここだけにしか売ってはいけない，転売してはいけないという厳しい規定があります．ところが，ESPO原油は転売が可能ですので，例えばトレーダー経由で買うなど，フレキシブルな対応が可能です．ですから，セキュリティとフレキシビリティでは，断トツに良いのです．

これで経済性も良ければ言うことはないのですが，実は経済性は良いとは言えません．低硫黄で中質原油ですから，本来値段も割高で，ドバイ原油よりも高いのですね．ですから，経済性は悪いです．悪いけれども売れているということは，それだけ人気があるということですね．やはり日本の近距離で，フレキシブルな原油，そして，エネルギー安全保障上重要な要素があります．こればかり買ってしまっては割高となって石油会社としては困るけれども，1割程度このような原油を持っておくことは，安定的な操業にとっては非常に良いことです．これが会社の経営のやり方です．純粋にそろばんだけではないわけですね．安定操業というものも会社経営の重要な要素として効いています．

ロシアからの原油は，2006年にはサハリンから入るようになりまして，日本の輸入量の1％でした．2010年は，先ほどのESPO原油がたくさん入ってくるようになって，7％まで拡大しました．2011年が東日本大震災ですから，また5％ぐらいまで縮んでしまいました．2013年は，ロシアの原油は7％になりました．2016年には，ESPOパイプライン自体が拡大していますので，10％近くまでいく可能性があります．日本での中東の原油のシェアーは，2006年は89％です．「中東原油の依存度を減らせ」と口では簡単に言えるけれども，では，具体的にどうするのか．今，取りうる手段としては，ロシアの原油を増やすことが一番現実性が高いと思います．近いうち，中東原油の依存度を8割近くまで低下させること

ができるだろうと思います．このような形で，日本の周辺では，石油のパイプラインが非常に機能するようになって，エネルギー安全保障上もいい形になってきました．

8　ロシア東シベリアの天然ガス開発

　天然ガスの方はどうかということですが，2007年にロシアが策定した「東方ガスプログラム」があります．サハリン，ヤクーチャ，イルクーツク，クラスノヤルスクの四つの天然ガスの生産センターがあり，天然ガスのパイプラインを引いて，このような形で輸出しましょうと（図9）．東に出すのはヤクーチャ，サハリンくらいで，イルクーツク，クラスノヤルスクは西に出そうという案でしたが，どんどん計画が変わっています．例えばイルクーツク州のコビクタ・ガス田は，恐らくは中国の方に出すことでほぼ決まりましたから，当初の計画からは変わっています．サハリンからハバロフスクまでは，パイプラインができています．ハバロフスクからウラジオストクは天然ガスのパイプラインはなかったのですが，2009年，ハバロフスクの近郊で工事開始になり，2年後の2011年APECの会場になりましたウラジオストクのルースキー島までパイプラインが届きました．それまでウラジオストクは，石炭で暖房や発電をしていたのですね．これでは大産ガス国としてのメンツが立たないということで，パイプラインを引いてガス化を進めています．

　シベリアの奥のチャヤンダ・ガス田も，ロシアと中国が2014年5月21日，年間380億m^3を30年間供給することで合意しました．30年間というのは，ガス契約の中では一番長いです．10年間交渉して，値段は1000 m^3当たり387ドルと欧州レベルよりも若干高いのですが，ようやくまとまりました．これは，ウクライナ問題がかまびすしいときですね．一部の報道では，ウクライナ問題があって孤立したロシアは，中国にだいぶディスカウントして売ったとしてますが，そうではないようです．一応，専門家の話を聞くと，全然ディスカウントしておらず，どちらかといえばロシア側に有利な合意内容だと．

　つまり中国は，今，PM2.5など，環境問題でにっちもさっちもいきません．天然ガスシフトを急がなければいけないということで，見切りをつ

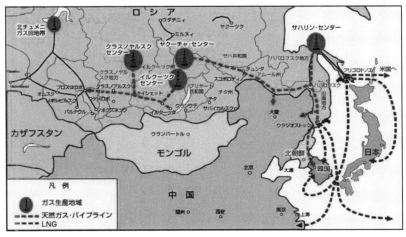

図9　ガスプロムによる「東方ガスプログラム」（ガスプロム，2007年）

けたことが一つです．それから，中国は，実は四川省でシェールガス開発をやっていたのです．これが出てくれば，あまりロシアのガスを買わなくてもいいという期待があったのですが，開発にはだいぶまだ時間がかかりそうだということで，中国側も，「ここらでそろそろ交渉妥結だろう」ということになりました．

ロシアは，ウクライナ問題のあとで中国に譲歩したら，「これは制裁が効いているな」ということを世界中に宣伝するようなことになるわけですから，譲歩しなければならないのであれば契約はしないだろうという見方もありました．それは，かなり正しいと思います．

結局，ほぼ合意したことになったわけですが，そのために開発するガス田が，チャヤンダ・ガス田です．パイプラインの名前が，「シベリアの力」といいます．チャヤンダ・ガス田からブラゴベシェンスクを通って中国へ，2019年に稼働開始予定です．ガスはサハリンからも来るのですが，ここでのガス田の開発は，若干遅れている事情があります．ただ，今までパイプラインが全くなかった北東アジアに，石油のパイプラインが2012年に完成しました．2019年には天然ガスのパイプラインがほぼ動くような形で，パイプラインが，ユーラシア大陸の東西にしっかり拡大しています．

9 ロシアからのガス輸入

　最後に，日本も含めた北東アジアのエネルギーフローを考えたいと思います．サハリン-1では，日本に天然ガスをパイプラインで持ってこようということを，ずっと模索していました．2004年11月に，結局これはだめだということで，当時のエクソンのレイモンド会長が小泉総理のところまで来て，計画の打ち切りを伝えました．そして中国に対して売ることで合意しました．これは，日本でユーザーがまとまらなかったことがあるわけですね．ただ，今，東日本大震災の後ですから，状況が変わったので，いろいろと新しい意見が出てきていることは事実です．

　一方でロスネフチは，LNGにして輸出したいと言っていますが，これはロシア側の本音です．一部の日本のユーザーは，依然パイプラインを考えてほしいという気持ちを表明はしています．ただ，正式な申し入れはしていません．すぐLNGにできるかどうかは，まだなかなか分かりません．もう一つのLNG計画は，サハリン-2ですね．これを拡張するということで，こちらは，ロスネフチと対抗して，ガスプロムとシェルが検討しています．

　日本の輸入しているLNGの値段ですが，2013年で，百万英国熱量単位当たり16ドルでした．同じ頃，ドイツの国境で，ロシアのパイプラインの天然ガス価格が大体10ドル強です．つまり，LNGに比べてパイプラインのガス価格は，基本的にかなり安いレンジで推移します．基本的には，LNGよりもパイプラインという可能性を期待する声が，だんだん大きくなっています．

　六本木ヒルズでのエネルギー利用の形態を紹介します．ここの特徴は，ガスのコジェネレーションで電気と熱を供給するという形でやっていることです．ビルの地下にガスによる発電機があって，このような方式を「分散型発電」と言っています．天然ガスが来ていれば，必ず発電ができます．絶対に停電しないということで，特に外資系は喜んで，すぐにテナントが埋まってしまいました．ガスを燃焼させて，タービンを回して電気ができます．一方でボイラーからは，熱も出てくるのです．エネルギー効率が70％ぐらいまでいきます．これからの省エネで一番効いてくると言われ

ている方式で，ヨーロッパも当然やっています．

　さらに日本では，同じくもう一つの分散型発電として，ガスを使う燃料電池，「エネファーム」というものがあります．これですと，各家庭で必要な電気をガスから自前で発電して，足りない時は電力会社から買うという形にします．もちろん電力会社としては，このような分散型発電は嫌なのですね．今までは否定的だったのですが，東日本大震災以降，だいぶ風向きが変わってきました．ただ，これをやるためには，パイプラインでガスが来ることが前提です．ところが，今，LNG受け入れ基地からの，パイプライン自体はごく限られた範囲にしか来ていませんから，これをもっとつなげていって，非常に広域に，面的にカバーする形が本当は望ましいのです．そのためには，幹線ガス・パイプラインを引く必要があります．

　韓国は，将来的にはロシアからのガス・パイプラインを想定しているので，初めからこのような広域のパイプライン・ネットワークを作りました．日本は，LNG基地があると，そこで扇形に狭い範囲で広がるだけなのですが，韓国は広域のパイプライン網をしっかり作っています．やはりLNGとパイプラインを比較すると，近い距離では当然パイプラインの方が安いです．そのようなわけで，日本における天然ガスパイプラインが議論されているところです．一方でロシア側がLNGを優先しておりますから，すぐにできないとは思うのですが，このような可能性は，常に検討しておく必要があります．天然ガスのパイプラインができますと，マイクロガスタービンによって，分散型で併熱供給，省エネができるという期待ができます．サハリン，東シベリアという資源地域が近くにありますので，そのようなところと国際パイプラインで連結することで，安定的で，低廉で，柔軟なエネルギー供給ができるでしょう．これは，エネルギー安全保障上，寄与が大きいということです．

10　おわりに

　最後に講義をまとめますと，2013年のロシアの税収のうち50.2%が，石油とガスからのものでした．産出税と輸出税です．それから，ロシアの輸出額のうち66.4%が，石油とガスからでした．つまりロシアは，非常に資源輸出型の経済なのです．中東の産油国と同じなのですね．ですから，

絶対に手放すわけにいかないわけです．石油とガスがロシア経済の骨格を形成しているということで，ロシアにとっては，石油とガスの輸出が障害なく実施され，安定的な市場環境が維持されることが最も大事で，ロシアが石油・ガスを政治的な武器として用いることは経済的な自滅につながるわけですから，国の選択肢に入っていません．

アメリカが「ロシアはエネルギーを武器に使っている」としきりに言っていますけれども，われわれ産業の側から見ると，無理やりのこじつけとしか思えません．ロシア側も，あくまでもビジネスとして石油・ガスを使っているという立場ですし，ヨーロッパのオイルメジャーのシェルなどは，当然そのようなことを言っています．ですから，この世界は，いろいろなプロパガンダが飛び交っているという認識でいなければいけないと思います．われわれは，ロシアが石油・ガスを政治的な武器として使っているのではない以上，ビジネスの相手として，日本のエネルギー安全保障にいかに有効に取り込むかという戦略を持つべきと思っております．

Q&A　　講義後の質疑応答

Q　ガスプロムとロスネフチのつばぜりあいは，あくまで見せかけの姿であり，国益のためにわざと争いをして，価格などを吊り上げるためにプーチンが仕込んでいるのだという話がありますが，どのようにお考えになりますか．

A　今，ロシアのエネルギー産業ではガスプロムとロスネフチがダブルチャンピオンというような形になっていますが，ロスネフチは，ソ連崩壊後に石油産業が分割・再スタートしてから10年近く国営とはいえ，第7位の規模で，お家騒動などもあって大変でした．ところが，セーチンが会長になった頃から，2003年にユコスの解体，2007年にユコス吸収という動き．それから，最近ですとTNK-BPの吸収で大会社になったのであり，もとからロスネフチを大きくしようと考えていたわけではありません．大きな計画があったわけではなくて，そのような有力者が現れてくると，そのような状況になるということです．

Q 隣に国境を接している,エネルギーがどんどんほしい中国の影響はどのように反映されているのか.

A 中国の影響についてですが,天然ガスを中国に売るという話は,2004年から,もう10年間交渉しています.最近の状況で急に対中依存を増やしたわけではなくて,大きなマーケットは中国だということは当初からわかっていて,あとは価格や契約条件をどのようにするかということで,お互いに譲らないで延々と議論してきました.東シベリアにあるガスを唯一売ることのできるマーケットは中国東北部だけであるという理由で,中国が選ばれています.そのような意味では,純粋に商売の発想からそのようになっていると言ってよいと思います.

Q 北東アジア,あるいは日本までパイプラインを引いてくるというお話は,よく聞くのですが,ヨーロッパでパイプライン網が充実しているのは,政治的にも安定していて,体制や価値観の近い国どうしが結ばれているからというところがあるのではないでしょうか.LNGで持ってくる分には,例えばロシアからのものが途絶したところで,他から持ってくるソースがないわけではないので,そちらの方が政治的には安定する.「政治ではない,経済だ」という先生のお説ではありますけれども,国民感情からすると,それは何となく不安だな,首根っこを押さえられるなという感じが否めないので,信頼関係がないところでパイプラインはありえないのではないだろうかという気がいたしますが,それはいかがなものでしょうか.それから,日本という国の超長期のエネルギー戦略という話になると,今すぐに原発再開で,全国でまたやるというのはなかなか難しいところはあろうかと思いますが,基本的には化石燃料はいつかはなくなりますので,今,手元にある技術で何とかなりそうなものは,再生エネルギーに頼るわけにはいかないので,実際には原子力しかありませんね.そうなると,少なくとも技術の断絶があってはいけません.下手に断絶すると,福島さえ止められなくなるという事態が最悪の事態だと私はかってに思っているのですが,核融合うんぬんとならない限りは,原子力を再開させる,あるいはベース電源にするような施策が必要ではなかろうかと思いますが,その点はいかがでしょうか.

A これは，ヨーロッパの歴史を，やはりしっかりと見ておかなければいけません．今，信頼感がないとパイプラインができないというご意見でしたが，では，ガス・パイプラインの契約を結んだ1969年の西ドイツは，ソ連に対して信頼感を持っていたでしょうか．逆であって，パイプラインが作られ，ガスの安定供給がしっかりと実施されたから信頼感ができてきたのではないかと思います．もう一つ，都合が悪くなったら止められてしまうのではないかという話がしょっちゅう新聞にも載っているのですが，先ほど言いましたように，天然ガスは商品で，売り物なわけです．売り物を自分が止めて，「売らないぞ」と言って相手が困るかというと，「じゃあ，石炭にするよ」といった対抗手段をとるでしょう．八百屋のおやじが「俺は大根を売らないぞ」と言っても，「勝手にそうしてれば，スーパーで買うよ」と，誰も相手にしないでしょうから，天然ガスで止められてしまうというような議論は，あくまで空想の産物ではないかと思います．

化石燃料がなくなる可能性については，IEAが言っているところではピークオイル論は完全に否定されていまして，2035年まで石油の供給は増えるだろうと言っています．ですから，あまり多く使わないで，使用を抑制するような形で，少なくとも21世紀中は，移動体についてはガソリン，ディーゼルをかなり使えるような状況は残しておくべきでしょう．何とか22世紀の入り口ぐらいまで石油が残るようにして，その代わり，なるべく発電，給熱には天然ガスを使っていくような形にしたいという意見を私は持っています．

シェールオイルがアメリカでこれだけ出まして，油価が下がっているわけですが，石油の根源岩は世界中にあります．今までの推定では，地下で生成した石油のうち1割くらいが油田に集積し，4割くらいはどこかへ行ってしまって消滅した．石油根源岩にはまだ5割程度残っていて，もちろんそれがすべて生産に結び付けられるとは限りませんが，今まで使ってきた石油に比べて遜色ないくらいのものが根源岩の中に賦存しているのだと．それがシェールオイルの技術で少しずつ出せるようになって，アメリカは今，テキサス州西部のパーミアン盆地で日量170万バレル，テキサス州南部に広がるイーグルフォード層で100万バレル強，ノース・ダコタ州のバッケン層は100万バレル強出ているわけです．これだけのもの

が，ほんの数年で実現しています．本来であれば，このような技術がロシアの西シベリアでも適用されて，数年後には石油生産の主力になるはずだったのですが，今回のウクライナ問題での対露制裁でできなくなりました．けれども，そのような可能性を考えていくと，まだまだ石油に頼ることはできるのではないかと思います．

　再生可能エネルギーですが，私は，普及は急がなくていいと思ってます．再生可能エネルギーを作って電力会社に買ってもらおうなどという根性は，やめてもらいたいです．自分で使う分だけ屋根の上で発電して電力を使って，それを使えばいいではないですか．それも変動があるから，家庭で使うベースロード的部分を再生可能エネルギーにして，残りを電力会社から買うというような体制が社会で一番無駄がないと思います．補助金を与えて，下駄を履かせてはだめで，はだしで競争してもらいたいのです．そうなりますと，天然ガスがいかにクリーンで使い勝手が良くて強いかということがわかると思います．それから，バイオエネルギーは，もう少し頑張ってもらいたいです．今，日本の林業がまた注目されていますけれども，間伐材が売れるようになったので，結構間伐材を切るようになってきました．ここだけは補助金は生きた使い方がなされています．森林活用が，もう少しうまく機能できればいいと思います．

　原発については，これはあくまで個人の意見ですけれども，再稼働は基本的には賛成です．トリウムを使うなど，新しい原発の技術開発にはもう少し果敢に取り組んでもらいたいとは思っていますけれども，古い形の原発を40年から60年に延ばすというのは，あまりにも心配なので，期限の来たものは速やかに廃炉にしていく．一方，そのような技術の保全は気をつけるという形で，エネルギーの大宗をなるべく天然ガスにシフトするような形を，20年，30年後ぐらいの未来イメージとしては持っております．

本村先生のおすすめの本

ダニエル・ヤーギン『石油の世紀』（上，下）（日本放送出版協会，1990 年）
村上勝敏『石油の開拓者たち』（論創社，1996 年）
ダニエル・ヤーギン『探求』（上，下）（日本経済新聞社，2011 年）

第9講

交通路としての北極海
北極海航路の可能性

北川弘光
笹川平和財団海洋政策研究所　特別研究員

北川弘光（きたがわ　ひろみつ）

1935年東京下町生まれ．横浜国立大学造船工学科卒業後，運輸省運輸技術研究所（現［独法］海上技術安全研究所）流体力学部門入所．氷工学研究室長，推進性能部長，同所長を歴任．財団法人日本造船技術センター理事長を経て，北海道大学大学院工学研究科雪氷工学講座教授．定年退職後は，海洋政策研究財団特別研究員，財団改編後は笹川平和財団海洋政策研究所特別研究員として現在に至る．この間，国際試験水槽会議（ITTC）理事，同評議会副議長，国際北極域港湾及び海洋構造物会議（POAC）議長，カナダ科学評議会海洋技術研究所（IOT）招聘研究員，INSROP日本代表研究者，文科省南極輸送問題調査会議座長，内閣府北方四島訪問支援船検討委員会委員長などを務める．工博（東大）．

はじめに

　私はかつて運輸省の運輸技術研究所という研究所が目白にございまして，造船屋としてそちらへ入所しました．その後間も無く改組，改名があり三鷹へ移転した船舶技術研究所では造船屋が，研究施設をたくさん造っているうちに，いつの間にか土木屋になりまして，北海道大学では土木工学科に勤務していました．考えてみれば土木も造船も，古典力学さえしっかり勉強しておけば，電気でも，機械でも，どの学科でも教えることができるのだろうと思います．今の大学のいろいろな学科構成については，北大勤務中に散々クレームをつけて嫌がられましたけれども，要は基礎をしっかり習得するということが，すべてのことにおいての最大の必要条件だろうと思います．この北極海問題につきましても，背景にある基礎的な問題をしっかり理解しておくことが大切です．

1　北極海とは

　北極海というのは，実は非常に厄介な海でして，氷があるということだけでも，流体力学だけではなくて，氷に関わるさまざまな問題を勉強しなければなりません．着氷という問題もあります．関係法規が複雑です．EEZ（排他的経済水域）を含めたそれぞれの管轄国の主権の下に作られた国内法の定義をめぐって，難解な議論をしなければなりません．今日は，このような課題について話せという指示もございましたので，物理的な話から始めまして，工学・技術的な問題を含む社会学的な話題へと話を進めたいと思います．また，日本で北極海航路をなぜこれほど早くから研究したのかという言い訳のようなこともお話しいたしまして，北極海における船舶航行の諸問題と，それを通して将来の日露関係の展望に若干触れたいと思います．1992年に日本財団会長の笹川陽平さんの決断で，ロシア，日本，ノルウェーの3カ国での共同研究事業を実施して以来，現在，お世話になっている財団は，当時はシップ・アンド・オーシャン財団と申しましたが，日本財団と共に日露関係については極めて豊かな経験と，深い信頼関係を結び維持するようになりました．この財団では，ロスアトムフロートという原子力砕氷船を運航している会社の社長とも，簡単に，かつ

率直な話ができるところがよいのだろうと思います．

　まずは北極域がどのようなところなのかから始めましょう．北極圏は，地球の温暖化が最初に顕著に現れてくる地域です．しかも，将来にわたって，温暖化が一番進行する地域でもあります．北極海は，今のままでいけば，いずれ氷がなくなる期間が長い海になるかもしれません．ただ，これについてはいろいろと異論がありますので，その件については，また後ほど触れさせていただきます．

　図1は，私どもが研究を始めた当時の北極海航路の海域です．北極海航路（Northern Sea Route: NSR）は，ロシアが国法で定めた航路でございまして，当時は線で結ばれていました．ロシアはいろいろな統計データをまとめるに際して，まず自然状況の異なる海域を区分しました．ロシア事情に詳しい方であれば，ロシアの研究陣のセクショナリズムはへきえきするほどすごいということがおわかりかと思いますが，例えばレナ川であれば，レナ川の河口域の研究者と中流域の研究者と上流域の研究者は，お互いのコミュニケーションがあまりないのです．口でのコミュニケーションはあっても，自分で研究しているデータはがっちり抱え込んで，その上にいる部長に渡さないものですから，部長はよほど勉強しないと，レナ川が上流域から下流域までどのような流れの流域であるのか，さっぱりわからないと言う仕儀になります．そのようなことを，1990年代に痛感いたしました．今でもどちらかというと似たような話がまかり通っていまして，やはり自分が研究したデータは，なかなか他人には渡しません．

　この当時には北極海には海氷がたくさんありまして，図1にございますように，黒く塗り潰した部分は，「定着氷域」と言います．ここにはアイスマッシフと言う毎年大量の海氷があるものも含まれています．またその中には，「ポリニア」と言いまして，開水面，氷のない海面もあります．1995年ぐらいの間は毎年同じようなところに同じように開水面が現れるということで，そのわずかな開水面の部分が主要な大気系と海洋系との熱交換や，あるいは物質の交換に関わり，それが安定的な北極海の自然系をずっと保持してきたわけです．

　それが，現在はほとんど夏季には海氷がありません．私どもが惑星物理屋さんと図2をめぐって議論するときにいつも問題になることは，物理

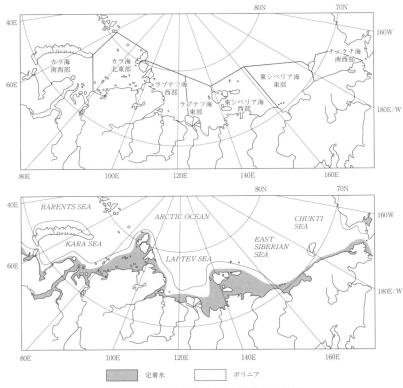

図1 ロシアによる北極沿岸海域の海域区分と定着氷

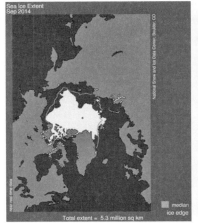

図2 人工衛星画像が見せる北極海の海氷面積

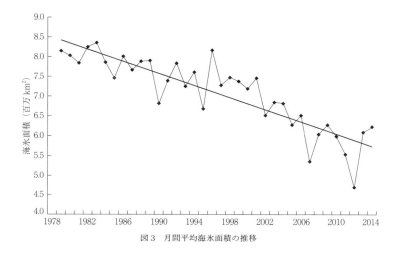

図3 月間平均海氷面積の推移

屋さんは総量が主で，どこに特異的に氷が張っているかということには，それほど大きな関心を持たない点です．惑星物理学としての地球の気候体系の上からは，海氷・開水面がどのぐらいの面積を占めるかが重要で，どこでどのような偏倚があるのかということはさして問題にならないのですけれども，海運の方では，自分の船が通る航路に氷があるか，ないかということは大問題ですから，どこに氷があるかが非常に重要になります．むしろ総量よりは，自分の通りたい航路に氷があるか，ないかということを重視してくれと議論が分かれるわけです．新聞にも出たことのあるのが図3だと思いますけれども，2014年は少し戻りまして，海氷が増大しました．長期平均値に近い状態になりつつあります．2007年のときに，非常に海氷が減ったといって大騒ぎしまして新聞紙上を賑わし，テレビでもさんざん取材がありました．ところが，2012年には観測史上最少にまで減ったのに，新聞はどうしたかというと，海氷減衰は2007年を上回ったと簡単に報道しただけで，これがどのような意味を持つのかということについては，まったく報道されませんでした．

　図3は，毎年の月々の平均氷量をずっとプロットしたものです．直線を引くことが良いのか，悪いのかというところは，科学者によって議論が分かれるところです．間もなく気温が低下し海氷面が増加に転じるという説を唱えているのが，ロシアの北極南極研究所の研究者たちです．私ども

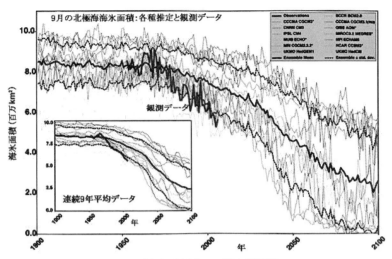

図4 北極海の温暖化および海氷衰退予測

　日本人が北極海を見るというのは，人工衛星画像で見るか，あるいは刊行されたデータでしか見ないのですが，ロシアの方々は，長い冬の間，間近に毎日海氷に覆われた北極海を眺めて暮らしている人がたくさんいるわけです．ロシアの研究者は経験学的に短中期的な変化の中で物事が進んでいると理解しています．では，北極だけではなくて，北半球全体ではどのようになっているのかというと，アラスカやカナダ多島海も含んで，全体で見ても，やはり夏季海氷は長期的には減っていることには間違いないようです．

　さまざまなシミュレーション屋さんがいまして，それぞれのモデルを使いながらシミュレーションをした結果が図4です．結果は変動についてはさまざまですが，私が1988年に計算した非常に簡単なモデルでのお粗末なシミュレーションでもこの枠の中に入りますので，スパコン利用の予想屋さんには申し訳ないのですが，長期的夏季海氷衰退傾向はほぼ確定的だと思います．ただ，私の計算結果では，2050年にはその当時の海氷面積の20％程との結論でした．北極圏だけ見たのが図4でございまして，1990年代の寒い北極から，次第に暖かくなり，2080年には，ハワイ程とは言えませんが，現在の日本東北地域ぐらいの温度になる可能性があるということです．私どもの産業あるいは工学に携わる分野の人たちにとって

は多年氷の存在が重要となります．1年氷と2年氷，さらに2年，3年と夏場をしのいで生き延びた氷のことを「多年氷」と言います．そのような海氷の分布がだんだん減ってくるということは，温暖化により毎年夏季海氷が消えてしまうものですから，多年氷は減少し，1年氷の領域が増えてくることを意味しています．図5にあるような巨大な多年氷は，現在，めったに見かけなくなりました．

図5　カナダ，バフィン湾の多年氷例

　工学的には，1年氷というのはザクザクの氷ですから，1年氷海域で石油の生産をする，あるいは船が通るといったときには，模式的には上層の粒状結晶の部分の厚さだけが主として氷荷重に関わると考えれば良いわけです．それに比べて多年氷は，冬を越している間に，1年氷に含まれているブラインという濃縮塩水が徐々に排除され海氷は氷だけの物質になっていきます．唯一結晶内に閉じ込められるのは，フロンぐらいでしょう．それ以外のブラインに含まれる大抵の物質は同時に排除されます．排除されたブラインは，周囲氷の結晶より重く，下へ下へと流れていきます．このブラインの流下は，実は非常に重要で，いささか本題から逸脱しますが，地球の海流の大動脈を形成するための駆動モーターの役割を担っています．ブラインが排除されて，だんだん固くなり，2年，3年となると，ほとんどブラインを含まない氷だけの物質になって，コンクリート並みに硬くなります．

　北極海で海氷に覆われているのはどのぐらいの期間，どの海域でしょうか．夏場の状況は，冬場の状況とはまったく異なります．夏場は海域ごとに状況は異なり，変化しています．極点には，夏場といえども海氷が存在し，スバルバード諸島やグリーンランド周辺にはかなり長い間，氷が残っているだろうと言われております．北極海内部の海流パターンと，流入する暖かいメキシコ湾流の影響が重要です．渦場もあり，海氷にとって安泰

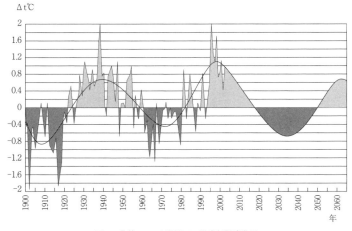

図6　北緯70-85°海域での推定気温変化量
現在はやや寒冷化へ進んでいる．
（ロシア北極南極研究所の資料より）

な海域もあります．船の航海や，石油開発を考える人たちは，一応このような海氷情報を参考にしながら，いろいろな長期プランを立てます．

　大昔から地球の気候は，どのように変遷してきたかを探るには，地層の深いところを掘って，酸素の同位体を分析して推定します．その結果によりますと，大昔地球はかなり暖かかった時代が長く続いた後，次第に寒くなってきたことがわかります．マグマとの関係も，むろん大昔にはありました．寒冷化が進み，やがて寒暖変動を繰り返すようになったことがわかります．この地球気候変化を，現在の気候変動研究グループが完璧に解けるかというと，まだ成功した人は誰もいません．これが解けないのであれば予測もできないではないかという厳しいご指摘も，専門家にはあるわけです．現在は周期的に寒暖変化を繰り返す時代にあると思いますけれども，大昔のパターンに戻る可能性の有無については，誰にもわかりません．神のみぞ知るというところです．

　図6がロシアの主張を示すものでして，北極海は当面はこのような周期的変化をするようです．図中薄いアミ掛け部分が寒く，濃いアミ掛け部分が暖かくなる期間です．ただし，これは温度の偏差だけを取ったものです．下の横軸を見ると，われわれは今，寒冷期に向かっていると言えるわけです．寒冷期に向かっているのですから，従って，船舶の航行もこれか

らはむずかしくなる期間があるということになります.

2　北極海と環境

　現在，日本の研究者たちが何をやっているかと言いますと，科学技術庁時代には大して巨額とは言えませんが，文部科学省としてはかなり大掛かりな北極研究組織ができました．北極環境研究コンソーシアム，GRENEというグループができて，数百人の研究者が研究を続けています．ここでは，高層大気圏から，大陸圏，さらに海底の下までという鉛直構造調査面を持った研究をやっていますし，物理学的，化学的，生物学的な研究，社会・人文学的研究などさまざまな研究があります．海洋研究の最も中心的な機関は，海洋研究開発機構（JAMSTEC）でございまして，多数の観測船を持っていまして，夏季の北極海を含めいろいろな海域で活躍しています．北極海には特異な生態系があるということはご承知と思いますが，シロクマを頂点として，このような生態系の中で，今まではずっと安定した生態系が保たれておりました．ところが，昨今は夏季に海氷が激減したものですから，シロクマというのは，実はあまり泳ぎが得意ではないので，何十kmも泳ごうものなら，溺れ死にます．氷がなくなりますと長距離を泳がなければならなくなるわけです．以前は，スバルバード周辺では，長期に海氷があり，氷上生活を営むアザラシなどが簡単に捕まえられたのです．ところが，海氷が消え，アザラシも来なくなって，食べるものがなくなり，干からびたシロクマの死骸が散見されるようになりました．

　一般には不思議に思われますが，海氷の下部には「アイスアルジー」というプランクトンが大量に発生しまして，それを餌とする動物性プランクトンが大量発生し，その動物性プランクトンを食べる小魚がいて，またそれを食べる大型魚種が育つという，摂餌連鎖があり，そのような連鎖があって，大規模な生態系が保たれています．生態系にとっては，意外と好ましい環境なのですね．むしろ太平洋の真ん中などというのは，死の海のようなところがありまして，ほとんど何もいません．そこに比べれば，北極海は非常に栄養素も豊かです．

　シベリアの大河川というのは，アムール川を除いて，全部北極海に向かって流れています．北極海へのいろいろな栄養素の供給を担っているのが，

シベリア大河川なのです.

大河川により，大量の真水が流れ込んで汽水域ができ，河川水にある多くの懸濁物質や溶存物質，腐植酸などが北極海に流れ込んで，生態系に必要なリンなどを供給します．腐植酸は鉄を供給しますので，プランクトンが爆発的に発生するようなことが起きます．ただ，これは，極めて季節的なものでして，例えば，レナ川の春というより，もう夏ですけれども，夏に行きますと，ごうごうたる流れを見ることができます．大変な流れです．なぜなら，南にある上流域の氷が融けて下流に行くと，下流は北の方にありますから，多量の氷があり，氷を押し流すことになります．初夏，中流域ではほぼ氷は融けて，岸辺を削りながら下流域に至りますが，下流では依然として氷があるという状況ですから，下流域は非常に大変なことになります．例えば，ノリリスク・ニッケルが使っているドゥディンカ港では，埠頭が氷で埋まってしまうというようなことを毎年繰り返しています．

これは最近の研究ですけれども，どうも北極海には，海底地形に沿って流れる海底流，雨水の排水溝のような特殊な流れがあるということがわかってきました．ただ，この種の研究をやるためには，かなりの決心が要ります．ロシアが旧体制下で大量の核廃棄物を海洋投棄しているからです．ノバヤゼムリヤというバナナのような島の周辺には固形の核廃棄物と流体の核廃棄物がたくさん捨てられていますし，原子力潜水艦の廃炉もあります．潜水艦そのものが沈んでいることもニュースでご存じと思いますが，放射能汚染の点で，研究者にとっては被曝危険があり得るところです．

昨今ときどき話題になっていると思いますけれども，海水の酸性化の問題があります．海水酸性化は生態系に大きな影響を及ぼしますが，まだまだ調査が十分ではございません．アメリカもようやく本腰を入れ始め海水酸性化研究を進めています．日本は，まだまだ遅れています．ここでは，表層海水の平衡するpHと，大気中の二酸化炭素濃度のアルカリ度が不変だと仮定しませんと計算ができないものですから，不変だとして計算したものです．海水は大昔に比べれば，将来はかなり酸性化が進むものと予想されます．水温が低ければ溶存二酸化炭素も増加しますので，北極海からこのような海水が亜熱帯地域に流れていけば，サンゴが絶滅します．また亜熱帯地域の海域でも酸性化は進んでいます．

3　北極海航路とは

　ロシアでも現在は図7のような輸送路が，一応，確保されております．陸上でもそれなりの道があり，洋上でも航路標識がある程度は設置されています．

　歴史的には，北東航路と北西航路という二つの航路が大航海時代から有名でございまして，この二つのルートは，如何にして，ヨーロッパからアジアへの海路を開くかという問題の帰結です．ヨーロッパから見た北東であり，ヨーロッパから見た北西という意味ですので，残念ながらここではアジア圏の関与はありません．いずれにしましても，この二つの航路をめぐってさまざまな探検者・研究者が命を落としましたし，ロシアに至ってはかなりの国費を費やしたわけです．ホランドという人が英語で書いた歴年史がありまして，紀元前から海氷のある北極海の探検，航路啓開について書かれています．非常に面白いものですが，幸いなことにノルウェー極地研究所におられた太田昌秀先生が翻訳されて，極地研に申し込まれると『北極探検と開発の歴史』を買うことができます．私の北極海研究動機の一つは，この本を英語で発売されたときに読んだことにあります．当時は興味を引かれまして，いろいろな探検記を読みあさりました．2番目の動機は二つありまして，一つは，大気中の炭酸ガス濃度が急速に増加しつつあるというハワイでの研究成果，それからもう一つは，日本の先生の論文で，樹木の中のいろいろな同位炭素の計測から，産業革命以来，急速にこの量が減っている（スース効果）ということでして，個人的には地球温暖化は人為効果に間違いないと確信しました．炭酸ガスの増量というのは自然のなせる業ではなくて，人為的な問題だということで大気中二酸化炭素による温暖化を計算いたしました．中緯度の気温が2℃上がると海水温が1.4℃上がると仮想して計算をしますと，2050年には20％になるという計算結果が得られました．

　プロジェクト研究としましては，ノルウェーから北極海航路啓開研究の提案が日本財団の笹川陽平会長にあったときに，「夢のある話，いいね，やろう」と言ってくださったことから始まりました．日本における北極海航路研究の流れは，ほとんど日本財団，シップ・アンド・オーシャン財団

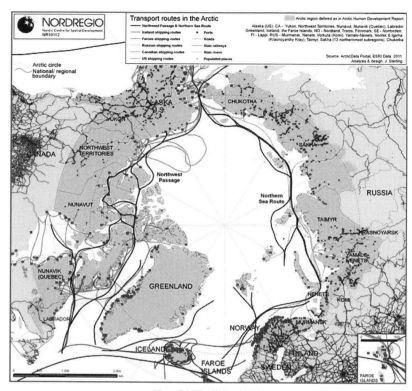

図7 北極圏の輸送・交通路

を中心にして流れています.それに対応する国際的な流れは,INSROPと併行して実施したJANSROP,その後,JANSROP Ⅱを行い,さらに北極海会議を実施し,提言書を取りまとめ,2013年,14年には北極海航路ビジネス・ミーティングを開催したというような流れです.

INSROPでは,4つの柱(1.北極海の自然条件と航行システム,2.環境と環境影響評価,3.海運業界からの視座による北極海航路(NSR)評価,4.国際法,関係諸規則,政治的側面,開発戦略)を中心に研究を海外に広げ広範囲な研究を実施しました.論文としては,厳しい査読を経た論文が167編あります.PDF版は私が作成したものがBDとしてあります.ご興味のおありの方はどうぞメールにて請求ください.一万何千ページ相当あります.今でも十分使える情報がたくさん入っています.

燃料価格が上がり,船舶排出量規制が厳しくなりますと,北極海航路に

よる航路短縮効果が話題にのぼります．例えば，アジア圏では，苫小牧をハブ・ポートにすれば，北極海航路というのは欧州・アジア間輸送では非常に有利になります．当時は，南航路・北航路と，このような線で航路が与えられていました．航行にはロシア政庁が定めた北極海航行規則に従って手続きを済ませ航行する必要があります．今年，2014年に新規則が施行され，申請手続きもやや明確になりました．同時に，北極海航路というのは線ではなくて，この線に沿ったロシアEEZ海域を北極海航路と定義することになりました．

北極海航路の障害となるのは，いくつかある海峡でございまして，マンモスタンカーが通るためにはいささか厳しい水深です．浅水海域での航行では，船橋から見える船近傍の海面水位が，はるか遠方の海面水位よりも下がっていることや，トリムの変化もあり，予想外に実質的な水深が浅くなってしまい，船底をこする，あるいは座礁するという事故があります．

INSROPで研究対象とした船舶は，アジポッドが付いているものもあります．私どもは，この時代，アジポッドに期待をかけていたことは確かです．ただ，日本のメーカーが採算性の問題ゆえに具体的な開発を手掛けませんでしたので，途中で断念しました．航行性能では，氷況影響を表す指数というものを考えまして，この指数を基に多量のデータを使って計算します．航海日数や船速，海域ごとのスピードの落ち方，季節による船速の衰えといったものが計算できました．やはり実際の航海をしてみなくてはということで，ロシアの標準貨物船のカンダラクシャ号を使って1995年にNSR実船試験航海を実施し，横浜からノルウェー北端のキルケネスまで，確かに非常に早く着くことを改めて認識しました．実は私は実船試験をやりたくて，日本財団の笹川会長に何回も陳情したあげくのことでしたので，個人的なことで乗船を断念せざるを得なかったのは今でもとても残念に思っています．

現在の海洋政策研究財団では，いくつか刊行物があります．1995年のシンポジウムはDVDにしてあり，入手は容易です．『北極海航路』は，日本財団がネット上で公開していますから，それをお読みください．それから，『New Era』というJANSROP IIの方もネット上にあります．

4 北極海における船舶の航行

次に「北極海における船舶の航行」に話を進めます．北極評議会，アークティック・カウンシル（Arctic Council: AC）という言葉をよくお聞きになると思いますが，ACの研究実動部隊は，EPPRやSDWG，AMAPなどのワーキンググループ（WG）です．特に有名なものは，AMAPとCAFF，PAMEで，この3つのWGの活動が非常に盛んです．すでに北極圏研究はさまざまな活動が展開中でして，地域それぞれに特徴のある活動も進められています．

NSRは，ソ連旧体制時代の戦略港湾都市への物資供給ということで始まったわけですけれども，旧体制崩壊直前，ゴルバチョフ書記長がNSR開放宣言をしました．これは北極海はもはや戦略海域ではなくなったということでして，戦略都市への物質供給を次々にやめてしまったものですから，しばらくはNSRの運航は激減しました．NSR復活は，2009年にベルーガの船がたまたま通航したことが端緒となりました．2010年の計画は，かなり前からチューディー・シッピング・カンパニーが中心になって練ったそうです．続いて次の年には，ロシアのソブコムフロート社が，初めての大型船を航行させました．ロシアは，従来，ムルマンスク・シッピング・カンパニーと極東船舶公社（FESCO）が北極海航路を二分して運航を担ってきましたが，このソブコムフロートという会社は，老朽化船を多数抱えるこれら2社に代わって登場した新鋭のロシア国営会社です．

NSRで実際にどのような運航実績（トランジットのみ）があるか示したものが図8です．スエズ運河通航隻数は桁違いの数ですのでニッチな航路と言われて当然の隻数です．2014年は終結していませんが恐らく51隻か52隻かで終わりそうでして，去年の71隻に比べればかなり減ります．通航船舶が大型化しまして，貨物輸送量としてはかなりの量まで復活してきましたがピーク値の6,455百万トンまではまだ間がありそうです．ロシアのロスアトムフロート（原子力船舶公社）の統計データが一番正確だろうということで，その資料をみますと，2014年は空荷（バラスト）が11隻もあり，2013年も22隻が空荷で，空荷対策をどうするのかが課題です．ロシア海運は，旧体制下のような感覚ではなく，搭載貨物を懸命に探し求

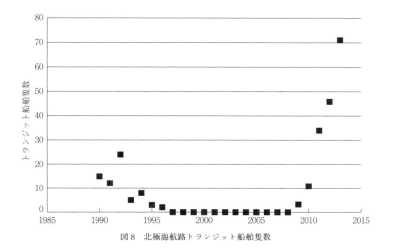

図 8 北極海航路トランジット船舶隻数

めることが重要です．

　もう一つの北西航路の方は，公開資料がほとんどありません．私の調べたところでは，研究船などのさまざまな船が，北西航路の端から端まで通航するというよりは，目的に応じた航路内で運航していることがわかります．今世紀初めて北西航路を完航したのは，2013 年のノルディック・オリオンです．2014 年はフェドナム社のナビックという船が完航しただけです．この船は，日本の津の造船所で造られた船です．

　氷況の話題で時々密接度という話が出てきますが，密接度と海氷の占める面積を模式的に表したものが図 9 です．海氷が観測単位面積内に 15% あるところまでを氷縁と人工衛星画像では定義していますから，画像氷縁の外にも，海氷が全くないわけではなく，画像では海氷がないように表示されている海域にも，一番上の程度の海氷はあるということを理解しておく必要があります．氷海域を航行する船につきましては，船の安全確保のため，船級協会が，航行が許される氷況に応じての規則を設けています．以前は，規則基盤となった主たる対象海域の氷況が異なることもあって，船級協会毎に個別の規則がありまして，運航者側から見れば面倒かつ不愉快なことですので，IMO が統一規則を設けましたのが，一番下のポーラー・コードにおけるポーラー・クラスの定義です．これも実は非常に矛盾していまして，極海域で通年航行できるといっても，極海域というのは，

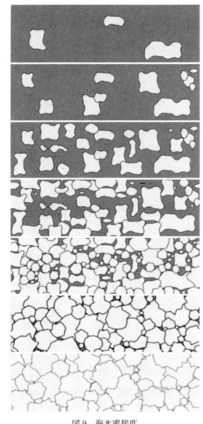

図9　海氷密接度

そもそもどこでも同じような氷況ではないわけです．極めて厳しいところもあれば，容易に航行できるところもあります．氷況を概念的に表す言葉にアイス・レジームという英語がありますが，アイス・レジームの定義がなく実態とは合わないとの反論もありまして，審議が続いていますが，観光船の運航も増え何らかの国際規則が必要であることには異論はありませんので，承認されるでしょう．何もないよりはましですので，少なくともまずは承認した方がいいと考えております．

実際の船の運航に際して一番困ることは，漂流氷山です．暖かくなったものですから，島々の氷河から多数の氷山が流れてきまして，複雑に漂流します．スパコンの「京」でやりましても，このような氷山漂流軌跡は推定できないというむずかしいものでございまして，大きな氷山が見えますと，ロシア政庁から「近寄るな」という警告が航行船舶に出されます．船では監視者を増やしまして，氷山を迂回して航行するようにします．もう一つの難問は，氷山片という小さい氷山の存在です．ブリッジから発見するのはかなり困難です．特に氷山片の後方に，大きな氷山がありますと，氷山片の発見は不可能に近くなります．かなり接近して発見しましても船の慣性力が大きく，回避できない場合があり，衝突時船速次第では大事故になる危険があります．惑星・海洋物理屋さんにとっては，このような海氷分布に若干の差異がありましても，問題になることはほとんどありませんが，船乗りには，わずかな地域的差異が航路選択に大きな影響を与えます．カリフォルニア沖のグ

ァダルーベの積層雲の渦というのは昔から有名でございまして，非常に見事なカルマン渦を作ります．このシミュレーションを NASA がやっていますが，渦の初生と渦状況を正確に予測できていません．小さな渦場の計算は，計算機でやりましても，一瞬のうちに渦ができて，ある時間がたつと消えてしまうというような場合は難問です．この「小さな」という定義が問題で，海洋物理学では小さくても船のサイズに比べればはるかに大きなものである点に十分注意する必要があります．

さまざまな海氷で覆われた海を航行するとなれば，どれが多年氷で，どれが1年氷で，どれが厚そうで，どれが硬そうなのか，目視で見極める必要があります．なぜなら，人工衛星画像が与えてくれる情報は，氷があるか，ないかだけで，非常に厳しくいえばそれだけの話で，画像から厚そうだ，薄そうだということは言えますけれども正確ではなく，硬さまでは教えてくれません．このような海域での航行経験は，実際のオペレーターとしては必須ということになります．

船では，まずは人工衛星画像で氷況概況をつかみますと，今度は航空機やヘリを使って，上のようなもう少し精密な，局所的な情報を取得します．さらに不安がありますと，船員が氷上に降りまして，氷盤上でコアサンプルも取り，氷厚を測り結晶構造を調べ海氷の硬さを推定します．カナダ沿岸警備隊などの船舶では必須科目です．商船ではコアサンプルまで採取することはまずなく，単独航行では，頼りになるのは人工衛星と経験豊かなパイロットとなります．北極海航行で一番頼りになる人工衛星はロシアの GLONASS です．海氷が激減したことで，以前にはなかった問題が出てきました．北太平洋を航行すればアリューシャン低気圧などの影響で，荒狂う海に遭遇することも少なくありませんが，以前の海氷に覆われた北極海では 開水面が散在するだけで，波は成長せずまた海氷によって減衰してしまいます．しかし，海氷激減の現在では，開水面が広がりフェッチ（吹送距離）が長くなりまして波浪は成長し，また波浪を減衰させる海氷が少ないので，非常に高い，5m付近の波が発現します．そのため北極海の夏場，今までには経験したことがないようなことが起こります．

飛沫着氷（アイシング）が問題となります．荒れた海での航行では，波と船体運動との複合作用で，船首付近では激しいしぶきを立ち上げます．

寒冷域ではこのしぶき（海水飛沫）が過冷却状態で船体に降りかかります．過冷却海水飛沫は，船体への衝突により凍結します．風速と気温がある一定条件の中では，瞬く間に着氷が成長します．これは一例ですけれども，気温−18℃で風速が25ノット，10時間後には，船は着氷で覆われてしまいます．これまで，電気ヒーターや電磁パルスを使って除氷するさまざまな装置が開発されていますけれども，いずれも，コスト高や，あるいは満足な効果がない，塗面の補修頻度など難問が多々ありまして，いまだに船員たちは極めてクラシックな道具を使って除去しています．

もう一つの大問題は，港がないということです．北極海航路をずっと航行していても，いわゆる国際級の避難港要件を満たす港がありません．国際規格避難港というのは，破損箇所の応急手当ができ，飛行場があり，医療設備があって，難病の人でも一応の一時措置ができるという機能施設をいいますけれども，ここにはそのようなものはありません．比較的施設が整っているのはディクソンだけでしょうし，ティクシも，国境警備隊が警備している空港ですから，いかめしい格好の，小銃をぶら下げた人が通関をやり，現在なお入域許可が必要な港湾都市です．荷役設備は旧態依然です．もしこの港で油流出が起こったら，どうなるでしょうか．かなり悲劇的です．現在あるどの装置でも，氷海中に流失した汚染油を満足に除去することはできません．ロシア政府は，船が油濁汚染を起こした場合に，自船の周りから油が広がらないような防除施設を持つことを大型船に限って義務化していますが，外国船には適用されていません．外国船でも保険および事故後の賠償金額を考慮すれば，対応機材搭載は必要となりましょう．

通信については，極軌道衛星が必要となる極域では問題があります．船員に対するMLC（ILOの船員に対する労働基準の一つ）は，日本も批准しましたが，船員の安全・健康・福祉についてポート・ステート・コントロールの臨検権が付与されましたので，船社側は大変です．極域での航行でも，インターネットで家族と会話ができたり，あるいはテレビを見たり，そのようなことができる設備・環境を作れということです．これはインテルサットの例ですが，ブロードバンド大手は，極域の通信網の開発に懸命です．

さらに，もう1つの問題は，先住民です．先住民の伝統的生活・文化

を守れというのはよく聞く言葉でございますけれども，実は何の対策もしていないということが，本当のところです．なぜなら，先住民の伝統的な釣りや狩猟などが最早不可能な状況になっています．例えば海の先住民ですと，手漕ぎのボートで漕ぎ出しても，はるかかなたに動物がいるという空間ですから，モーターボートで行かざるをえません．モーターボートを使用すれば，燃料もかかるし，モーターボートの購入費も大変です．さまざまな諸経費も大変だということで，都会に住む人たちと同じような生活を強いられています．それを同化と言いますけれども，同化策が当たり前になっています．

ILOでは，古くはILO 107という条約がありまして，ILO 107で先住民の自治権を認める必要があると提言しましたけれども，先進国はどこの国も批准しておりません．10年前，ILO 169というILOの条約ができまして，これも先住民の自治権をうんぬんする問題でしたが，日本は批准していません．日本の場合はアイヌの方がおられますので，アイヌの先住民の人たちに対して自治権を認めることができるのかどうかということは，アイヌ新法の条項を見る限り，不可能に近いと思います．先住民の暮らしと開発との調和が肝要です．

図10は，国際海洋法に依拠して決定された救難（SAR）の分担海域です．ロシアが圧倒的に大きいということはすぐおわかりになると思います．デンマークもグリーンランドにはほとんど然るべき船がありませんので，分担海域は承認しましたが，実態はほぼ皆無というところです．ロシアだけが比較的優秀でございまして，このようなSARシステムを作りまして，一応，実施，着手というところにきています．このようなSAR海域分担への具体的な対応策として，原子力砕氷船をSARの基地として考える案があります．可動型SARということになります．この考えには個人的には賛成でございまして，沿岸付近にSAR基地を造ったところで，好んで厳しい冬を過ごそうという人はまずいないでしょうから，消費型の沿岸都市が出現し，北極海にさまざまな廃棄物，排出物を出す要素が増えることになるからです．これは北極海にとって好ましいことではありません．

商船航行に際して，頼みになるのはロシアの砕氷船ですが，老朽化が進んでいます．日本や欧米の船と違い，ソ連時代から塗料不足の背景があり，

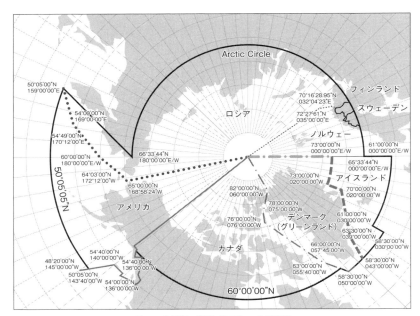

図 10　北極海の救難（SAR）の分担海域

ロシアでは船体外板に腐食に配慮した増厚をしていますので，赤さびだらけの船でも船体自体は，意外と丈夫です．一番新しい原子力砕氷船「戦勝50周年記念号」（50 Let Pobedy）は，元来第2次世界大戦の戦勝50周年のことですから，2000年前に就航していなければなりませんが，予算がつかず船台上に7年も乗っていまして，ようやく2006年に就役いたしました．ディーゼル砕氷船の大半は，FESCOが所管していまして，残りは運輸省とMSCの管理下のものです．原子力砕氷船の運航は，政府がMSCに委託していましたが，原子力産業分野の見直しがあり，現在はロスアトム傘下のアトムフロートが全部を保有し，また新原子力砕氷船建造計画も担っています．大河川での砕氷を担う砕氷船設計では，浅い喫水への対応問題があり，推進システムの改良につながりました．第一船のレーニン号は，革命の父レーニンを船名に付したもので，現在はムルマンスク港で博物館になっています．レーニン号が，予想外にうまくいったことの影響でしょうか，二番船アークティカでは新しく開発した舶用炉を搭載しました．航行では，その新舶用炉は非常に具合が悪くて，メルトダウンに

全体像　　　　　　　　コントロールルーム

プロペラと舵　　　　　　　ブリッジ

図11　原子力砕氷船「戦勝50周年記念号」

近い事故を起こし，舶用炉そのものを，新しい安全な舶用炉に変えました．

　ソビエツキー・ソユーズは，不運な原子力船でして，炉の問題ではなくて，炉の次にある蒸気発生装置のトラブルが最終的に修理不能となり，実際に運航したのは1年余りとなりました．セブモルプトは，はしけ運搬船として建造されましたが，実際にその機能を発揮することはなく，廃船が一旦決定されましたが，原子力砕氷船不足を補う必要からアトムフロートが2014年になって廃船を取り消し，延命修理が行われています．

　戦勝50周年記念号の船内の一部を紹介したのが図11です．プーチン大統領がブリッジに見学に来ているのがわかると思いますが，なかなか頑丈な船です．機関制御室もかなり近代化されております．ロシアの砕氷船がいかに故障に強いかは，船尾を見ればおわかりになります．プロペラはすべて組み立て式で，プロペラ翼が1つ折れますと，潜水夫が冷水中で搭載している予備のプロペラと交換します．人間より大きなプロペラを氷の中で交換するのですから，大変過酷な作業です．図12は，設計が終わり，間もなく建造着手予定の新原子力砕氷船の完成予想図です．これまで

図12　ロシア次世代原子力砕氷船（イメージ）

の原子力砕氷船とは異なり，砕氷任務以外の多様な作業ができる多目的船になっています．3軸で，当初はアジポッドを使う予定でしたが，アジポッドは故障の際の，修理・メンテナンス・シナリオに難があることで断念し，通常プロペラ仕様に変わりました．

　また先住民の話題に戻りますが，北極域の先住民にはいろいろな部族民がおりまして，その中のサンピと言われる先住民が最も多数の民族で，北極圏全般で暮らし，大学も持っています．ただ，決して豊かではありません．ロシア先住民の組織としてはRAIPONという組織がございますが，この組織の活動をプーチン大統領が昨年停止させました．「ロシアには先住民はいない．みんなロシア人だ」という論理です．これは，日本のアイヌ政策と似ていまして，日本にはアイヌ人はいるが日本人以外の人はいない，日本人であると．それをまねたのかもしれませんが，RAIPONは機能停止に陥り海外の多数の組織から猛反発を受けています．

　原子力砕氷船は，NSRが復活するまではかなり余裕があり，バルト海での砕氷支援や北極点クルーズを実施しています．北極点クルーズには，興味深いことに，中国人船員と覚しき人が毎回30人余り乗船しています．中国は，何十年も前から北極海での船の運航計画があって体験訓練をして

いたわけです．日本人やドイツ人など一般乗客とはできるだけ接触を避け，ブリッジには主として夜間に現れます．

5　北極海の環境汚染と環境保護

　船員にとっても先住民にとっても問題なのは大気汚染や水・氷の汚染です．アークティック・ヘイズと呼ばれるものは，日本も影響因子の一つですけれども，工業生産国から北極域に流れ込んでくるさまざまな悪いものが含まれるエアロゾルで北極圏に降ってきます．これは，バード少将が初めて飛行機で飛んだときに，何やら怪しげな黒い霧があったということで発見されたものです．

　船員に関しては，環境生理学的な問題もあります．北極海航行では，特異な環境の基礎知識についての教育は必須ですが，船員には寒冷環境下訓練と，実際の航行経験が必要です．また，船員に低温耐性があるか，ないかを事前に調べ，訓練しても余り効果のない船員を選別し乗船業務から外して置くことがストレス起因の事故を防止する上で重要です．船長が，乗船船員の低温耐性レベルをデータとして持っていることも大切です．海難事故はヒューマンエラーに起因するものが少なくなく，そのような事故発生リスクを軽減させ事故を未然に防ぐ手立てが，北極海航行では特に求められます．人間の明かりに対する自律神経系の反応は，照明の周波数によって変わりますので，当面は，長い昼間での航行となりますので，室内の照明を船員の睡眠が十分確保できるように工夫しておくことが肝要です．

　北極海環境保護策としては，海洋保護区を多数設けて，海洋生態系の本来の営みを阻害することがないように，船の航行を規制する方法が考えられます．

　北極海航行の問題点を総括いたしますと，国際的に合意し得る法的枠組みの策定，北極圏の自然・生態系環境の理解と保護，運航面では，航行の安全を確立するための技術的な問題の解決，通航料や砕氷船支援システムの問題，そして，汚染時の賠償問題があります．賠償は巨額なものとなるのが道理ですので，ロシア政庁としては，賠償責任が確保されていない船舶には通航許可を与えない規則を制定していますが，個々の賠償案件は契約ですので，万が一の場合，非常にむずかしい対応を迫られると思います．

船員の乗船訓練については，日本人が考えている以上に訓練と経験が非常に重要だということを，実際に冬のバルト海の砕氷船に乗りまして痛感いたしました．

このような問題に対する対策活動としましては，まず氷況変化については，自然科学分野で市場水準の長期・中期・短期予報を目指して努力が続けられていますが，いまだ成功していません．工学分野では，船型の改良や推進系の改良，温暖化物質の排出，船体および付属物の強度向上が図られています．このような問題は，市場原理の問題を除けば，コンピュータの進歩のおかげでほぼ問題の解決が図られています．氷況次第の季節運航では，船社にとっては，計画時に氷況が読めないことが船の配船計画を立てる上での障壁でして，この点の解決なしには，北極海航路が一般国際物流航路として認められるのは至難です．

6　おわりに　北極海航路と日露関係について

現在は日露関係を展望するのは好機ではありませんので，日露関係の展望については簡単に触れておきます．なにぶんロシアは資源があり余る国ですので，資源の乏しい日本としては良好な関係を築くのは当然のことと思われます．日本にとっては，オーストラリアもある，インドネシアもある，南アジアもある，ブラジルもあるということだけではなく，やはり隣接国ロシアとの関係を常に良好な状態に保つことが重要だろうと思います．いずれの国にも個別のリスクがあり，リスク分散の上でもロシアは欠かせません．しかし，日露間の貿易は極めて少ないのが現状です．ロシアには市場はありますが，この市場を活用しようとする努力をしていない現況が問題です．

NSRが海上物流の大動脈とは言えなくとも確実な海路となれば，北海道の苫小牧は，地政学的に優位な地位を占めています．積み替えハブ港構想を提示して，苫小牧に「頑張れ」と言ってはいますが，北海道産物への拘りから北海道から何を出すのかということが一向に決まらず，会議ばかりで無為に終わっています．NSRのハブ港としての施設計画も未定です．輸送すべき貨物がない限り船は苫小牧には寄港しません．NSRを通航して，津軽海峡，宗谷海峡を通るのは，韓国や中国行きの船舶です．パナマ

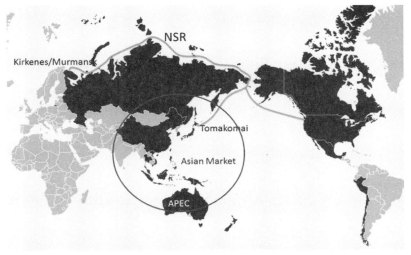

図 13　北極海航路；アジア市場への幹線輸送レイン

運河の改修工事が終了すれば，パナマ運河対応も重要な課題となります．苫小牧は良質の飲料水に恵まれていますので，アメリカの渇水地域への水資源輸出も検討すべきではと提案しています．

図 13 からおわかりのように，ハブ港としての要件を満たす苫小牧は，ハブ港構想のシナリオが描ける港と思いますが，現状では，まだ地方の小さいコンテナポートです．地理的条件は良好で，活断層は遠方で止まっていますし，過去，津波被害の経験が非常に少ないこと，地震による震度も 4 が最大で，将来についても 4 止まりということですから，例えば東南海地震があり，関東の直下型地震があって，日本の物流拠点が崩壊した場合の代替港として，苫小牧港をぜひとも開発すべきだと代議士先生に陳情しました．この案は，「確かに，その必要はある」ということで，一応，自民党の有志の会の中では認知されました．

どうでもいいことですが，大陸棚や EEZ そのものの考え方には私は多少異論がありまして，これが現在の混乱を招いた諸悪の根源にあるように思います．

日本の関与すべき問題というのは，ほとんどすべての分野について，科学技術的な問題で日露関係の協力ができます．そのときに何が重要かというと，やはり日露間の信頼を確立することですが，これは 1 年や数年の

関係でできるわけではございませんから，ロングランで徐々に作っていくことが必要です．ロシアは面白い国で，冷酷な面と人情という言葉が通用する面が共存する国です．例えば，アトムフロートの社長が2013年の国際会議に来てくれたのも，プーチン政権への移行期間中で，笹川会長のおかげではありますが，ロシアが一番困っていた時代に研究資金を提供してくれた財団であるという認識があり，また以後，財団がロシアに約束したことを反故にしたことがありませんので，信頼に足る財団との認識があったからだと思います．

Q&A　講義後の質疑応答

Q 北極海を運航することや調べることには相当な苦労があるということはわかりましたが，海路を確保したり，いろいろな研究をすることの最終目的は，資源や輸送手段として北極海のルートをどのように確保するのか．それが，日本全体の貿易や輸出入，海上交通，陸上交通，何回か前にパイプラインの話もあったのですけれども，そのようなものも含めて，日本の資源エネルギー政策的に，全体の中でいうとどのぐらいのインパクトや重要性があるのかということが，よくわかりません．

A 最初の北極海航路は意味があるのか，ないのかということは，二つあるのですね．一つは，オルタナティブなヨーロッパとアジアをつなぐ海路を，どうしてもどこかに作っておく必要があるだろうと．なぜなら，アラブ諸国の争乱のようなリスクが考えられます．また，大昔にスエズ運河が通れなくなった時代があって，非常に困りました．そのような事件がありうるということで，オルタナティブなシーレーンを必ず一つは確保しようということです．

それからもう一つは，これは市場原理に基づいての話ですけれども，2014年のようにフレート・マーケットが非常に悪いと，距離の短縮効果がほとんど効いてこないのです．しかも，オイルのバレル単価が90ドルのところをうろうろしています．昔は100ドルを超えていましたから，

距離の短縮効果が非常に強く出ました．それからもう一つは，IMOで言っている排出ガス規制の総量規制です．これは，距離が短くなれば当然排出量は少なくなりますから，そのような意味で北極海航路というのは，国自体にとってもありがたい，メリットのある話です．排出ガスの取引の上でも，楽になるというメリットがあるということです．ただ，それはあくまでも市場原理ですから，2014年のような状況であれば，船が激減するのは当たり前のことだと私は思います．NSR利用の是非は，市場に任せてよろしいのだろうと思います．

資源エネルギー政策は，すでに市場が先行する時代です．膨大な賦存資源を誇る北極圏ロシアには政策的なアプローチが必要と提言しています．

Q　先生の講義とは少し外れてしまうのですけれども，海氷が減少するという事象そのものについて，良いこと，悪いことという判断はするべきではないのかもしれませんけれども，今，北極海で起きている環境の変化について，先生の個人的なお考えを聞かせていただけたらと思います．

A　北極海の氷がなくなることについて，個人的な見解は，非常に嘆かわしいと思っています．私は造船屋ですから，船を造って「いけいけ，どんどん」の分野ですけれども，感触としては，資源開発や船舶の運航はあるべきではなく，できるだけそっとしておきたいというのが，個人的な見解です．ですから，安全という観点については，非常に厳しくものを見ています．また，実際にそこに先住民が住んでいらっしゃいますので，先住民の伝統的な文化の保護や，あるいは健康状態の問題など，今，非常に厳しい状態にありますが，そのようなことについても十分研究もし，勉強もしているつもりです．

Q　汚染対策ということでいろいろと考えなければいけないことはあるものの，実際にどこまで汚染対策が取れるのか，取れないのかということを考えたときに，北極海航路を通れる船の種類，使える燃料が限られてくるのではないかと思うのですけれども，そのへんはいかがお考えでしょうか．

A　汚染対策については，まさしく絶望的です．まずは起きないことが大切です．ですから，ダブルハル規定や，あるいは，一部でささやかれてい

る重油使用の禁止策があります．しかし，汚染に関しては，軽油も重油もあまり変わりません．一般には，LNG 炊きの船が薦められますが，ご承知のように，LNG タンクは大きくスペースの確保と万が一の場合の船内配置が問題です．バルト海やヨーロッパのカボタージュではところどころに LNG の補給基地がありますし，船自体が補給船という形式で運航していますから，LNG 炊きの船は発展しますけれども，日本のように地震国であり長細くて開放的な海域エリアを持っているところは，なかなかLNG バンカーにはなじめません．このような背景もありまして，まずは事故を起こさないことと，言えることはこれだけです．そのためには，船員の訓練・経験と適応性が一番重要になります．

Q　日露間の貿易という視点に立ったときに，北極海の航路がどれだけ物の輸送を促進する意味があるのかということを，ここに関して素朴に疑問に思いました．と申しますのも，今，日本でものを作ったり，アジアでものを作って，それをロシアの内陸部に運ぶ場合は，われわれの業界だけかもしれないのですけれども，一般的にはウラジオまで船で運んでいって，そこからシベリア鉄道に乗せて内陸部に運んでいきます．このようなルートがある中で，北極海航路というのは，冬場は使えない，港湾が開発されていないなど，いろいろな制約があるルートです．このルートが今後，日露間の貿易にどのように活用できるのかということが，非常に素朴な疑問として思いました．先生のご意見をうかがいたいと思います．よろしくお願いします．

A　日露関係の貿易量の件については，海上輸送すべき大型・大量貨物がないことが原因です．対ロシア貿易では，海上輸送では面倒な通関手続きが簡単になるメリットがありますので，苫小牧に貨物を集め小型コンテナー船での運航が適していると思います．今のところ，ロシアからはヤマルLNG しか期待できません．サベッタ港建設の資材輸出は，期待はしましたが，日本資材はコスト高と聞いています．北海道の道産品は，残念ながら東京の市場では一番ラストカムで，ジャガイモの例では一番値が下がったときに出荷されます．おいしいジャガイモでも，九州産のジャガイモは高値で売れて，北海道産のジャガイモは安値でしか売れないわけです．道庁には，真面目な意見として，東京には出さないで，全部サンクトへ運べ

ばよいのではという極端な話をしています．それは，サンクトやモスクワ等の大都市は，混乱期の二重市場と同じで，富裕層と一般の市民と，食べるものも自動車も違えば，すべて違うのです．市場を見て歩いて実感しましたが，ジャガイモは富裕層には必ず売れます．あとは根菜です．ニンジンやタマネギなども，われわれが口にする大きな玉のタマネギは，ロシアの一般市民の口には入りません．非常に差別的なやり方で，あまり気分はよくないのですけれども，実際に北海道が産出できる年間の農産物産出量は，ロシアの富裕層が1年間に必要とする食料とほぼ同量です．NSRが利用できれば，本州に卸さずに全部ロシアに持って行くのは，良策かもしれません．

ただ，そのためには，まずはロシア船を使用してNSRを通航し，サンクトで船上での即売見本市を開いて道産品の価値を認識させることから着手し，徐々に市場を拡大するのが肝心です．農産物の扱いは農協が管理していますが，北海道でも脱農協が進展中で，希望も見えますが，道庁は乗り気ではありませんので，具体化の段階で休止しています．水産物も同様です．日本の魚類はロシアでは高級魚ですので，高く売れますが，近場の中国が買い占めてしまいます．海上物流路を利用するロシアの出品としては，粉炭使用の発電も熱効率がかなり高くなってきましたので，石炭も含めて，石油，天然ガス，鉄鉱石，最近ではペレットかその原材料としての木材チップ，あるいは，もう少し高級なニッケルというような原材料になりましょうか．日本からは関税の問題があり，また北欧市場が振るわないこともあり，苫小牧ハブ港様式に頼ることになりそうです．

Q　北極海航路についてのロシア政府としての関与といいますか，どのような意図を持ってやっているのかということがもし何かございましたら，おうかがいできればと思います．

A　NSRに対するロシア政府の関与というのは，プーチン大統領が各省の問題について細かな指示を出しているわけではございません．プーチン大統領の下では，法治国家ロシアの実現は夢のように思われます．NSR科料もロシア税法体系の中に入れ込みたいわけです．ただ，本来商法分野でもあり，スエズ運河通航料と対抗する国際市場の影響を受ける通航科料は，

季節によって違う，氷況によって違うなど，税法体系のシステムに合致しないことが問題です．ロシア運輸省の高官との間で何度も議論があって，最初のNSR新法は2011年にできましたが，そのときは運輸省案が却下されて，議会案がプーチン大統領の目を通りました．そのようなこともありまして，プーチン大統領が法治国家の体制を執りたいといっているのは体制だけ，形だけのように思われます．本当に執りたいのであれば，もっと別の手段があると思います．ただ，ロシアにも日本の財務省と同じように大変厳しい官庁がございまして，国家支出については厳しいものがあります．ロシア連邦国家予算体制は非常にユニークでして，かなり自由に使える予備予算が非常に大きいのです．流動予算ともいいますが，これはロシア特有の考え方で，通常では予備費は少額で，国家予算の5%程度かと思いますが，ロシアでは，それが20%台の大予算ですので，政府が自由に使えることになり，柔軟性の高い予算ともいえますが，不思議な予算体系になっています．

この柔軟な予算体制も手伝ってプーチン大統領は，陸上の大動脈トランシブに重きを置くのか，北極海航路に置くのか，ずいぶん迷った節があります．一時はトランシブに投資しましたが，結局トランシブは収益性が芳しくないとわかって，トランシブを諦めて，北極海航路投資を決断しました．今はアトムフロートのルクシャ社長とプーチン大統領との関係が非常に良好だということもあって，新しい原子力船3隻が，一応，軌道に乗りつつあります．ルクシャ社長は，もともとは運輸省の役人でしたし，ムルマンスクの船員でもございました．そのような経験もあって，海外の海運事情をよく知っているわけです．その経験から，財務省が原子力砕氷船の建造費等を全て含んだものを科料に置けといったにもかかわらず頑強に反対しました．そのようなことをしたら誰も通らないと．スエズ運河の何倍もするような通航料を取ってどうするのだということで，激論を交わしたようです．プーチン大統領はルクシャ社長の意見を取り入れまして，2013年の試行的な新法ができました．ルクシャ社長に直接聞きましたが，これはあくまで試行的な制度と言っていますから，2015年あるいは2016年以降徐々に，もう少しわかりやすく，民間の方が計算できる科料体系になってくるだろうと思います．ただ，合理的な科料制度確立には運用経験

が必要であり，時間がかかるそうです．一般にいわれるような，ロシア船に対する特別な扱いはないとのことです．

　プーチン大統領は，ロシアの造船業が効率的ではないものですから，怒り狂って統一造船所を作りましたけれども，統一造船所もうまくいっていません．そこで，ヘルシンキのマサヤードを買収しましたけれども，そこもあまりうまくいっていないようです．ヘルシンキのマサヤードは，もともとロシアの原子力砕氷船の船体を造った由緒ある造船所ですので，何とかなるかも知れません．では，日本が出張ってロシア造船に投資することが可能かどうか，造船所に聞きましたけれども，興味はないとのことでした．

　鉄道は保線作業が重要です．以前は政治犯など無償か低賃金の労働者がトランシブの保線を担ってきましたが，現在は通常の労働者が働いていますので，所謂軌道狂いが出始めていまして，車両の動揺加速度が増加していますので，精密製品の輸送には不向きです．海外投資待ちで今後の見通しは暗いようです．

北川先生のおすすめの本

『北極海航路―東アジアとヨーロッパを結ぶ最短の海の道―』（財団法人シップ・アンド・オーシャン財団，1999 年）

『Arctic Marine Shipping Assessment 2009 Report』（PAME, Arctic Council, 2009 年）

『北極読本――歴史から自然科学，国際関係まで』（南極 OB 会編集委員会編，成山堂書店，2015 年）

第10講

ロシアの今後
ロシアのゆくえ,そして日露関係を考える

和田春樹
東京大学名誉教授

和田春樹(わだ はるき)
東京大学名誉教授
1960年東京大学文学部西洋史学科卒業.60年東京大学社会科学研究所助手.
66年東京大学社会科学研究所講師.68年同・助教授.85年同・教授.96年同・所長(1998年3月まで).98年3月東京大学退官.98年東京大学名誉教授.2001年東北大学東北アジア研究センター客員教授.
著書に『領土問題をどう解決するか 対立から対話へ』(平凡社新書,2012年),『北朝鮮現代史』(岩波新書,2012年),『慰安婦問題の解決のために アジア女性基金の経験から』(平凡社新書,2015年)など多数.

はじめに

　今日は最後の講義ということで，ロシアのゆくえというものについて，まとめのお話をしなければならないわけです．うまくできるかどうかは心もとないですが，私が考えているところをお話ししようと思います．

1　キエフ＝モスクワ・ロシアからロシア帝国へ

　あらためて，ロシアとはいったいどのような国かということを，考えるところから始めたいと思います．ロシアという国の起こりはキエフ・ルーシからです．キエフという都にルーシという国ができた，これが最初だということになっています．ロシアの世界は，東スラブ人の世界です．基本的には農民の世界ですね．キエフに国ができるにあたっては，『原初年代記』に書かれている伝承によれば，862年に人々は，北方のワリャーグ，ノルマン――「ルーシ」と呼ばれていました――のところに人を派遣して，統治者を招いたと言われています．『年代記』の記述には，使者は「われらの国は大きくて豊かだ．しかし，秩序がない．来たりて公として君臨し，われらを統治せよ」と言ったとあります．そこでワリャーグの世界からやってきたのがリューリクという人物でして，彼がリューリク朝を開いたと言われています．その都が，キエフであったということですね．

　リューリク朝が開かれ，その5代目あたりにウラジーミルという人物が現れました．この人がビザンツ帝国からギリシア正教を受容します．『年代記』の記述によれば，いろいろな宗教を調べた上での選択であったということです．当時ルーシの宗教は，伝統的な自然神崇拝のようなレベルでした．ユダヤ教，イスラム教，ギリシア正教，カトリックなどを調べて，ギリシア正教を選んだのです．理由は，儀式が一番美しいからであると書かれています．教会に入ると，自分たちが天国にあるのか，地上にあるのかさえも覚えていないほど，それほど美しい儀式であり，美しい世界であった．「これがいい」というわけです．ロシア人の選択ですが，面白い選択です．

　その前からこの地にはキリル文字というスラブの文字が入っていました．要するに，支配者がいて，宗教があって，文字があるということによって，

ロシアの世界ができてきます．ルーシというのはやってきたノルマン人の呼び名でしたが，それを取って「ルーシ」がこの地の国名になり，「ルースキー」，「ルーシの人」がロシア人になるわけです．

　そうだとすると，そのキエフはどういう存在になるのか．今日キエフは，ウクライナの首都です．そして，ウクライナのキエフとロシアのモスクワがいま激しく争っているというわけですが，以上の話からすると，この対立は非常に深刻だということがわかりますね．ご承知のとおり，エルサレムというのはユダヤ教にとっての聖地であり，そこから現れたキリスト教にとっても聖地であり，後にそこを支配したイスラム教徒にとっても聖地なのです．それでエルサレムをめぐって，深刻な争いがあの地域にあるのです．イスラエルとパレスチナの間に，ほとんど非和解的な，妥協できない争いが続いています．これが，今日の世界に大きな影響を及ぼしています．アメリカとイスラム原理主義の戦いの淵源がそこにあります．そのようなエルサレムと似た存在がキエフです．ロシアにとってのキエフは国の起こりの聖地であって，ウクライナ人の国にとってキエフは現在の首都ですから，ここに非和解的な対立の根があると言ってもよろしいでしょう．従って，ロシア人とウクライナ人は，和解的に生きなければ大変なことになってしまうわけです．

　実際のところ，ウクライナ人の起源は，はっきりしていません．どのようにウクライナ人が出てきたかということは，われわれの仲間が書いている本でもほとんど説明していません．ワリャーグがやってきて，混血して都市の支配層になっていきます．そして，言語をもち，宗教ができるという状況で，そこからロシア人が出てきました．いまウラジーミルが正教を受容したと申しましたが，ウラジーミルという人は非常に精力絶倫の人で，子供が 12 人ほどいました．この 12 人が，方々へ派遣されていき，その地を支配することになっていきました．キエフから北東のモスクワ，ウラジーミルの方向，北のノヴゴロドの方向へ支配者が散っていくわけですね．この支配者が行った先にロシア民族ができてきます．つまり都市の支配層，文化的にも経済的にも権力的にも強い者が，ロシア人の流れとしてそれらの地域に広まっていくことになります．外に移った公たちの反乱で，キエフの権力は 12 世紀に滅ぼされてしまいます．そして，13 世紀にはモンゴ

ルがこの地を支配します．

　キエフを中心とする一帯はやがてウクライナ（辺境の地）と呼ばれるようになります．都市はさまざまな支配者を迎えますが，変わらないのは農村の住民です．この人々も，伝統的な信仰から出て，徐々にキリスト教を受容するようになってきます．そして，ある意味で言うと農民の方言のようなものからウクライナ語が出てきて，北方の都市のロシア語と分かれるようになるのでしょう．全体としてロシア人が力をもって，ウクライナ人はその下に来るというような状況であったのではないかと思われます．そして，後で説明するモンゴルの支配のあとで運命がさらに分かれます．ロシアはモンゴルと長くつきあって，その支配からうまく抜け出るが，ウクライナの方は，モンゴル支配のあと直ちにリトアニアの支配を受けて，そのあとはポーランドの支配を受けるというふうに，カトリックの支配を受けます．しかし，カトリック化はされないのですが，このようにウクライナは苦労の連続です．そのような歴史の中でウクライナ民族が形成されてくることになるのです．

　ですから，ロシアとウクライナの歴史は非常に密接なところから始まっているのです．ウクライナの方は，ロシアの圧迫を受け，さらに西方の強国の支配も受けました．やはり，ロシア民族とウクライナ民族は共存し，和解し，協力し合っていかなければ，両国ともに歴史が成り立たないのです．

　さて，ロシアの歴史は，キエフのあとモスクワに移って，モスクワ大公国から本格的に始まってくるわけです．1147年に，モスクワの記述が『原初年代記』にはじめて現れます．その1世紀後には，モンゴルのタタールの支配を受けます．そして，モンゴルはその全域を支配しまして，キエフを陥落させるのが1240年です．しかし，1380年，クリコヴォの戦いでロシアがモンゴルに勝ちまして，少し動揺させるわけですが，それでも，モンゴルがすぐにロシアから後退するということはありません．

　ロシアは，だいたいのところ，ヴォルガ川の西側を支配していました．タタールははじめロシアの全域を支配しましたが，1242年には兵を引いて，ヴォルガ川のほとりにキプチャク・ハン国をつくり，そこからいわば間接的にロシアの地を支配するようになります．ですから，ロシアの方か

ら見ますと，西には西欧世界があります．ロシアがあって，そして，ヴォルガ川の東にモンゴルの帝国があるわけで，モンゴル帝国と西欧の間にロシアが挟まっているという状況でした．それでロシアは，とくにロシアの中でもモスクワ大公国は，モンゴルの支配を利用して自分の力を拡大して，全ロシアの支配者になっていくわけです．モンゴルの文明を取り入れたのもモスクワであり，ロシアであるということになります．

　このヴォルガのほとりにできたキプチャク・ハン国は，再々にわたって内紛が起こりました．15世紀にはカザン・ハン国ができまして，力をもっていました．そのカザン・ハン国を征服して，タタール勢力を最終的に除去したのが，モスクワ大公国のいわばエースであるイヴァン雷帝です．イヴァンが1552年にカザンを征服します．モスクワへいらっしゃると，クレムリンの脇にヴァシーリー・ブラジョンヌイという，ねぎ坊主がいくつもついた非常にアジア的な聖堂が建っているのをご覧になると思います．あれはイヴァン雷帝のカザン戦勝記念に建てられた聖堂です．カザン・ハン国を打ち破って，東方への門を開けたということです．ロシアは，そこから東の世界に向かって進出することになったわけです．

　ヴォルガ川というのは，長い間タタールの川であり，アジア人の川でした．それが，ご承知のとおりロシア民謡に歌われますと，「ヴォルガ，ヴォルガ，生みの母よ，ヴォルガ，ロシアの川（ルースカヤ・レカー）よ」となるわけです．ステンカ・ラージンの歌ですね．17世紀ステンカ・ラージンの時代になるとヴォルガ川はロシアの川になっているわけですが，もとは長い間アジアの川であって，非ロシア的な存在であったのです．

　カザンを征服したロシアは東方シベリアに進出し，トムスクに到達したのが1604年で，クラスノヤルスクに来たのが1628年．ヤクーツクに来たのが1632年，オホーツク海に到達したのは1639年ですから，カザンのドアを開けてシベリアに入って，だいたい100年かかってオホーツク海まで来たということです．そして，太平洋には1648年に来ています．サハリン島には1650年代に来ているということです．

　ロシアの東方進出が一つ頓挫しますのは，清国と戦争になって負けたからです．ネルチンスク条約を1689年に結びますが，これによって南の方には手が出せなくなりました．それでユーラシア大陸の北の方を東へ，東

へと進んでいくことになったわけです．そして，カムチャトカ半島に1695年に到着します．カムチャトカ半島に来たアトラーソフというカザークのアタマンが発見したのが，漂流民のデンベエです．大坂の質屋の息子でして，これがカムチャトカに流れ着きました．見ると，まるでギリシャ人のような顔をしている．彼らがギリシャ人を見たことがあるのかどうかわかりませんが，とにかく非常に高貴な顔をしていたということでしょうね．デンベエという人は，なかなかの人物だったと見えます．早速その人を，カムチャトカからずっと北上して，シベリアをはるばる横切って，モスクワまで連れてくるわけです．

1702年，後に大帝と呼ばれる当時ロシアの支配者ピョートルが，カムチャトカから来たデンベエに会いました．ピョートルは，そこで日本を発見します．つまり，ロシア帝国の向こうのはずれには海があって，海の向こうに日本という国があるということを発見するわけです．このピョートルが作った首都が，ペテルブルクです．これはロシア帝国の西のはずれに位置しています．そして，東のはずれには，デンベエの国・日本があるということになるわけです．ピョートルは直ちにデンベエに日本語学校を開かせることになります．日本語を勉強するのは，日本へ行くということですね．ロシアとしては，日本へ行かなければならないということです．ピョートルはオランダで勉強した人ですから，ひょっとすると，オランダが日本に特別な居留地，長崎・出島を作っていたということを知っていたかもしれません．オランダが日本を重視して居留地を作っていることをピョートルは知っていたので，自分たちもやはり船を造って，日本に行くことにしよう，それで，日本語の勉強を始めさせることになったわけです．

面白いことに，18世紀の末になると，オランダ語でオランダ人が書いたロシアの歴史の本から，日本人がオランダ語を通じてロシアの歴史を学びまして，ピョートルという人物のことを知るにいたります．英明な君主が外国から学び国の近代化をはかり，ロシアを強国に発展させたというのです．それでピョートルが，幕末の日本人のモデルになる，明治維新のモデルになるわけです．明治の強力な権力，近代化権力というもののモデルは，ピョートルにあります．そのように結びついていきます．

一方，ロシアの中では，「ベロヴォージエ（白き水の流れるくに）」とい

うユートピアが現れます．東の方に，白き水の流れるところがあって，そこに理想郷がある．理想郷とは何かというと，自由な信仰が許されるところです．ピョートルの帝国では，信仰の自由が認められていません．異端として旧儀派が抑圧されています．東の方の白き水の流れるくにでは自由があるということになって，これが理想郷神話になります．ロシア人の中に，長い間この国を探すという動きが続きました．日本がその国ではないかという考えも生まれます．ピョートルは帝国の外に興味深い外国，日本を見ていますが，民衆の方は，帝国のはずれの方に，日本の方角に自由な理想郷があると見ているのが面白いところです．

19世紀の末にウラルのカザークが，白き水の流れるくにを探そうということで，代表を2人派遣します．世界一周の船に乗ってきて，ベトナムまで来るとカトリックの聖堂の鐘の音が非常に美しく響いたので，「ああ，ここが理想郷だ，白き水の流れるくにだ」と思ったら，そうではありませんでした．今度は揚子江の河口まで行ったら海の色が変わっていて，これを訪ねていけば白き水の流れるくにに到達するかと思ったりもしました．最終的に日本に上がりました．白き水の流れるくにというのは日本の方向にあるということが，伝説の内容でしたが，日本に上がってみたら，何の変哲もない，ふつうの国で，理想郷でも何でもないことがわかりまして，白き水の流れるくにの伝説は，これによってロシアで終わりを遂げることになります．最終的には日露戦争で終わりを遂げます．日本はそのような位置にありました．

ロシア帝国が日本と国交を樹立したのは，1855年，日露通好条約によってです．プチャーチンが使節としてやってきて，下田で条約を結びました．この日本との国交樹立の前後に，ロシアの東の方の領土はほぼ確定します．最初に，1855年の日露通好条約でクリル諸島を日本領の南千島とロシア領の北千島に分割しました．それから，1860年に，同じプチャーチンが清国から沿海州を獲得します．これは，たいへんな大きな獲得でした．どのようにしたかは定かではありませんが，沿海州をそっくり獲得します．そして，1867年には，1740年ぐらいから入植していたアラスカをアメリカに売り飛ばします．アラスカまでは管理できないということで，売ってしまいます．そして，1875年に日本とペテルブルク条約を結んで，

サハリン島を獲得し，その代わりに北千島を日本に与えます．これで千島は全部日本のものになりますが，サハリン島をまるごとロシアが獲得したことによって，ロシア帝国の東のへりは，完全に固まります．中心になったのは，1855年の日本との国交樹立と75年条約です．

このようなわけで，東を向いたときのロシア帝国の自己認識，自己確立というものが，陸地の向こう側にある海，そして，その向こう側にある日本という国を認識し，それとの関係によって確立するということになっております．その意味で，日本は，ロシアにとって非常に重要な国なのです．

2　ロシア帝国のアジア観

ロシア帝国のアジア観について申しますと，最初に日本に囚われたゴロヴニンの日本観から見る必要があります．ゴロヴニンはイギリスで学んだ海軍士官です．彼が日本に囚われて釈放後，1816年に『日本幽囚記』を書きます．そこで，「日本人は非常に優れている」と日本人を絶賛します．人口が多く，聡明で犀利で模倣力があり，忍耐強く，仕事好きで，何でもできる国民である，この日本の国の上にピョートル大帝ほどの王者が君臨したならば，日本は，全東洋に君臨する国家になるであろう，日本はそのような力を持っている，そのような文明国だということを書いています．1850年代に使節として日本にやってきたプチャーチンも，日本という国が非常に文明的に発達している，優れていると考え，日本の外交当局者との間に人間的信頼関係を作って国交を樹立し，国境を確定するということをしました．

ついで，1870年代に登場するのがプルジェヴァリスキーです．この人は，ポーランド系のカザークでした．探検家です．プルジェヴァリスキーは，4回にわたってチベット探検をしました．この人は，ロシアのリビングストンだとも言われている人ですが，ロシアがチベットの方面において侵略せよ，領土を獲得せよということを主張しました．探検をして，そして，そこへの侵略を提言するという人でした．

そして次の事件が，ニコライ皇太子の世界一周航海，アジア訪問です．これは1891年に行われます．随行したのがウフトムスキーという人で，ラマ教を信仰し，仏教も研究した人です．彼は，プルジェヴァリスキーと

違って，むしろ東洋の文明・文化を尊重するように，ロシアが敬意を持って対するように主張した人でした．彼が，ニコライ皇太子の世界一周航海に教師として随行しました．果たしてウフトムスキーが，どれほどニコライに影響を与えたかはわかりません．

ニコライはエジプトからタイ，中国を回りましたが，一番気に入ったのは日本でした．長崎に入港すると，長崎は当時ロシア海軍の越冬港になっていましたので，海軍の若い士官たちがやってきて，長崎の生活をニコライに話します．「みんな長崎に現地妻を持っている．羨ましいと思った」と日記に書いています．そして，「長崎の町並みは素晴らしく，心地のよい印象を与えた．どこもみな，たいへんきれいに掃除されていて，小ざっぱりしている．家に入るのが楽しい．日本人は，男も女も親切で，愛想がいい人たちだ．清国人とは全く正反対だ．ロシア語を話す人が多い」．ニコライは中国人より日本人に対して，好意を寄せています．のちに大津で津田三蔵という巡査にサーベルで頭を切りつけられる事件が起こりましたが，そのあとでも彼の日本に対する印象は変わりませんでした．彼は，日本が強い国だという警戒心を持っていないのです．非常に人のいい国である，気持ちのいい国だという印象を持っています．

そのあとに出てくるのが，ウィッテのシベリア鉄道建設です．シベリア鉄道は，ヨーロッパと太平洋を結ぶ鉄道を造るということでした．ウィッテの考えでは，ロシアの商業のみならず，世界商業にとっても新地平を開くのだ，ロシアの鉄道が，アジア東方とヨーロッパ西方の生産物の交換の仲介者になる．そして，ロシアは，アジア的東方の諸国にどの国よりも近くに位置する大生産者・大消費者として，利点を享受できるという考えをもちました．ニコライが日本から帰って，ウラジオストクに上陸してやったことが，シベリア鉄道の起工式です．ところが，そこから先は非常にきな臭くなりまして，ロシアは1900年に満洲を占領します．満洲に造った鉄道を義和団の攻撃から守らなければならないということで軍隊を出しまして，満洲を占領します．一方，朝鮮については，大韓帝国の中立を庇護します．大韓帝国は「日本の侵略から守ってほしい」とロシアに要請して，ニコライは，大韓帝国の中立を庇護するという考え方になります．当然日本と対立することになります．日本は，ロシアの満洲占領は甚だけしから

んと考え，日本としては朝鮮を支配したい，満洲の一部もほしい，ロシアが満洲にいすわれば，日本の朝鮮支配をさまたげるだろうという考えになって，日露戦争に進んでいきます．

そして，日露戦争でロシアは負けるわけです．朝鮮から手を引き，満洲から撤退します．要するに，アジアの極東地域から撤退します．撤退したのちに，戦争をした日本との間に4回にわたって協商条約を結んで，日本とロシアは同盟国になります．基本的に言えばロシアがアジアから引いて，せいぜいモンゴルはある程度おさえている程度にして，ヨーロッパへ戻っていきます．ヨーロッパに戻って，バルカン半島に関心を向けていきます．結局それがオーストリア＝ハンガリーのボスニア・ヘルツェゴビナ併合への強い反発になって，セルビア支援に肩入れすることにつながり，行き着くところは，第1次世界大戦になるのです．アジアで日本と衝突をして負けて，ロシアがヨーロッパの方へ引き下がっていって，ヨーロッパの方でオーストリア＝ハンガリー，ドイツと衝突して，世界戦争になるというわけです．

3　ロシア革命とソヴィエト国家，コミンテルン

世界戦争が起こると，その中でロシア革命が起こります．ロシア帝国は終わりになりました．フィンランド，ポーランド，バルト3国が独立し，さらに極東では，シベリア戦争が18年から22年まで続きます．これは，アメリカ・日本・中国が参戦して，革命ロシアと戦っている戦争です．ヨーロッパ・ロシアでは，社会主義革命が起こると，反ボリシェヴィキの内乱になり，イギリス，フランスも出兵してきます．

そのような途方もない混乱と変動は，だいたい1922年ぐらいにかたがつきまして，新しい国が最終的にできます．ソビエト社会主義共和国連合，ソ連というものができます．このソ連は，ロシア帝国からフィンランド・ポーランド・バルト3国を除いたものです．ですから，ほとんどロシア帝国と同じものが再現されることになりました．しかし，今度は違った原理で，違った結びつき方でできたのです．新しい国名についてレーニンが提案したのは，「ヨーロッパ・アジア・ソビエト社会主義共和国連合」というものです．ヨーロッパとアジア，縮めて言うとユーラシアになるわけ

ですね．ユーラシア・ソビエト社会主義共和国連合です．つまりロシア帝国は，ユーラシア共和国連合になったのだとレーニンは見ました．新しい原理の新しい結びつきによって，新しいそのような国ができたと見たわけです．

ところが，この国は，世界戦争の時代の戦争の主体にもなっていきました．1940年になると，いったん独立したバルト3国，ベッサラビア（モルドヴァ）を回復して，ソ連の中に吸収することになりました．これでソ連は，さらにロシア帝国のもとの版図に近づくことになったわけです．そして，ソ連というものが，ソ連帝国と言われるようなものであったことは，すでに皆さんもご存じのところであります．

4　ペレストロイカ，ソ連崩壊，ロシア連邦成立，プーチンの登場

そして，ペレストロイカがはじまります．1986年からのペレストロイカの中で，ソ連は1991年にいたり崩壊することになりました．後継国としてロシア連邦ができるわけですが，ロシア連邦を含めて，独立国家共同体というものが91年にできました．この独立国家共同体は，今日までも存続してはおりますが，ほとんど力がないものになっております．独立国家共同体ができてくるプロセスで，私は「ユーラシア共同の家」とこれを呼んだわけですが，そのようなものにはなることができなかったわけです．

エリツィンがロシア連邦の指導者として，統治しましたが，1999年失意のうちに退陣することになりました．後継者になったのがプーチンです．プーチンは大統領を2期つとめ終えるころに，いくつか外交・政治哲学のようなものを出しました．2007年には『ロシア連邦対外政策概観』を出しました．その中でアジア太平洋地域についてはこのように言っています．「中国とは，前例のない相互信頼が高い水準にある．インドとは，戦略的パートナーシップの発展・深化が課題だ．日本とは，利害の相互尊重を基礎に，全面的パートナーシップのために開かれている．パートナーシップをこれから作る可能性がある．ベトナムとの関係に大きな展望がある．朝鮮半島については核問題の調整が重要だ」．このようなことを言っています．また，なぜかアジア太平洋地域の中でイランのことを書いていて，イランとの多面的関係の拡大が重要だということも書いています．要は中

国とは，かなり関係ができ上がっている．日本とは，これからやれば，全面的に良い関係が開かれうる．朝鮮は問題がある．そのような捉え方ですね．

それから，2008年にはプーチンは，「2020年までのロシアの発展戦略について」という文書を出しました．大統領を辞めてメドヴェージェフに職を譲る人が，2020年までの発展戦略を出すということはおかしいわけですが，プーチンは2020年までもロシアの実権をにぎるつもりなのです．そこで彼は，「自分がエリツィン時代の混乱を克服して，強いロシアを作り上げてきた」と自画自賛しています．要するにロシアは，世界の舞台に強力な国家として復帰したのである．尊重される国家，自らを擁護しうる国家としてカムバックした．このような中で，外部の世界はロシアとユーラシアに関心を高めているのだ．ロシア，イコール・ユーラシアですね．そのような自分の政治哲学を出して，さらに自分の政治を継続しようとしているのです．

そして，2008年から2012年までメドヴェージェフが大統領をやりまして，そのあとで首相に下がっていたプーチンが2012年に大統領に戻ってくることになったわけです．大統領に戻る前にプーチンが出したのが，2011年10月4日に，『イズベスチア』に発表された「新ユーラシア統合案」です．振るわなかった独立国家共同体に活を入れるべく，ロシアとカザフスタンとベラルーシの3国によって新しい関税同盟を作り，経済的な統合体を作っていくという方向を打ち出したのです．そして，2012年にプーチンは再び大統領になり，2014年5月28日，ロシア，カザフ，ベラルーシの3国は，ユーラシア経済連合に調印しました．EUのように新しいユーラシア連合を作っていくという考え方を出して，その道を歩んでいくことになったわけです．

ざっと駆け足ですが，ロシア帝国から始まった歩みを．再び今度はユーラシアの新しい結びつきが打ち出されるところまでお話ししました．

5 「ユーラシアの新しい家」へ

それでは，プーチンをどのように理解するかというところから話をしましょう．現在のところロシアの中では，ロシアが西側の議会政治，民主主

義，資本主義経済の中に全面的に入っていくべきだというリベラル化の道を主張する流れがあります．これを「大西洋主義」，アトランティシズムと言っています．そのような行き方に対して，「いや，そうではない．ロシアにはロシアの独自の道がある」と言っている人が主張しているのが，「ユーラシア主義」です．大西洋主義とユーラシア主義の争いを軸に盛んに議論が行われています．

最近私は，ホドルコフスキーに対する批判を読みました．ホドルコフスキーという人は，プーチンが2003年に経済事犯で逮捕させ投獄した新興財閥ですが，民主主義派として選挙に出ようとしたところで捕まえられてしまったわけです．2013年末に釈放されましたが，国外に行ったのでしょう．その人に対して，悪名高きウクライナのドネツ共和国の国防大臣のストレリコフが，ホドルコフスキー批判をしています．ホドルコフスキーは「大西洋主義」であるというのです．ということはストレリコフの方は，「ユーラシア主義」だということですね．

ですから，プーチンが，EUに対抗してユーラシア・ユニオン，ユーラシア連合を出してきているということが，まさに「大西洋主義」に対する「ユーラシア主義」を主張する動きになるという見方ができるわけです．「ユーラシア主義」の旗を振っている代表的な論客としてはドゥーギンがいます．この人は地政学の信奉者で，ナチスの地政学者なども大いに参考にしていますから，この人自身がファシストと見られていたこともありました．しかし，なぜか今はモスクワ大学の教授になっています．彼も断然ホドルコフスキーを批判して，ストレリコフを支持しています．単純な民主主義はだめだという議論を出しています．

そのような対立，論争があるのですが，私が見るところでは，ユーラシアを考えることは，政治的心情の差を超えた，ロシアにとっては今や必然の道であると思います．ロシアの生きる道は，ユーラシアの道しかないと私には見えます．ソ連が崩壊する直前ですが，1989年に民主改革派の歴史家ゲフテルが，「ユーラシアの家」というタイトルで対談をしました．対談した相手はグレブ・パヴロフスキーで，後にプーチンの選挙参謀になり，それから，メドヴェージェフの顧問になった人です．「ナーシ」という愛国主義的青年組織を作ったことでも知られています．一方ゲフテルは

私の先生のような歴史家で，長い間私は彼と対話して，歴史の認識を深めてきました．パヴロフスキーもゲフテルを通じて知り合った私の友人で，ペレストロイカ時代の彼の活躍は私の本で紹介したところです．彼らが対談をして，「ユーラシアの家」というアイデア，構想を打ち出したのです．私はそれを見て，これでは少し物足りないと思いました．ゲフテルはもともと，ロシアは諸世界の世界で，一つの世界ではない，いろいろな世界から成り立っているのがロシアであると主張していました．ロシア語では「ミール・ミーロフ」，英語なら「ワールド・オブ・ワールズ」です．そのようなロシアが「ユーラシアの家」だというのです．「ユーラシアの家」というなら，ソ連がすでにそういうものでした．それが失敗したのです．

ですから，私は，「ユーラシアの新しい家」という言葉を出して，ソ連がそのような方向に進むべきだということを主張するようになりました．1990年に『コムニスト』誌の座談会に出たとき，私は次のように主張しました．「ロシアは，諸世界の世界として全世界に近いのです．だから，ユーラシアの家は，人類の家でもあるのです．新しいユーラシアの家は，これらのさまざまの民族の同意と対話に基礎を持たなければなりません．帝国を統合していた古い原理は，すでに力を失いました．新しい人間的で民主的な原理を求めることが必要です．そして，もしも苦しみ抜いた探求の末に，エトノスの間の平和的共生と血の通った相互扶助が地球のこの部分において実現されるなら，それは全人類にとって大きな意味を持つでしょう．ユーラシアの新しい家は，世界史にとってのロシアの恵み深い貢献となるのです」（『コムニスト』1990年11号）

しかし，ソ連が崩壊して生まれた独立国家共同体は，「ユーラシアの新しい家」にはなりませんでした．課題は引き続き残っています．プーチンが今，ロシア，ベラルーシ，カザフスタンの3国で，すぐにキルギスとアルメニアも加えて，ユーラシア連合をつくろうとしているわけですが，新しくそのような結びつきをつくっていくとすれば「ユーラシアの新しい家」のような方向をはっきりと目指さなければなりません．これはイデオロギーの問題ではありません．ロシアという国が置かれた地政学的な位置からして，周辺の諸世界，ヨーロッパ，アジア，アメリカと平和的な協力関係をつくり出して生きていくのであれば，「ユーラシアの新しい家」に

ならなければならないということではないかと私は思うのです．

カザフスタンの大統領ナザルバーエフは，「ユーラシア国家連合」というものを提案しています．それから，もう死にましたが，明らかに西欧的な改革主義者，民主主義者のサハロフが提案したものは，「ヨーロッパ・アジア・ソビエト共和国連合」でした．レーニンが 1922 年に提案したのと同じものを，ソ連に代わる新しい結びつきとして提案したのです．ですから，政治的な，イデオロギー的な立場の差を超えて，ユーラシアの新しい生きるかたちを求めていくことが，ロシアの共通の目標になっているのです．プーチンは，その方向に乗っているということです．その方向に乗っていく以外に道がないということです．

6　ヨーロッパとアジア

ロシア連邦の国家紋章は，ロシア帝国と同じ双頭のワシです．ワシが別々の方角を向いている紋章です．あのワシはどちらを向いているかというと，ヨーロッパとアジアを向いているのです．あの紋章は，もともとビザンツ帝国の紋章でした．ビザンツ帝国はトルコとヨーロッパの間にあった帝国です．ビザンツ帝国の双頭のワシも，ヨーロッパとアジアを見ていました．ロシアもそれをもらって紋章にしていますから，ヨーロッパとアジアを両方見ていかなければいけません．ロシアとは，つまりユーラシアであるということですね．

今はウクライナ問題が大きくなっていますが，冒頭に申し上げたロシアとウクライナとの複雑な関係を考えれば，ウクライナが NATO に加盟する，しかも，反ロシア的なウクライナが NATO に加盟するということを，ロシアは許容することはできません．ですから，そうである限りは，この対立がずっと続きます．ヨーロッパがこれに介入すれば，ますます不穏な状況が続いていくでしょう．つい先頃，NHK がゴルバチョフのインタビューを放映しました．それをみて，私も初めてわかったのです．東西ドイツが統一するときに，アメリカもイギリスもフランスもみんな反対でした．これらの国がそのことを受け入れる唯一の条件は，統一ドイツが NATO に加入することでした．つまり，NATO に入れて統一ドイツを軍事的に抑えることができるなら統一してもよいということが，アメリカ・イギリ

ス・フランスの共通の意見でした．ゴルバチョフのソ連の方は，それはだめだ，統一ドイツがNATOに加入するとはもってのほかだ，賛成できないという意見でした．しかし，結局最後にゴルバチョフは，コールと長く話をして，一緒にシャシリク（グルジアの串焼き）を食べて，「NATOに入るか，入らないかを決めることは，ドイツの権利である．認めよう」と言って，ドイツに統一のチャンスを与えました．それによってドイツ統一は成ったということです．ソ連は，ロシアとの友好的な関係を誓ったドイツがNATOに入ることを受け入れました．そして，新しい平和な関係を作ったわけです．しかし，反ロシア的なウクライナがNATOに入ること，NATOがそのようなウクライナを支えることはNATOがロシアに敵対することだとして，受け入れません．ですから，相当な対立にならざるをえません．

では，どうなるかということですが，そのようになればなったで，アジアの側では平和的な関係を作らなければいけません．ロシアにとってもそうであるし，ロシアの周辺国もそうです．ヨーロッパの対立を解決するためにも，最終的には，アジアではロシアとの平和的な関係を作らなくてはなりません．これは明らかなことです．そして，アジアで平和的な関係を作るときの要めにくるのは，日本との関係であるということになるわけです．

7 ロシアと中国

さて，中国との関係ですけれども，先ほどのプーチンの外交白書では，中国とは関係改善がかなりできていると述べています．中国とロシアの間でプーチンが成し遂げたことは，何といっても中国との間の国境確定ですね．これは，非常に大きなことだったわけです．それから，上海協力機構というものをつくっています．中国とロシアと中央アジアの国々が，この協力機構の中で安定している，安全保障上の協力もしているという状況です．第3には，ロシアは中国に対して，エネルギーの供給という面で働きかけをしています．そのような意味で，中国との関係は，相当良い関係を作る土台ができています．しかし，ロシアにとって，ロシアと中国だけが仲がいいという関係は避けなければなりません．これは冷戦時代の繰り

返しです．そのようなことでは，ロシアとしてはやっていけません．ですから，中国との関係もぜひともいい関係にしなければならないし，そのような方向に進んでいるけれども，それだけではロシアにとっては足りないわけです．

8 ロシアと朝鮮半島

それでは，韓国・北朝鮮はどうか．エリツィンの時代は，ある意味で言えば「大西洋主義」全盛だったわけで，西側に合わせる方向にすべて流れていくようなところがありました．朝鮮半島については，韓国一辺倒になりました．北朝鮮とは関係を断つということです．一番典型的なことは，1994年6月，エリツィンが韓国を訪問して，当時の金泳三大統領に，朝鮮戦争の秘密資料ワンセットを寄贈しました．われわれ研究者にとっては「あっ」と驚く資料でした．スターリン，金日成，毛沢東の間の秘密電報が韓国に寄贈されました．

そして，その翌月，金日成が死にました．金日成の葬儀の日に，韓国外務省は，大統領の命令で，ロシアからもらった資料の中で北朝鮮が一番出してほしくない資料を発表しました．「アメリカ軍に仁川上陸作戦で攻められて，とてももたない．われわれは負けそうだ．敵は38度線を越えて，北朝鮮に侵攻するだろう．われわれは自力では対処できない．どうかソ連軍に出兵してもらいたい．助けてもらいたい，援軍を送ってもらいたい」という，金日成と朴憲永という2人のリーダーの朝鮮語のスターリンへの出兵要請の手紙を発表しました．北朝鮮は，たいへん怒りました．金泳三政権と北朝鮮とは決裂状態になり，約束されていた南北首脳会談はできないことになったのです．

しかし，秘密資料を出すのであれば，ロシアは北朝鮮にも渡すべきなのです．それを韓国にだけ渡したということで，あたかも「これを使って北朝鮮に圧力をかけろ」と言わんばかりに渡したということです．ロシアの国内では，エリツィン批判の人たち，ソ連共産党の残党が，「北朝鮮，頑張れ」と北朝鮮に日参するわけです．エリツィンのような政権をわれわれは倒したい，そして，もう一度ソ連共産党を復活するのだということです．このような話がずっと進んで，ゴルバチョフを倒したクーデターの参加者

であったヤーゾフ元国防大臣まで北朝鮮を訪問することになって，非常によろしくない状況が生まれました．

このエリツィンの対韓国政策は誤っていたと私は思います．もちろん韓国とソ連の間の経済的な関係は，非常に深いものになっていました．ですからロシアとしては，韓国と関係を深めていくのは当然ですが，同時に，北朝鮮に対してもやはり手を差し伸べて，北朝鮮をなだめながら，北朝鮮が国際関係の中に入ってくることを助けるように，ロシアがソ連時代から持っているコネクションを利用して援助すべきだったのです．しかしエリツィンはそのような政策を取りませんでした．明らかな失敗です．

それを修正したのがプーチンです．2000年7月にプーチンが訪朝したのです．ソ連・ロシアの指導者で朝鮮に行った最初の人物がプーチンです．そして，露朝共同宣言を出しました．その翌年には，金正日が公式訪露しているわけです．それは，プーチンの方の思惑だけではなくて，北朝鮮の思惑もありました．北朝鮮は明らかにペレストロイカに反対だし，ソ連の崩壊にも反対してきました．ソ連共産党体制を復活してほしいと思っていたわけですが，このとき金正日はプーチンを認めました．つまり，プーチンの「強いロシア」というスローガンがいい．われわれも強盛大国を目指している，というわけです．北朝鮮もとうにマルクス・レーニン主義ではないわけで，国家主義，ナショナリズムでやっていますから，プーチン・ナショナリズムはいいというわけです．北朝鮮は，このとき初めてソ連の崩壊を受け入れました．だから，金正日はロシアを訪問したわけです．

ロシアとしては，北朝鮮を助ける政策を取っていこうとして，エネルギー問題などで，2008年には韓国とも朝鮮半島パイプライン・鉄道建設などで合意しました．これが北朝鮮も助けるものになるだろうという想定で，北朝鮮とも話し合いを進めています．現在のところロシアは，韓国・北朝鮮両方といい関係を作ろうとしています．しかし，問題は，北朝鮮の政策意思があまりに不安定で，核開発問題に執着し，南北朝鮮の関係も非常に不安定です．そのような状況で，ロシアとしては，北朝鮮に対する政策が十分取れていない状態です．

9　ロシアと日本

　そうすると，問題は日本になります．日本に対する政策が重要であって，日本と関係を改善したい，日本と良き関係を作りたいということになるわけですが，今のところ，とても形になるところまでいっていない状況です．しかし，ロシアにとっては，これが最も重要です．日本との経済的な関係，政治的な関係を良好なものにするためには，平和条約を締結し，領土問題を解決しなければならないということになっているわけです．別にそれがなくてもいいという考え方もありますが，今やロシアも，そうではない，これが必要だという考えになっています．その点が大きい問題になります．

　ペレストロイカ以後，ソ連崩壊後には，日露関係打開のチャンスがありました．しかし，日本はそのチャンスを逃してしまいました．ご承知のとおり，1956年に日本とソ連は，平和条約を結ばないで，日ソ共同宣言によって国交を樹立しました．そのときが領土問題の発生の年でもあったわけです．日本側は途中から4島返還を掲げることになりました．ソ連の方は，初めは2島返還と言っていましたが，だんだんゼロ回答だという話になっていきました．そのような対立が1957年ぐらいから，本格的には60年にはじまり，ペレストロイカが起こる1986年まで，約30年続いたわけです．

　それはそれでよかったのです．4島返還論というものは解決がないプログラムであって，それを出すことによって日ソ関係が緊張し，日米関係を強めることを助けたわけです．冷戦の時代において，日米関係を強めることが日本にとっては必要だったから，解決できない4島返還論を掲げることが合目的的だったわけです．しかし，冷戦が終わって，日本とロシアが新しい関係に入ってくるということになりますと，解決できるプログラムを持たなければなりません．そのときに，4島返還論では解決できないわけですね．ですから，転換しなければならなかったのに，ロシアが大きな転換を遂げつつあるときに，日本の方はいささかの転換もしませんでした．4島返還論のままで，ソ連が弱体の今，4島返還がかち取れるのではないかと思ってしまいました．そこに誤りがあったということです．

　1992年の3月にソ連側が，秘密提案を日本側に持ちかけました．コズ

イレフ外相の訪日前後ですが，クナーゼ次官と，ブルブリス第1副首相が中心になって作りました「2島返還プラス2島交渉」でやりたいと言ってきましたが，日本側は「これはだめだ」という反応でした．このように言ってきているが，もう少し圧力をかければ，4島が取れるのではないかと思ったのです．ソ連は全体主義を反省して出直そうというのだから，全体主義の産物であるスターリンの外交の，他国の領土を勝手に取っていったようなことは反省して，4島を返してもらいたいと考えたのですが，結局これが流れてしまったということですね．今でも，このときは惜しいチャンスだと言われています．

それから，1997年7月ですが，橋本首相の同友会演説がロシア側のこころをとらえます．丹波外務審議官，東郷欧亜局審議官，篠田ロシア課長らが推進したものです．同友会演説は，太平洋外交の側から見たユーラシア外交を提案するというものでした．米中日露の関係で，日露の改善が最も遅れている．これは，アジア太平洋地域にとって好ましくない．ですから，日露を改善して，ロシアがアジア太平洋地域で役割を果たせるようにすることが重要だという考え方です．そのためには，信頼の原則，それから，勝者も敗者もない，ウィン・ウィンの相互利益の原則，第3が，21世紀の世代のためにという長期的な視点です．信頼と相互利益と長期的な視点，この三つの観点で領土問題を解決していきましょうと提案しました．

これに対してロシア側が非常に感激して，日本が対米従属外交からユーラシア外交に転換するという見方まで出ましたし，エリツィン自身が非常に感激したのも事実です．そして，クラスノヤルスクでエリツィンが「今世紀のうちに平和条約を結びましょう」と言って，川奈会談が開かれることになりました．川奈会談で出された提案が，4島を日本領と認めれば，当面は，返さなくていいというものです．「99年間返さなくてもいい」と東郷和彦審議官が言ったといわれていますが，この川奈会談の提案は，悪名高き佐藤優氏の案でした．エリツィンは「興味深い提案だ」とぐっと身を乗り出しましたが，秘書官が「まあまあ」と止めまして，「帰って相談しなきゃだめですよ」ということになりました．帰ってみたら，金融破局が起こって，エリツィンの力が政治的にも経済的にも非常に落ちまして，だめになってしまいました．このときも流れてしまったわけです．

川奈提案が流れてしまったところで，どうしたかというと，外務省は，「それじゃあ，次の策にいきましょう」ということにして，2島プラスアルファという案に進んだわけです．これは，東郷さんたちがやったすばらしい英断であったと私は思います．それが，2001年3月，イルクーツクでのプーチン・森の声明です．2島プラスアルファということが，そこでうたわれました．初めてプーチンは，「2島返還を約束した1956年の日ソ共同宣言は，これを守ることが自分にとっても義務である」ということを，会談の前の日のNHKとのインタビューにおいて，日本国民に向かって言いました．そして，そのことがイルクーツク声明にも盛り込まれたわけです．56年の約束を守ると言ったソ連・ロシアのリーダーはフルシチョフ以後初めてです．

　そのような画期的な前進がありましたが，それから後はまったく進みません．やはり日本の中で，このような進め方に対して反発が起こったのでしょう．4島推進の人たちから反発が起こったかもしれません．2002年になると，イルクーツク声明を推進した人々がなぎ倒されて，追放されてしまいました．鈴木宗男議員，それから，そのときはオランダ大使になっていた東郷和彦審議官，佐藤優情報官ですね．鈴木さんと佐藤氏は，逮捕されました．東郷さんは外務省を解雇され，オランダにそのまま亡命するということになりました．さて，2001年からずっと中断がありまして，途中，麻生首相の時代の谷内外務次官の3.5島提案などがいろいろとあったのですけれども，それは全部飛ばします．結局，2期目の安倍さんの時代になって，今日の安倍・プーチン会談になり，両者ともに最後のチャンスとして意識して，いよいよやろうとしているという局面です．2013年4月に日露首脳会談があり，「経済協力は経済協力として前進させていくこと．それから領土交渉を再開し，双方に受け入れ可能な形で最終的に解決する．これまで採択されたすべての文書および合意に基づいて交渉を加速化していく」と言ったわけです．

　しかし，これを進めるにあたっては，今も説明してきたとおり，日本との関係を改善することはロシアにとって死活的な課題ですから，ロシア側は何とかしたいと思っていますが，それでもロシア側にも，いわゆる譲歩の幅というものがあることは明らかです．日本側としては，そのことを考

えて，ある意味で思い切った転換を図らなければ解決にはいけないということです．端的に言えば，4島返還という考え方は，政府も国民も捨てなければだめだということですね．

10 新しい日露関係へむけて——北方領土をどうするのか

その点で申しますと，「固有の領土」論を捨てる必要があると思います．北方4島は，「わが国民が父祖伝来の地として受け継いできたもので，いまだかつて一度も外国の領土となったことがないという意味でわが国固有の領土だ」というのが，外務省が出しているパンフレットに述べられている「固有の領土」の定義です．このうち，「父祖伝来の地として受け継いできた」という部分よりは，「いまだかつて一度も外国の領土になったことがない」というところに力点があります．つまりそれは何を意味しているかというと，ソ連の領有は認めないということです．ソ連が今，領有しているかのように言っているけれども，相変わらずわれわれの領土であると主張するということです．

つまり，日本はサンフランシスコ条約でクリル諸島を放棄しているわけですが，4島がクリル諸島に入っている，入っていないということは別として，「固有の領土」だから，放棄するはずがないではないかという議論です．非常に強引な議論です．日本の領土をソ連が，今も，不法占拠しているのだということです．不法占拠ということは，侵略だということです．ロシアが日本の領土を侵略している状態が戦後70年間続いているから，これを回復しなければならないというのが「固有の領土」論です．日本には国を守る自衛隊というものがあって，島嶼防衛ということが盛んに言われているのですから，そうなればロシア側は，「自衛隊を出してくるのか」ということになって，北方4島の防衛を固めなければならないということにもなります．この「固有の領土」論は，非常に物騒な議論です．ですから，やめた方がよいというのが私の意見です．

その次は，エトロフ・クナシリ島はクリル諸島ではないという主張も捨てなければなりません．サンフランシスコ条約で千島列島・クリル諸島を放棄しているわけですけれども，その中に，エトロフ・クナシリという，千島列島で第1に大きい島と第2に大きい島が入っていないというわけ

です．そのように日本側は主張しています．しかし，これは，どう見てもおかしいわけです．ロシア人の方は，これらの島はクリル諸島に属していると思っています．現にクナシリ島とシコタン島は，ロシアの南クリル地区をなしているわけです．ですから，この議論はロシア人を説得できません．

　世界の百科事典でも，すべてエトロフ・クナシリ島はクリルに入っています．日本では，日露間の二つの条約（日露通好条約と1875年条約）によれば，択捉・国後島はクリル諸島に入っていないという議論がずっと行われてきましたけれども，それは，二つの条約の日本語の不十分な訳文に基づいたら，そのように読めるというだけの話であって，二つの条約の正文であるオランダ語とフランス語のテキストを見れば，そのようなことは言えないのです．日本語の訳文には誤訳があり，脱落があることがわかっています．そのような不完全な訳文で主張はできません．ですから，ロシア語に直して，ロシア語で主張を展開しようとすると，非常に滑稽なことになります．ロシア人が正確な訳で知っている条文と違うロシア語の訳文を出して，日本側はロシア人を説得しようとしますが，それでは通らないということです．これは学問的には完全に決着がついていますので，これ以上このことをもち出すのはよろしくありません．

　領土問題を解決するためには，私は三つの原則が必要だと思っています．一つは，既存の条約や協定を生かすということです．第二は，現在島に住んでいる住民の生活を極力維持する，そこに住み続けることが可能なように計らうということです．第三に，島と周辺の海を合わせて2国間の利害を調和させて，解決するということです．この三つの原則で解決をはかることが合理的です．既存の合意を生かすということになると，1956年の日ソ共同宣言から出発します．日ソ共同宣言の一番肝心なところは何かというと，ソ連は「日本国の要望にこたえ，かつ日本国の利益を考慮して，歯舞群島及び色丹島を日本国に引き渡すことに同意する」と言っています．端的に読むと，歯舞・色丹は自分たちが領有しているのだけれども，日本国が望んでいるから，日本国の利益を考えて差し上げましょうということです．日本側では認めにくいことですが，文章はそのようになっています．

　私の考えは，この条文から出発する必要があるということです．ですか

ら，2島を返してくれると言っている．それを確認するということは当然のことですけれども，日本国の要望にこたえ，かつ日本国の利益を考慮して引き渡すというのであれば，「国後島もふくめ，3島を引き渡してもらえないか」と主張できるではないですか．ですから，まず交渉は，3島引き渡しから入った方がいいという考えです．国後島を引き渡してもらいたいという交渉をすると，ロシア側は，もちろん拒絶するでしょう．しかし，日本側の要求は強いのだということで，国後島に対して日本側は要求を持っているということをロシア側に印象づけて，そのあとの交渉に生かすことが重要ではないかと思います．

結局，2島プラスアルファしかないわけです．「2島は返す」とロシア側が言っていますから，それを守らせることはいいですが，それにαをつけない限りは，日本側は満足できません．αの内容が問題です．αについては，いろいろと今まで議論がありました．私の考えですが，3島引き渡しと言って国後島をつけるということも，αの一つです．私の古い考えはどのようなことかというと，1986年に最初に領土問題について論文を書いたとき，2島返還に4島の共同経営を付けるという案でした．日本側にもらう2島も出して，ロシア領と認める2島も出して，4島を非軍事化して，4島すべてを自由往来と資源保護をして共同経営する．4島を日本人とロシア人が共に住む島にして，領土対立，国境対立を乗り越えていくことにしたらどうかというのが，1986年に私が出した案でした．しかし，当時は非常に評判が悪かったです．

カーネギー研究センターがモスクワにあります．アメリカのお金で動いているシンクタンクですが，そこの所長が，トレーニンという人です．最近も日本に来ましたが，トレーニンが2012年12月に出した案は，2島を返還して4島全部を非軍事化し，自由往来にして共同経営するという，私の86年の案に非常に似ていますが，違うところは，50年後に残り2島の択捉・国後も日本に返還するという案になっています．ロシア人としてそのような案を出すことは非常に珍しいので，注目されました．これは，川奈提案にやや近いです．

別の案を出しているのは，東郷さんとパノフさんです．東郷さんとパノフさんは，その当時日ソの交渉をした当事者でした．もう今はOBになっ

てリタイアしていますが，この2人が話し合って出した案は「2島引き渡し，択捉・国後2島の共同経営」です．これは，2013年に発表されました．これでいくと，2島共同経営で，その先はどのようになるでしょうか．その先は，ひょっとしたら「択捉・国後は日本に渡してくれるのではないか」ということを願っているのかもしれませんが，そのことは明示的には述べられていません．この案もいいですが，果たしてロシア側が，2島引き渡しにつけて択捉・国後の共同経営をのむかどうかは，わからないと思います．

　私の案は，2島引き渡しに国後と色丹の共同経営を付けるという案です．なぜそのようなことを言うかというと，色丹島に2010年で3,247人のロシア住民が住んでおります．この人たちが色丹島の運命について認めない限り，解決はないわけです．つまり，プーチンが「日本に渡すぞ」と言っても，彼らが抵抗すれば恐らく解決は不可能でしょう．昔，フルシチョフの時代には，歯舞・色丹を日本に渡すと決めたあとに，島を更地にしようとすることを実施しました．工場も自治体も閉鎖してしまいます．しかし，フルシチョフは，絶大なるソ連共産党の第一書記でした．プーチンは，力があるといったところでロシア連合の大統領にすぎませんから，とてもそのような力はないだろうと思います．ですから，色丹島の住民がどのように思うか．彼らが「これでよい」と受け入れるようにしなければ，解決はありません．色丹島は，今，国後島と一緒に南クリル区という行政区になっています．色丹島の住民が「色丹島に住み続けたい」と言えば，日本の領土ですが，ロシア人のまま住み着いてもよいと言うべきだと思います．「日本国籍が欲しい」と言えば，しかるべき手続きの後に日本国籍も与えたらいいでしょう．しかし，多くの人が「ロシア国籍のままで住みたい」と言ったら，そして，たくさんのロシア人が住んでいれば，行政はロシア語でやらなければなりません．

　日本人は住んでいないのですから，行政をロシア語でやるとすれば，当然ながら国後島と一緒の行政にして，何年かかるかわかりませんが，当面の間やっていく方がいいのではないでしょうか．国後島と色丹島の結びつきを維持して，領土は確かに日本のものですし，国後島はロシアのものだとしても，住んでいる人々の生活は一緒にやっていき，その中に日本が入

っていくというように組み立てたらいいのではないでしょうか．そして，日本とロシアが話し合って，「国後島と色丹島は，共同で開発しましょう」，水産資源の回復も，観光開発も，エコ開発も共同でやりましょうというようにやる，それが現実的な道ではないでしょうか．

そして，色丹島の人に日本国籍を与えるのですが，私の考えは突飛かもしれませんが，国後島の人が望めば日本国籍を与えてもかまわないのではないかと思います．日本人も，国後島に住んでロシア国籍を取ればいいと私は思います．日本人もロシア人もごちゃごちゃにして往来し，共住するようにしない限り，国後島を取り戻すことはできません．別に国後島が日本のものにならなくてもいいわけで，そこに住んで，みんな自由に往来すればいいのです．そのようにすることが私の考えです．

岩下明裕という，北海道大学スラブ研究センターで，領土問題，離島問題，ボーダー問題を考えている，非常に頑張っている人がいます．彼が2013年に朝日新聞社から出したのが，『北方領土・竹島・尖閣，これが解決策』という本です．これで彼が出したのは，歯舞の方がはるかに重要で，色丹は返してくれなくてもいいというのです．戦前，たくさんの日本人が住んでいた歯舞を返してもらって，日本に近い国後島の南側でロシア人が住んでいないところを日本に返してもらうという，歯舞と国後南部の引き渡し案を出しました．これも相当突飛な案ですが，岩下さんは非常に自信を持って出した案です．地域のみんなの意見も聞いて，そして出したのだと言っています．しかし，この方式は1956年の共同宣言の枠外ですから，やはりロシア側はとてものまないのではないかと私は思います．ですから，私の案の方が，まだ現実に近いのではないかと思っております．

さて，このようなものは一つの案であって，外務省で交渉なさるときに，そのような意見があるということで頭のどこかに置いて議論していただき，交渉していただければいいということですが，ロシアとの間で妥結するためには，相当思い切った考え方でやらなければなりません．そして，それは，単に外務省が，安倍首相がそうしなければならないだけではなくて，日本の国民がそのような気持ちにならなければならないのですね．日本の国民が，ロシアとの間の積年の，70年来の問題を解決するのだという気にならなければなりません．そのためには，やはり戦争で失った領土です

から，その中から取り戻せるものは取り戻す，取り戻せないものはしかたがないという気持ちで国民が臨まない限りは，解決はないと思います．

　領土よりも，日本とロシアの安定した平和協力関係の方が，はるかに重要です．そして，それは，単にこの東アジアにとって重要なだけではなくて，遠くはヨーロッパにおける，ロシアが陥っている今の苦境を解決していくためにも重要だと思う次第です．

Q&A　　講義後の質疑応答

Q　今日の講義と，これまでのいろいろな先生のお話を伺って，ロシアの始まりから親日，日本に対する親近感のようなものがある中で，今日のロシアは日本との関係を築いていくことをどのように考えているのでしょうか．また，プーチンの考え方をどのように評価するか，あるいはどのように受け止めるかということで，日露の関係も変わってくると思うのですね．そのような意味で，彼のアジア・日本に対する視座がどのようなことになっているのかということを，非常に知りたいです．

A　日本をどのように見ているのか，プーチンは何を考えているのかというご質問が出ました．それから，具体的な問題も出ました．日本についての見方には，もちろんさまざまな見方があります．一方から言えば，ご承知のとおり，戦争が終わったときの9月のスターリンの演説ですね．日露戦争の屈辱的な敗北によって負わされた恥辱のしみというものを，今回，日本を打ち破ることによって拭うことができたと演説しました．そして，「領土を回復したんだ」ということも言ったわけです．つまり日本というものは，スターリンの意識では敵としての面が主です．日本は警戒して戦わなければならない相手だと考えていて，今回は打ち倒したとスターリンは言ったわけです．このような日本に対する敵意識，敵対心，日本の侵略性に対する批判というものが明らかに存在します．それは，一方で日本がロシアを仮想敵国としてずっと思っていた近代における歴史があります．当然ロシアの方もそのように見ているのです．

なぜなら，近代において日本は，回数は一番多くロシアと戦争をしているわけです．日露戦争をやりまして，その次はシベリア戦争，ロシア革命後の干渉戦争といわれるものをやり，それからノモンハン戦争をやり，4回目は日ソ戦争，第2次世界大戦が終わるときの数日間の戦争です．つまり4回も戦争をしています．しかも，ある意味では日本にとってそれぞれ非常に重要な戦争をしたわけですが，ロシアにとってもこれらの戦争は非常に重要な戦争だったのです．

　ノモンハン戦争については，最近また新しい本も出ていますが，この戦争は，ロシア革命をやって社会主義計画経済を作り出し，新しいスターリンのソ連になって，新しい技術に基づいて，新しい航空機と戦車で日本と戦争をして，とにかく関東軍に打ち勝った戦争でした．だから，この勝利がソ連の国家体制にとって決定的に重要な意味を持ったのです．決定的な国民的な自信をつくりだしたということです．ノモンハンで戦争をして日本に勝ったということが，つづく独ソ戦に勝ち抜く心理的な基礎になりました．ノモンハン戦争の英雄は，ソ連の子供たちの輝かしい英雄として，みんなが語り継いでいるわけです．その英雄の名を呼びながらソ連の若者たちはドイツとの戦争へ向かっていくことになるのです．

　しかし，一方で言うとロシアは，日本の文明力，文化の力に対する敬意をずっと持っているのです．いまは戦争の話をしましたが，日清戦争のときにロシアの最初の駐在武官ヴォーガクが日本にやって来て，日本の軍の力，組織，その素晴らしさを絶賛しました．それは，やはり日本の文明的な力であると見たわけです．それから，エキゾティシズムと混ざり合った，日本文化に対する憧憬もありました．皇太子ニコライが長崎に上がって真っ先にやったことは，自分の腕に竜の入れ墨をすることでした．つまり，ある種のエキゾティシズムに基づく素晴らしい文化，この頃で言えばクール・ジャパンですね．そのようなところが日本にはあるという見方がありました．

　ですから，当然のことですが，いろいろな見方があるのです．問題は，何が主であるか，何が歴史の中から主軸として浮かび上がってくるかということです．私は，日本人のロシアについてのイメージとしては，三つにまとめています．一つは，先生としてのロシア．もう一つは，敵としての

ロシア．第3は，ともに苦しむ者としてのロシア．同じ後進国として，先進西欧に追いつくという問題を抱えて，ともに悩んでいる国としての日本とロシア．三つのイメージが，日本人の中には存在します．逆にソ連の方も，日本を見たときに，いかがでしょうか．昔は日本が先生だとは思っていませんでしたが，今では日本が先進国だと思っている人もいるかもしれません．敵のイメージは，すでに述べたように近代においては基本でした．同じ悩みに苦しんでいるという点で言えば，それはロシア人にもあるかもしれません．その他に，今のジャポニズムのような，憧れのようなものですが，そのようなものがロシア側にはあります．

大きな流れは，そのようなイメージの中で言えば，敵としての，あるいは先生としてイメージから，共に同じ問題を抱えて苦しんでいる者というイメージへ来て，最終的には，「何といってもわれわれの隣人だ」という，隣人としての日本，隣人としてのロシアというイメージに移ってくるという流れではないかと思います．敵や先生というところから，もっと対等な関係で，同じ問題に直面している，本当の意味の隣人だと見る変化があると見るべきではないかと思います．

さて，少し話が先に行きすぎて，長くなりすぎたのですけれども，プーチンについてももう少しお話ししましょう．プーチンという人は，確かに強い権力，強いロシアというものに一義的な価値を置いているように見えます．一方で，プーチンは大学の法学部を出てきた人間で，一応，法による支配，法による統治というものを重視している人です．ですから，プーチンの基本的なモチーフは，強い権力，強いロシアが救いだという考え方ですが，しかし，それだけではすまない，もう少し違った要素を取り入れてバランスを取るというところもあるように思います．

プーチンのそのようなバランス感覚が生かされるというところに，これからのロシアの展望があると私は見ています．強いロシアだけの一点張りで行こうとすれば，必ず行き詰まるでしょう．ご承知のとおり，プーチンは柔道が好きな人で，娘にも日本語を勉強させていると言われていますし，とにかく日本に対するある種の親近感を持っている人だと思います．

Q　ロシア帝国と日本が国交を樹立したあと，沿海州獲得が続いてあると思うの

ですが，そのまま日本をなぜ侵攻・侵略しなかったのでしょうか．もう一つは，その少しあとにアラスカ売却が1867年にあったと思うのですけれども，今，歴史を振り返ると，ここで仮に売却していなければ，冷戦などのその後の歴史に大きな影響を与えていたかと思うのですけれども，この売却の背景や事情等々，ご見解をお聞かせいただければと思います．

A　ロシアの艦隊が日本に来たときに，日本に侵略しようとしなかったかのはなぜかという問題ですが，日本に来た使節プチャーチンは，国交を樹立するという目的をもって長い道のりをやって来ました．そして，途中でシーボルトの助言も聞いています．ですから，あらゆる意味で，日本という国のドアをたたいて国交を樹立する，紳士的にこれをやるのだということに徹して来ていますから，侵略するというような考え方は毛頭持っていません．ロシアは，取れるところであればどんどん取るというような考え方はもっていないのです．チベットの方面では侵略的に出ているのは，ここが弱いと思っているわけで，弱いから取れると思えば取るわけですが，日本のような国に対しては，やはり礼儀を尽くして，そして，国交を開いて関係を持つという国だと思っていたのです．アラスカを売却したのはどうだったのかということですが，アラスカは，売却してよかったと思います．私はそのように見ています．なぜなら，やはりアメリカは大事だという考え方がありました．アメリカという国とロシアは，良い関係を持たなければならないという考え方があっただろうと思います．それにとって，アラスカを売却することは，良いということになったのだと思います．

Q　端的に申し上げて，北方4島が全部日本に返ってきたとして，日本の国益に何かプラスがあるのでしょうか．感情は別です．国民感情は別ですが，持ち出しの方が多いのではないだろうかという単純な質問です．

A　まず，「国益にプラスするかどうか」という問題ですが，やはり政治にとっては，ある具体的な益，経済的な利益がどれだけあるかでは推し量れない課題があります．北方領土の返還を勝ち取るという，多年にわたり年日本の政権が掲げてきた問題は，つまり日本の国家のメンツのようなものと非常に結びついていて，従って，政治家にとってみると，これを成し遂げることは非常に大きな意味がある問題だと思われます．安倍首相のお

父さんである外務大臣の安倍晋太郎さんは，「二つの課題がある．一つは日ソ平和条約問題，もう一つは日朝国交正常化だ」とに言い残して死んだわけです．安倍首相がそれを聞いているのかどうかわかりませんけれども，いずれにしても北方4島の方は，とにかくこれはやらねばならないということになっています．やらねばならないということは，それが必要だというだけではなくて，一方で言えば，解決できるからやらねばならないということにもなっているわけです．

　尖閣や竹島の問題は，解決不能なわけですね．竹島の方は，端的に言えば分けることができませんので，韓国の領土と認めるか，日本に取り戻すか，どちらかしかないのです．日本が取り戻そうと思えば大変なことになって，戦争になってしまうわけですから，小さな島ですが，解決不能なのです．こちらの方は，なんせ4島ですから，分けることができますから，妥協もしやすいわけです．そのような意味で解決が可能だということで，やはりこの問題が非常に今，焦点化している．それをやれば日本の総理大臣として後世に名を残すことができるという意識のもとに安倍首相がいることは，間違いないだろうと私は思います．

　では，本当の意味で国益にとってどうなのか，本当に日本人の幸福のためにどうなのかといえば，現在の領土問題の進め方には相当クエスチョンがつくでしょう．枯渇している水産資源を回復する，何とか日本とロシアが協力して回復しなければカニも入ってこないわけだから，これは死活問題です．かえってこない島の領有をめぐって交渉して時間をつぶしている場合ではないのです．それはそれとして，やることはできるかもしれません．しかし，これは，やはり国家と国家の体面の問題ですから，どうしてもやらなければならない問題として浮かび上がっているのではないかと思います．

Q　日本との領土問題がこれだけ混迷しているのに対比して，あの中国相手に国境が確定したということは，何か特殊な背景があるのでしょうか．もう一つは，ユーラシア主義について，もう少し詳細を教えていただければと思います．
A　中国との関係はいろいろとあって，岩下さんを先ほど紹介しましたが，岩下さんは中露の国境問題の解決の専門家です．岩下さんの本を見ると，

中国とロシアはとことん話し合ったのだけれども，絶対に非公開で，どのようなことを議論しているかはいっさい国民に知らせないでやりました．ですから，政府が妥協して，結果を国民に知らせる，国民がいくら怒っても抑えてしまうということでやったようです．一番核心のところは，アムール川の中洲ですね．巨大な中洲があって，それを半分に切って中国とロシアが分けたわけです．そこから領土を分けるという話が日本にも伝わってきて，盛んに3.5島などという話になっているわけですけれども，ロシアが握っていたところを半分に切って中国に渡したわけだから，それはロシア側としては大変なことだったのですね．しかし，とにかく双方が譲歩してやったわけです．もう少しいろいろなことがありますが，それは岩下君の本を見てください．

　ユーラシア主義については，私は十分説明しませんでしたが，1920年代に亡命地のロシア人が考えた議論です．それによると，ユーラシア主義というものは，ロシアの文明の中には，ヨーロッパ的なものの他にアジア的なもの，モンゴル的なものが入っている．それによってロシアの文明はできているのだという考え方です．それによって，ある種の権威主義的な政治的な体制がそもそもロシアに合っているのだという議論です．ですから，ユーラシア主義は，強権派が支持している，ファシストが支持しているという話が出てくるわけです．

　ロシアはヨーロッパとアジアにまたがっている国であって，ロシアの中にはヨーロッパ的な要素があるし，アジア的な要素がある．アジア的な，非ヨーロッパ的な民族とヨーロッパ的な民族の両方がいて，混交している．そのようなものとしてソビエト文明もできた．新しい第三のこれからのロシアというものは，ユーラシア的なものにならざるをえないという考えには，否定できない定理です．いまではそれがユーラシア主義です．ヨーロッパのどのような要素をここに入れて，アジア的な要素の何を入れてという設計は，考え方によって中身がだいぶ違います．

　それから，漁業権の問題についてはそうですね，日露の間に軍事的衝突があるのではないか，また，起こっているのではないかという議論もありますけれども，これについてはかなりの経験があります．日本とロシアの間には協定もあります．従いまして，一時期はロシア側に撃ちまくられて，

非常に苦しい目に遭ったこともありましたが、それについては協定も結ばれていますので、目下のところはコントロールされていると思います。日露関係は、ある意味では一番話し合いがついているし、安全になっている関係です。そのように考えると、急務ではありません。

大変なのは中国との関係を何とかすることが大事であるということにもなるのですが、中国との関係の方では、今のところ解決策がありません。考えている人はいろいろといますけれども、解決策が政府間にはありません。つまり、領土問題があるということすら、中国との間では日本は認めていません。韓国との間でも、領土問題の存在は韓国政府が認めていません。しかし、ロシアとの間には領土問題が存在して、交渉して解決するのだという合意が、もうすでにあるわけです。そのような意味で言うと、解決ができそうな可能性があるからこそ、解決することが急務です。解決できるところから解決していくことが危機に対処するやり方であって、解決を踏まえて、本当にむずかしいところにさらに迫っていくというやり方を取るのがいいのではないかと思います。

和田先生のおすすめの本

和田春樹『開国──日露国境交渉』(NHKブックス、1991年)
和田春樹『領土問題をどう解決するか』(平凡社新書、2012年)
岩下明裕『北方領土・竹島・尖閣、これが解決策』(朝日新書、2013年)

あとがき

　この本のもとになったのは,「グレーター東大塾　ロシアはどこへ行くのか〜共生の道をさぐる」という連続講義です．2014年の9月から11月にかけて，計10回の講義が行なわれました．「グレーター東大塾」というのは，東京大学の卒業生室が2010年に始めた社会人向けの講座です．2013年秋に開かれた「中国」の講義が好評であったことから，次はロシアだということになったようです．

　卒業生室から声がかかったのが，中国の講座の最中である2013年10月です．ロシアの面白さをアピールする格好の機会だと思い，世話役である副塾長になることを引き受けました．塩川伸明先生に塾長をお願いし，講座の趣旨や各回の内容，出講いただく先生方についても検討を進めました．2014年2月のソチ・オリンピックに向けて盛り上がっている頃で，よい講座ができるという手ごたえがありました．

　ところが，ソチ・オリンピックの見事な開会式に喝采を送ったのもつかの間，キエフで政変が起こり，雲行きが一挙にあやしくなりました．ロシアによるクリミア併合宣言，東部ウクライナへの軍事介入と事態が展開し，欧米ではロシアに対する経済制裁が始まりました．私たちはロシアとの関わりが深い企業の方々を主な応募者に想定していたのですが，対露経済関係の展望があやうくなったことで，募集の進捗状況もいまひとつ振るわぬものとなったのです．

　2014年春から夏にかけて，卒業生室の人々はかなり骨を折られたようです．嬉しいことに，最後は18名もの方々に参加してもらうことができました．対露関係が厳しくなった折に参加を決められた塾生の方々並びに企業各位には，あらためて深く御礼申し上げます．

　実際に開講してからは，それまでの苦労を忘れるような実り多い3ヶ月となりました．グレーター東大塾の講義は，午後7時に始まって9時半まで続きます．講義90分，質疑60分の，密度の濃い2時間半の講義です．講師の先生方には，ときに学問の基礎を骨太に振り返り，ときに現場の臨場感を生き

生きと伝え，ときに最先端の動向を明快に説きと，毎回魅力的な講義を行なっていただいたこと，あらためて御礼申し上げます．また，外務省欧州局ロシア課並びに経済産業省通商政策局ロシア・中央アジア・コーカサス室からは，オブザーバーとして御参加いただけたことに，御礼申し上げます．

　司会として，また講師として，2時間半の講義中とくに刺激を受けたのは，もちろん質疑応答の時間でした．塾生の大半はロシア滞在歴が長く，誰もがロシアについて豊富な知識をもっています．そうした塾生の皆さんから出された質問は，講義で触れられなかった論点に光を当てたり，示唆されただけの論点をいっそう深めたりするものでした．紙幅の都合上，本書に収められた内容は実際のものよりも短く，とくに質疑はエッセンスをまとめ直したものですが，塾生の疑問や指摘の的確さは十分に再現されているはずです．

　塾生の発言の多くに共通していたのは，つまるところ，「ロシアはなぜ他の国と比べてこんなに違っているのか」という問いだったのではないかと思います．この本質的な問いに対して，「たしかに違ってはいるけれども，その一方では他の国と似ている点も多いのです」とか，「ロシアの独自性は，こういう歴史的，あるいは構造的な理由によって説明できるのです」とか，「その違いの並外れたスケールの大きさこそが，ロシアの一番の魅力であり可能性なのです」とか，それぞれの講師が様々な観点から応えたのではなかったでしょうか．

　講座の修了式から1年以上になりますが，ロシアをめぐる状況はあまり改善されてはいません．ウクライナとの紛争は解決しておらず，ロシアはシリアでも欧米と睨み合っています．シリアでのロシアの動きは，ヨーロッパ難民危機にも影響を及ぼしているようです．振り返ってみれば，2014年3月のクリミア併合宣言は，新しい時代の幕開けであったのかもしれません．帝政末期からソ連時代に活躍した詩人アフマートヴァは，第一次世界大戦が始まった1914年こそが，「暦の上ではなく本当の20世紀」の始まりであったと書きました．それにならえば，2014年は「本当の21世紀」の始まりであったのかもしれません．それは局地紛争や地域対立が常態化する時代のことです．冷戦期にも局地紛争や地域対立はありましたが，二大陣営が存在することで，その影響力は限定されていました．今やそうした重しはありません．この予感の当否はともあれ，東アジアという地域の中で，ロシアと安定した関係をもつことが日本の今後にとって大事であることは変わりありません．本書が隣国ロシアへの理解を深める一助となることを願っています．

最後に，講座パンフレットの表紙に素晴らしいカザンの聖堂の写真をご提供下さった北海道大学専門研究員の井上岳彦先生，同じくシベリアの油田の写真をご提供下さった本村眞澄先生，応募状況が振るわなかった折にお力をお貸し下さった東京外国語大学名誉教授の渡辺雅司先生，同じく御尽力下さった元ロシア・日本センター所長の朝妻幸雄先生に，深く御礼申し上げます．

　2016 年 2 月

池田嘉郎

編者紹介

塩川伸明（しおかわ　のぶあき）

東京大学名誉教授．

1948年生まれ．74年東京大学教養学部教養学科卒業．79年東京大学大学院社会学研究科国際関係論専門課程博士課程単位取得退学．79年東京大学社会科学研究所助手．82年東京大学法学部助教授・教授を経て，2013年定年退職．

池田嘉郎（いけだ　よしろう）

東京大学大学院人文社会系研究科准教授．

1994年東京大学文学部西洋史学科卒業．98年文部省アジア諸国等派遣留学生（ロシア連邦，モスクワ，ロシア科学アカデミー・ロシア史研究所研究員，2000年9月まで）2003年3月東京大学大学院人文社会系研究科単位取得退学（2005年10月博士号（文学）取得）

06年9月新潟国際情報大学情報文化学部情報文化学科講師．10年4月東京理科大学理学部第一部教養学科准教授．13年4月より現職．

ー

東大塾　社会人のための現代ロシア講義

2016 年 5 月 30 日　初　版

［検印廃止］

編　者　　塩川伸明・池田嘉郎

発行所　　一般財団法人　東京大学出版会

代表者　　古田元夫

153-0041 東京都目黒区駒場 4-5-29
http://www.utp.or.jp/
電話 03-6407-1069　Fax 03-6407-1991
振替 00160-6-59964

印刷所　　株式会社理想社
製本所　　牧製本印刷株式会社

Ⓒ 2016 Nobuaki SHIOKAWA, Yoshiro IKEDA *et al*.
ISBN 978-4-13-033073-2　　Printed in Japan

JCOPY〈㈳出版者著作権管理機構　委託出版物〉
本書の無断複写は著作権法上での例外を除き禁じられています．複写される場合は，そのつど事前に，㈳出版者著作権管理機構（電話 03-3513-6969，FAX 03-3513-6979, e-mail: info@jcopy.or.jp）の許諾を得てください．

塩川伸明		
小松久男編	ユーラシア世界［全5巻］	Ａ５判　各4500円
沼野充義		

| 五百旗頭真他編 | 日ロ関係史 | Ａ５判　9200円 |
| 下斗米伸夫 | パラレル・ヒストリーの挑戦 | |

小田博著　ロシア法　Ａ５判　5800円

小森田秋夫編　現代ロシア法　Ａ５判　5400円

武田友加著　現代ロシアの貧困研究　Ａ５判　7400円

| 油本真理著 | 現代ロシアの政治変容と地方 | Ａ５判　7200円 |
| | 「与党の不在」から圧倒的一党優位へ | |

高原明生		
丸川知雄編	東　大　塾	Ａ５判　2800円
伊藤亜聖	社会人のための現代中国講義	

ここに表示された価格は本体価格です．御購入の
際には消費税が加算されますので御了承ください．